王阳明全集

全译本

石玉　译著

十

天津出版传媒集团
天津古籍出版社

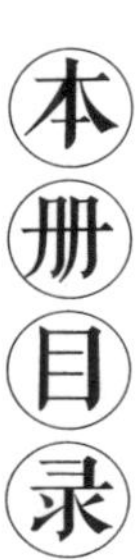

卷之三十七　附录六　世德纪

卷之三十八　附录七　世德纪附录

卷之三十七　附录六　世德纪

传

王性常先生传

王纲字性常，一字德常。弟秉常、敬常，并以文学知名。性常尤善识鉴，有文武长才。少与永嘉高则诚、族人元章相友善。往来山水间，时人莫测也。元末尝奉母避兵五洩山中。有道士夜投宿，性常异其气貌，礼敬之，曰："君必有道者，愿闻姓字。"道士曰："吾终南隐士赵缘督也。"与语达旦，因授以筮法。且为性常筮之，曰："公后当有名世者矣，然公不克终牖下，今能从吾出游乎？"性常以母老，有难色。道士笑曰："公俗缘未断，吾固知之。"遂去。诚意伯刘伯温微时，常造焉。性常谓之曰："子真王佐才，然貌微不称其心，宜厚施而薄受之。老夫性在丘壑，异时得志，幸勿以世缘见累，则善矣。"后伯温竟荐性常于朝。

译文

王纲字性常，一字德常。弟秉常、敬常，都以文学知名于世。性常尤其擅长识别鉴定人才，文武兼备。年少时与永嘉高则诚、族人王冕交好。他们经常往来于山水之间，当时没人能理解他们。元朝末年曾带着母亲在五洩山逃避兵乱，有一位道士晚上前来投宿，性常惊异于他的气质和面貌，恭敬地以礼相待，说：“先生必定是得道高人，请教尊姓大名。”道士说：“我是终南山隐士赵缘督。”道士和他相谈甚欢，直到天亮，因此传授给他卜筮之法，并且为性常算了一卦，说：“你后代中必定有人显名于世，但你自己却不能在家中正常终老，现在你能随我外出云游吗？”性常由于母亲年老需要奉养，心中为难。道士笑道：“世俗尘缘还没了断，我心里清楚。”于是就离开了。诚意伯刘伯温未发迹时，时常去拜访他。性常对他说：“你确实是王佐之才，但是相貌稍微与心性不相称，应该多帮助别人而少接受回报。我的爱好在山水之间，将来你能够抱负施展了，千万不要用世间的俗务来拖累我，就很好了。”后来刘伯温还是把性常推荐给了朝廷。

洪武四年，以文学征至京师。时性常年已七十而齿发精神如少壮。上问而异之，亲策治道，嘉悦其对，拜兵部郎中。未几，潮民弗靖，遂擢广东参议，往督兵粮。谓所亲曰：“吾命尽兹行乎？”致书与家人诀，携其子彦达以行。至则单舸往谕，潮民感悦，咸扣首服罪，威信大张。回至增城遇海寇曹真窃发，鼓噪突至，截舟罗拜，愿得性常为帅。性常谕以逆顺祸福，不从，则厉声叱骂之。遂共扶舁之而去。贼为坛坐性常，日罗拜请不已，性常亦骂不绝声，遂遇害。时彦达亦随入贼中，从傍哭骂求死。贼欲并杀之，其酋曰：“父忠而子孝，杀之不祥。”与之食，不顾。贼悯其诚孝，容令缀羊革裹尸负之而出，得归葬禾山。

译文

洪武四年，以文学科优秀的身份被征召到京师。当时性常已经七十岁了，但是牙齿头发和精神状态如同青壮年。皇上召问后觉得他异于常人，又亲自向他咨询治国之道，对他的回答非常满意，任命他为兵部郎中。多久，潮州百姓叛乱，于是提拔他为广东参议，前去督办兵粮。他对自己身边亲近的人说："我的性命也许就了结在这次远行中了吧！"于是写信与家人诀别，带着儿子王彦达一同出发。到达之后，他坐着一只小船去劝降，潮州百姓深受感动，都跪拜认罪，因此威信大增。返回至增城时，遇到海盗曹真的偷袭，海盗船突然出现，堵住性常的官船，海盗一同下拜，请求性常做他们的首领。性常向他们解释其中的利害关系，海盗不听，就厉声呵斥他们。于是海盗用轿子把性常抬回去，设立一个坛位请他上座，每天前来参拜恳求。性常对海盗还是骂不绝口，于是遇害。当时彦达也随父亲被海盗劫走，在旁边哭骂痛斥，只求一死。海盗准备把彦达也一起杀了，但海盗首领说："父亲忠心，儿子孝顺，都杀了不好。"于是给他饭吃，但他不屑一顾。海盗怜悯他一片孝心，允许他用羊皮缝的袋子装着父亲的尸体背出来，最终归葬禾山。

洪武二十四年，御史郭纯始备上其事。得立庙死所，录用彦达。彦达痛父以忠死，躬耕养母，粗衣恶食，终身不仕。性常之殁，彦达时年十六云。

译文

洪武二十四年，御史郭纯才详细地把这事上报朝廷，朝廷在他遇害的地方建立祠庙，并且录用彦达为官。彦达因父亲尽忠而死感到非常悲痛，自己种地养活母亲，粗衣淡食，终生没有做官。性常遇害时，彦达才十六岁。

遁石先生传

祭酒胡俨撰

翁姓王氏，讳与准，字公度，浙之余姚人，晋右军将军羲之之裔也。父彦达，有隐操。祖广东参议性常，以忠死难。朝廷旌录彦达，而彦达痛父之死，终身不仕。悉取其先世所遗书付翁曰："但毋废先业而已，不以仕进望尔也。"翁闭门力学，尽读所遗书。乡里后进或来从学者，辄辞曰："吾无师承，不足相授。”因去从四明赵先生学《易》。赵先生奇其志节，妻以族妹，而劝之仕。翁曰：“昨闻先生‘遁世无闷’之诲，与准请终身事斯语矣。”赵先生愧谢之。

译文

先生姓王，讳与准，字公度，浙江余姚人，晋右军将军王羲之后裔。父亲彦达，恬淡有操守；祖父性常曾任广东参议，在潮民变乱中因忠于朝廷而殉职。朝廷为旌表性常准备录用彦达为官，但彦达因父亲的死难深感痛心，终生没有做官。他把先祖留下来的书全部交付给先生说：“只要不荒废先祖传下来的学问就可以了，对你出去做官并不抱什么期望。”先生闭门苦学，读完了先祖留下来的书。乡中后生想来跟他学习，他就推辞道：“我学习没有什么师承，还不足以教你们。”因此先生离家跟从四明赵先生学《易》。赵先生非常欣赏他的志向与气节，把他族中的妹妹许配给他，并劝他出仕。先生说：“昨天听了先生关于‘遁世无闷’的教诲，我决定终生践行。”赵先生惭愧地向他道歉。

先世尝得筮书于异人，翁暇试取而究其术，为人筮，无不奇中。远近辐臻，县令亦遣人来邀筮。后益数数，日或二三至。翁厌苦之，取其书，对使者焚之，曰：“王与准不能为术士，终日奔走公门，谈祸福。”令大衔之。翁因逃入四明山石室中，不归者年余。时朝廷督有司访求遗逸甚严。部使者至县欲起翁。令因言曰：“王与准以其先世尝死忠，朝延待之薄，遂父子誓不出仕，有怨望之心。”使者怒，拘翁三子，使人督押，入山求之。翁闻，益深遁，坠崖伤足。求者得之以出。部使见翁创甚，且视其言貌坦直无他。翁亦备言其焚书逃遁之故。使者悟，始释翁。见翁次子世杰之贤，因谓翁曰：“足下不仕，终恐及罪，宁能以子代行乎？”不得已，遂补世杰邑庠弟子员。而翁竟以足疾得免。翁谓人曰：“吾非恶富贵而乐贫贱，顾吾命甚薄，且先人之志，不忍渝也。”又曰：“吾非伤于石，将不能遂栖遁之计，石有德于吾，不敢忘也。”因自号遁石翁云。

译文

先生先祖曾从得道高人处得到一本有关卜筮的书，先生闲暇时就拿出来研究，给人占卜，竟没有不灵验的。远近的人都来请他算卦，县令也派人来请他算卦。后来求卦的人越来越多，甚至每天两三次。先生非常厌烦，拿出卜筮的书，当着邀请者的面烧掉，说："我王与准不能就做一个术士，整天在官府间奔走，谈论祸福。"县令因此怀恨在心。于是先生逃到四明山石室中，一年多都没回家。当时朝廷严格要求相关官员寻访民间的隐逸高人，使者到了县里准备起用先生。县令趁机说："王与准因他祖父尽忠死难，但是朝廷没有厚待他，于是他们父子就立誓不做官，对朝廷心怀不满。"使者大怒，拘捕了先生三个儿子，派人押解进山找他。先生听说后就逃去更远的深山，后因掉下山崖摔伤了脚，被抓到押解出山。使者见先生伤势严重，又看他的言谈举止坦荡率直，并无他意。先生也详细地解释了他烧书远逃的原因，使者明白后，就放了先生。使者见先生次子世杰非常贤明，于是对先生说："你不出来做官，恐怕最终也难逃罪责，不如让你儿子代你做官，怎样？"先生迫不得已，于是世杰被补录为县学生员。先生最终因脚伤免于出仕。先生对人说："我并不是讨厌富贵而喜欢贫贱，只是我命薄承担不起。况且先父的志向，也不忍违背啊。"又说："如果不是石头伤了我的脚，我还实现不了避世隐居的计划，石头于我有恩，可不能忘了它啊。"于是自号为"遁石翁"。

翁伟貌修髯，精究《礼》《易》，著《易微》数千言。尝筮居秘图湖阴，遇《大有》之《震》，谓其子曰："吾先世盛极而衰，今衰极当复矣。然必吾后再世而始兴乎？兴必盛且久。"至是翁没且十年。而世杰以名儒宿学膺贡，来游南雍，大司成陈公，一见待以友礼，使毋就弟子列，命六堂之士咸师资之。俨忝与同舍，受世杰教益为最多，而相知为最深，因得备闻翁之隐德，乃私为志之若此。

译文

先生体貌魁梧，长髯飘逸，精通《礼》《易》，著有《易微》数千字。

曾住秘图湖畔，占卜得到“震”卦“大有”卦象，对他儿子说：“我们先祖曾经非常兴盛，后来衰落了，如今衰落到了极点，应该复兴了。然而应该是在我的下一代才开始复兴吧？一旦复兴，必定旺盛而且长久。”在先生离世将近十年的时候，世杰以名儒的声望和渊博的学识被提拔为贡生，入南京国子监学习，大司成陈公一见到他就以朋友礼节相待，没有把他列为弟子，让国子监贡生都把他当老师对待。我有幸和世杰同住，受他教益最多，了解他也最深，所以详细地知道先生不为人知的事迹，就私下记录这些情况。

昔人有言：“公侯子孙，必复其始。”王氏自汉吉祥至祥览，皆以令德孝友垂裕江左。联绵数百祀，门第之盛，天下莫敢望。中微百余年，天道未为无意也。元末时其先世尝遇异人。谓其后必有名世者出，而翁亦尝再世而兴之筮。今世杰于翁亦再世矣，充世杰之道，真足以弘济天下，而能淡然爵禄，不入其心。古所谓“富贵不能淫，贫贱不能移，威武不能屈”者，吾诚于世杰见之。异时求当天下之大任者，非世杰而谁乎？则异人之言，与翁之筮，于是始可验矣。

译文

古人曾说：“王侯子孙，必能复兴先祖家业。”王氏家族自从汉代的吉祥到祥览，都以德行高尚和孝悌友爱而垂名江左。家族延续了数百代，门第兴旺，天下无人能望其项背。中间一百多年，略显沉寂，但天道并没有忽略他们。元朝末年，先生祖父曾遇到过得道高人，说他的后代必定会有显名于世的人出现，先生是第三代，曾以卜筮出名。现在世杰是遁石翁的第二代，根据世杰的道德学问，的确足以治国安邦，但他对官爵禄位，淡泊不以为意。正如古人所说的“富贵不能够骄奢，贫贱不能够移志，威武不能使人屈服”，这些品质确实在世杰身上可以见到。将来要寻找能够承当天下大任的人，除了世杰还能有谁呢？那时，得道高人的预言和先生的卦象就可以得到验证了。

槐里先生传

编修戚澜撰

先生姓王，名杰，字世杰，居秘图湖之后。其先世尝植三槐于门，自号槐里子，学者因称曰槐里先生。始祖为晋右将军羲之。曾祖纲性常，与其弟秉常、敬常，俱以文学显名国初，而性常以广东参议死于苗之难。

译文

先生姓王，名杰，字世杰，住在秘图湖后面。先生祖父曾经在门前种了三棵槐树，于是自号为“槐里子”，学者因此称他为“槐里先生”。先生始祖是晋右将军王羲之。曾祖王纲字性常，和弟弟秉常、敬常在建国之初都以学问知名天下，性常在任广东参议时死于苗民叛乱。

秘湖渔隐彦达，父遁石翁与准，皆以德学为世隐儒。先生自为童子，即有志圣贤之学。年十四，尽通四书五经及宋诸大儒之说。时朝廷方督有司求遗逸，部使者闻遁石翁之名，及门迫起之，不可得。见先生，奇焉，谓遁石翁曰：“足下不屑就，罪且及身，宁能以子代行乎？”不得已，乃遣先生备邑庠弟子员。时教谕程晶，负才倨傲，奴视诸生，见先生，辄敬服语人曰：“此今之黄叔度也。”岁当大比，邑有司首以先生应荐。比入试，众皆散发袒衣，先生叹曰：“吾宁曳履衡门矣。”遂归，不复应试。

译文

祖父是秘湖渔隐王彦达，父亲是遁石翁王与准，都以德行学问成为当时的隐逸名儒。先生童年时，就有志于圣贤学问。十四岁，就精通四书五经和宋代各位大儒的学说。当时朝廷正派遣官员寻访遗民逸士，使者听到遁石翁名声，亲自登门拜访，请他出来做官，都没有做到。见到先生，非常惊异，对遁石翁说：“您不屑于出来做官，朝廷会怪罪下来，可以让您儿子代你出来做官吗？”迫不得已，才让先生成为县学生员。当时县学教谕程晶，恃才傲物，看不起县学生员，一见到先生，就非常佩服恭敬，对人说："这是当今的黄叔度啊。"当年有乡试，县令第一个推荐先生参加。等到乡试的时候，考生们都披散头发，敞开衣襟，先生感叹道："我宁愿拖着鞋子在自家破房子里呆着！"于是回到家里，不再参加考试。

宣德间，诏中外举异才堪风宪者，破常调任使之。时先生次当贡，邑令黄维雅重先生，为之具行李，戒仆从，强之应诏。先生固以亲老辞，乃让其友汪生叔昂。既而遁石翁殁，又当贡，复以母老辞，让其友李生文昭，而躬耕受徒，以养其母，饔飧不继，休如也。母且殁，谓先生曰："尔贫日益甚，吾死，尔必仕。毋忘吾言。"已终丧，先生乃应贡，入南雍。祭酒陈公敬宗闻先生至，待以友礼，使毋就弟子列。明年，荐先生于朝。未报，而先生殁。

译文

宣德年间，诏令朝廷内外推举优异人才，可以破录用。当时先生按年次被推举为贡生去参加贡举考试，县令黄维非常器重先生，为他准备行装，安排仆从，强行请他去应诏。先生以父母年老为由，坚决推辞不去，于是把机会推让给他朋友汪叔昂。不久，先生父亲遁石翁离世，先生又被推举为贡生，还是以母亲年老为由推辞不去，推让给他朋友李文昭，自己耕田授徒，奉养母亲，虽然生活困苦，但丝毫不以为意。母亲临终时对先生说："你日子过得越来越穷了，我死后，你一定要出去做官，千万不要忘了我说的话。"为母亲守丧结束后，先生才参加贡举考试，后进入南京国子监学习。国子监祭酒陈敬宗听说先生到了，以朋辈之礼相待，没有把他当做弟子看待。第二年，向朝廷推荐先生，朝廷还没批复，先生就去世了。

先生仪观玉立，秀目修髯，望之以为神人，无贤愚戚疏，皆知敬而爱之，言行一以古圣贤为法。尝谓其门人曰："学者能见得曾点意思，将洒然无入而不自得，爵禄之无动于中，不足言也。"

译文

先生仪表堂堂，玉树临风，目光炯炯，长髯飘飘，远望如神仙中人物。

不管别人是贤能还是愚笨，亲近还是疏远，先生都敬重关爱他们，言行完全效法古代圣贤。先生曾经对他弟子说："学者如果体会到曾皙的境界，那就可以做到洒脱自在，悠然自得，功名利禄无动于衷，自然就不值一提了。"

先生与先君冷川先生友，先君每称先生所著《易春秋说》《周礼考正》，以为近世儒者皆所不及；与人论人物，必以先生为称首。澜时为童子，窃志之。然从先君宦游于外，无因及门也。今兹之归，先生殁已久矣。就其家求所著述，仅存《槐里杂稿》数卷；而所谓《易春秋说》《周礼考正》者，则先生之殁于南雍，其二子皆不在侍，为其同舍生所取，已尽亡之矣。呜呼惜哉！先君幼时，尝闻乡父老相传，谓王氏自东晋来盛江左，中微且百数年。元时有隐士善筮者，与其先世游，尝言其后当有大儒名世者出，意其在先生。而先生亦竟不及用，岂尚在其子孙耶？

译文

先生与先父冷川先生是好友，先父每每称赞先生所著的《易春秋说》和《周礼考正》，认为近代儒者无人能及。与人品评人物时，必称先生为第一。我当时年少，私下记住了这些。由于当时随先父宦游在外，没有机会拜在先生门下学习。这次回来，先生离世已久了。去先生家搜求他的著作文字，只剩下几卷《槐里杂稿》。先父所说的《易春秋说》和《周礼考正》，因为先生在南京国子监去世时，两个儿子都没有随侍在身边，被同住的监生拿走，都已散失了，真是可惜！先父年少时，曾听乡中父老传言，说王氏自从东晋以来在江左兴盛，中间衰落了一百多年。元朝时有一个精于占卜的隐士，与先生的先祖交游甚密，曾说他的后代必定会有知名于世的大儒出现，也许指的就是先生。然而最终先生也不及被任用，难道指的是先生的后代？

竹轩先生传

布政魏瀚撰

先生名伦，字天叙，以字行。性爱竹，所居轩外，环植之，日啸咏其间。视纷华势利，泊如也。客有造竹所者，辄指告之曰："此吾直谅多闻之友，何可一日相舍耶？"学者因称曰竹轩先生。

译文

先生名伦，字天叙，以字行于世。天性喜爱竹子，所住房屋周围都栽满了竹子，每天在竹林中吟咏诗词，对权势名利，淡泊于心。有朋友来竹林中拜访，他就指着竹子对朋友说："这就是我'直谅多闻'的朋友，一天也离不开他们啊！"学者因此称他为竹轩先生。

早承厥考槐里先生庭训，德业夙成。甫冠，浙东西大家争延聘为子弟师。凡及门经指授者，德业率多可观。槐里先生蚤世，环堵萧然，所遗惟书史数箧。先生每启箧，辄挥涕曰："此吾先世之所殖也。我后人不殖，则将落矣。"乃穷年口诵心惟，于书无所不读，而尤好观《仪礼》《左氏传》、司马迁《史》。雅善鼓琴，每风月清朗，则焚香操弄数曲。弄罢，复歌以诗词，而使子弟和之。识者谓其胸次洒落，方之陶靖节、林和靖，无不及焉。

译文

幼年时秉承父亲槐里先生家教，德行学业早有所成。刚刚成年，浙江世家望族就争相聘请他为自己儿子的老师。凡拜在门下经他教授的学子，德行和学业大多学有所成。父亲槐里先生离世早，家徒四壁，只留下几箱经史典籍。先生每次打开书箱，就禁不住流泪说："这是我家先祖积累传承的学问，我作为后辈不继承发扬的话，家学就会衰落了啊。"于是穷年累月，口诵诗书，心思义理，无书不读，特别喜欢《仪礼》《左传》和《史记》。性喜弹琴，每当风清月朗之夜，就焚香弹奏数曲。弹琴过后，又吟诗作词，让弟子们唱和。了解先生的人都说他豁达洒脱，和陶渊明与林和靖相比，也不相上下了。

居贫，躬授徒以养母。母性素严重，而于外家诸孤弟妹怜爱甚切至。先生每先意承志，解衣推食，惟恐弗及；而于妻孥之寒馁，弗遑恤焉。弟粲幼孤，为母所钟爱。先生少则教之于家塾，长则挈之游江湖，有无欣戚，罔不与居。逮子华官翰林，请于朝，分禄以为先生养。先生复推其半以赡弟。乡人有萁豆相煎者，闻先生风，多愧悔，更为敦睦之行。

译文

先生家境贫寒，教授学生以奉养母亲。先生母亲一向性情严肃端庄，但对娘家几个已成孤儿的弟妹关爱备至。先生往往不等母亲开口就顺着母亲的心意，把自己有限的衣食分给他们，惟恐照顾不周。而对自己妻子和儿女的饥寒冻馁，却来不及照顾。弟弟王粲很小就失去父亲成了孤儿，母亲十分疼爱。弟弟小的时候先生就在家塾里教他，长大后先生又带他去各地游历。不管喜乐还是忧戚，总是同甘共苦。等到先生儿子王华官至翰林时，请求朝廷分出俸禄来作为父亲竹轩先生的奉养，先生又分一半赡养弟弟。乡里有兄弟间骨肉相争的，听说先生的高尚德行，大多惭愧懊悔，变得亲善和睦了。

先生容貌环伟，细目美髯。与人交际，和乐之气蔼然可掬。而对门人弟子，则矩范严肃，凛乎不可犯。为文章好简古，而厌浮靡；赋诗援笔立就，若不介意，而亦未尝逸于法律之外。所著有《竹轩稿》及《江湖杂稿》若干卷，藏于家。

译文

竹轩先生相貌奇伟，细目美须。与人交往，平和快乐，和蔼可亲，但对门人弟子，却规矩严格，态度严正，有一种不可冒犯的威严。先生写文章崇尚简练古朴的风格，厌恶浮艳绮靡的风格；写诗能挥笔而就，貌似不经意，但又没有超出格律要求之外。著有《竹轩稿》和《江湖杂稿》若干卷，都收藏在家里。

先生与先君菊庄翁，订盟吟社，有莫逆好。瀚自致政归，每月旦，亦获陪先生杖履游。且辱知于先生仲子龙山学士。学士之子守仁，又与吾儿朝端同举于乡。累世通家，知先生之深者，固莫如瀚，因节其行之大者于此，以备太史氏之采择焉。

译文

竹轩先生与先父菊庄翁曾经一起结社吟诗，是莫逆之交。我自从辞官回家后，每月初，也有机会陪先生拄杖散步。我又有幸结识先生二儿子龙山学士。学士儿子王守仁又与我儿子朝端一同在乡试中举。两家世代交好，没有比我更了解竹轩先生的了，因此选取先生重要的德行事迹，著录于此，以备将来史官选择和采纳。

海日先生墓志铭

大学士杨清撰

正德己卯，宁濠称乱江西，鸠集群盗，发数千艘而东，远近震动。巡抚南赣都御史王守仁伯安，传檄邻境，举兵讨贼。时其父南京吏部尚书王公，致仕居会稽。有传伯安遇害者，人谓公曰："盍避诸？"公曰："吾儿方举大义，吾避安之？"或曰："伯安既仇贼，贼必阴使人行不利于公，避之是也。"公笑曰："吾儿能弃家讨贼，吾何可先去，以为民望。祖宗功泽在天下，贼行且自毙。吾为国大臣，恨老不能荷戈首敌。即有不幸，犹将与乡里子弟共死此城耳。"因使人趣郡县，宜急调兵粮为备，禁讹言，勿令动摇人心。乡人窃视公晏然如常时，众志亦稍稍定。盖不旬月，而伯安之捷报至矣。

译文

正德己卯年，宁王朱宸濠在江西叛乱，纠集各路叛军，出动数千艘战船向东进发，远近各地人心惶惶。巡抚南赣都御史王伯安，向邻近州县发出通告，共同发兵讨伐叛军。当时他父亲南京吏部尚书先生，已退休住在会稽。传言说伯安已遇害，有人对先生说："怎么还不赶紧逃呢？"先生说："我儿子正高举平叛义旗，我能逃到哪里去呢？"又有人说："伯安已经与叛军为敌了，叛军肯定会暗中加害于您，还是避开一下好。"先生笑着说："我儿子能不顾家小，讨伐叛贼，我怎么能够先走呢？一定要留下来安抚民心。祖宗的功德恩泽遍布天下，叛贼不久就会自取灭亡。我作为朝廷大臣，最遗憾的就是年老不能亲自上阵杀敌。即便守仁不幸平叛身死，我也一定和乡中子弟与共守此城，决一死战。"于是派人赶往郡县，紧急调集兵马粮草以做准备，禁止传播流言蜚语，以免人心动摇。乡人暗中观察，见先生晏然自若，有如平时，人心也就稍微稳定了。后来不到一个月，伯安的捷报就到了。

初，贼濠东下，将趋南都。伯安引兵入南昌，夺其巢。贼闻大恐，急旋舟。伯安帅吉安知府今都宪伍君文定等，大战于鄱阳湖。贼兵风靡，遂擒濠，并其党与数千人，献俘于阙。呜呼！自古奸雄构乱虽有忠臣义士，必假以岁月，乃能削平祸难。伯安奋戈一呼，以身临不测之渊，呼吸之间，地方大定。公闻变从容，群嚣众惑，屹然不为动。伯安得直前徇国，不婴怀回顾以成懋绩。公之雅量，伯安之忠义，求之载籍，可多见哉？

译文

当初，朱宸濠叛军沿江东下，准备攻打南京。伯安率军攻占南昌，夺下叛军老巢。叛军知道后大为惊恐，马上调转船头，回救南昌。伯安率领当时的吉安府知府现在的都宪伍文定等人，与叛军大战于鄱阳湖。叛军望风披靡，于是擒获了宁王朱宸濠和叛党数千人，压赴朝廷，献给皇上。呜呼，自古以来，奸雄作乱，虽然有忠臣义士挺身而出，必定要耗费时日才能够平定叛乱。伯安高举平叛义旗，亲临战阵，转眼之间，叛乱已平，地方安定。先生当初得知叛乱时从容淡定，众人却议论纷纷，人心惶惶，但先生完全无动于心。伯安才能够勇往直前为国效忠，不必顾及家小，最终成就赫赫功勋。先生的雅量，伯安的忠义，史籍中也不多见。

及是武庙南巡，权奸妒功，构飞语陷伯安，迹甚危。众虑祸且及家，公寂若无闻。辛巳，今皇帝入嗣大统，始下诏表扬伯安之功，召还京师。因得便道归省，寻论功封奉天翊运推诚宣力守正文臣，特进光禄大夫柱国新建伯。又以廷推兼南京兵部尚书，参赞机务。锡之诰券，封公勋阶爵邑如子，俾子孙世其爵。适公诞辰，伯安捧觞为寿。公蹙然曰："吾父子乃得复相见耶！贼濠之乱，皆以汝为死矣，而不死。以为事难猝平，而平之。然此仗宗社神灵，朝廷威德，岂汝一书生所能办？比谗构横行，祸机四发，赖武庙英明保全。今国是既定，吾父子之荣极矣，然福者祸之基，能无惧乎！古云：'知足不辱，知止不殆。'吾老矣，得父子相保牖下，孰与犯盈满之戒，覆成功而毁令名者耶？"伯安跪曰："谨受教。"公自是日与姻党置酒宴乐，岁暮，旧疾作。嘉靖壬午春二月十二日，终于正寝，得年七十有七。未属纩时，使者以部咨将新命至。公尚能言，趣诸子曰："不可以吾疾废礼。宜急出迎。"既成礼偃然而逝。

译文

等到武宗皇帝率军亲征时，掌权的奸臣嫉妒伯安的功劳，污蔑构陷他，情况危急。众人担心将会祸及家族，先生心中淡定，充耳不闻。辛巳年，当今皇上继承大统，才下诏表彰伯安的功劳，把他召回京师，因此得以顺道回家看望父母。不久皇上按照功劳封他为奉天翊运推诚宣力守正文臣，加封光禄大夫柱国新建伯。后又因朝廷大臣推荐，兼任南京兵部尚书和参赞机务。又赐给他诏书，让他的子孙世袭爵位。恰逢先生生日，伯安奉酒祝寿。先生忧虑地说："我们父子现在才得以相见啊！当时朱宸濠叛乱，都认为你必死无疑，而最终得以不死。大家都认为叛乱难以平定，而最终得以平定。但这些都是仰仗祖宗神灵的护佑，朝廷的威严和恩德，岂是你一介书生就能做到的吗？后来你遭受谗言陷害时，危机四伏，又都仰赖武宗皇帝英明才得以保全。如今叛乱已平，我们父子的荣耀已经达到了极点，然而福就是祸的根基啊，怎么能不心存戒惧！古话说：'知足不辱，知止不殆。'我已经老了，还能够父子家人平平安安地在家中团聚，又何必违背满招损的教训而使功业声名毁于一旦呢？"伯安跪下说："谨遵您的教导！"先生从那时起就整天与亲戚乡党饮酒宴会，欢愉度日。年底，旧病发作。嘉靖壬午年春二月二十二日，寿终正寝，享年七十七岁。弥留之际，使者持吏部公文前来，有新的使命，先生那时还能说话，催促几个儿子说："不要因为我的病而忽略了迎接使者的礼仪，快快出去迎接！"完成了迎接的礼仪，才偃然长逝。

讣闻，上赐谕祭，命有司治葬事。伯安偕诸弟卜以卒之明年秋八月某日，葬公郡东天柱峰之南之原，具书戒使者诣镇江请予铭公墓。予曩官外制官太常，接公班行不鄙，谓予以知言见待。予迁南京太常，辱赠以文。公校文南畿，道旧故甚洽。正德丁卯，取嫉权奸，归致仕；予亦避谗构，谢病归，杜门不接宾客。公直造内室，慰语久之。伯安又予掌铨时首引置曹属，号知己。公铭当予属。顾以江西之变，关系公父子大节，特先书之。乃按公门人国子司业陆君深所著状，摘而叙之曰：

译文

皇上得知先生去世，派人去祭他，命令有关官员专门负责丧葬事宜。伯安和几个弟弟选定第二年秋八月某日，将先生安葬在郡县东边天柱峰南面的平缓地带，写信派人到镇江请我给先生写墓志铭。我之前做太常时，与先生接触，觉得先生品行高尚，令人敬佩，先生也已知己待我。我任南京太常时，先生曾以诗文相赠。后来先生任南京吏部尚书，我们相聚谈到故交旧友时也非常融洽。正德丁卯年，被当权奸佞嫉恨，先生退休归家。我也为躲避被谗言中伤，借口因病归家休养，闭门谢客。先生来我家拜访，直接走入内室，宽慰我许久。我在朝廷掌管选才授官时任伯安为属官，已经互相引为知己了。先生墓志铭理应我来写，但考虑到江西叛乱事件，关系到先生父子的德行节操，所以特别先叙述其中原委。于是根据先生弟子国子司业陆深所写的先生行状，摘取部分内容，写道：

公姓王氏，讳华，字德辉，号实庵，晚号海日翁。尝读书龙泉山中，学者称为龙山先生。上世自琅琊徙居会稽之山阴，又自山阴徙余姚。四世祖讳性常，有文武才。国初为诚意伯所荐，仕至广东参议。峒苗为乱，死之。高祖讳彦达，号秘湖渔隐，年十六，裹父尸自苗壤归葬。痛父死忠，布蔬终其身，人称孝子。曾祖讳与准，号遁石翁。学精于《易》，尝筮得"震"之

"大有"，谓其子曰："吾后再世其兴，兴其久乎？"祖讳世杰，号槐里子，以明经贡为太学生卒。父讳天叙，号竹轩。初以公贵，封修撰，后与槐里公俱赠嘉议大夫，礼部右侍郎；今以伯安功，俱追赠新建伯。祖妣孟氏，封淑人，妣岑氏累封太淑人，进封太夫人。

译文

公姓王，讳华，字德辉，号实庵，晚年又号海日翁。曾在龙泉山中读书，学者称为龙山先生。先祖从山东琅琊迁居会稽山阴，又从山阴迁到浙江余姚。四世祖讳性常，文武兼备。开国之初被诚意伯刘基推荐出仕，官至广东参议，死于苗民叛乱。高祖讳彦达，号秘湖渔隐，十六岁时从苗民叛军中背负着父亲遗体回家安葬。因父亲为国尽忠而死，倍感痛心，终生不仕，人称为孝子。曾祖父讳与准，号遁石翁。精通《周易》，曾占卜得"震"卦"大有"卦象，对他儿子说："我死之后，后代将会兴盛，而且会兴盛很久吧！"祖父讳世杰，号槐里子，因精通经学被推荐参加贡举考试成为太学生，最后以太学生身份去世。父亲讳天叙，号竹轩。最初父以子贵，被封为修撰官，死后和槐里子都被追赠为嘉议大夫，礼部右侍郎。现在又因为伯安的功劳，他们又都被追赠为新建伯。祖母孟夫人被封为淑人。母亲岑夫人被封为太淑人，又被加封为太夫人。

公生正统丙寅九月。孟淑人梦其姑抱绯衣玉带一童子授之曰："妇事吾孝，孙妇亦事汝孝。吾与若祖丐于上帝，以此孙畀汝，世世荣华无替。"故公生以今名名，长兄以荣名，符梦也。

译文

先生生于正统丙寅年九月，祖母孟淑人梦到她婆婆抱着一个穿着红衣围着玉带的孩子递给她说："你对我很孝顺，孙媳妇对你也很孝顺。我和你们祖先向上帝请求，把这个孙子送给你，将来世世代代，长保荣华富贵！"所以先生出生时取名为华，先生兄长取名为荣，就是为了与梦相符。

公生而警敏，始能言，槐里公口授以诗歌，经耳辄成诵。稍长，读书过目不忘。

译文

先生天生聪明敏捷，刚会说话时，槐里公给他口授诗歌，就能过耳成诵。稍微长大后，读书就能过目不忘。

六岁，与群儿戏水滨，见一客来濯足，已大醉，去，遗其所提囊，取视之，数十金也。公度其醒必复来，恐人持去，以投水中，坐守之。少顷，其人果号而至，公迎谓曰："求尔金邪？"为指其处，其人喜，以一锭为谢，却不受。

译文

六岁时，和小朋友在河边戏水，看到一个过路客人醉醺醺地来洗脚，离开时把包裹忘在河边了，打开一看，有几十两银子。先生估计他酒醒后肯定会来寻找，又怕被别人拿走，就把包裹扔到浅水中，坐在旁边守着。不一会，那人果然号啕大哭，一路找过来，先生迎上去说："是来找你的银子的吗？"告诉他藏银子的地方，那人高兴得要送给他一锭银子表示感谢，先生拒绝了。

年十一，从里师授业，日异而月不同。岁终，里师无所施其教。

译文

十一岁时，跟从乡中塾师学习，学业进步日新月异。年终时，塾师已经没什么可以教他的东西了。

年十四，尝与诸子弟读书龙泉山寺。寺故有妖物为祟，解伤人，寺僧复张皇其事，诸生皆丧气走归。公独留居，妖亦浸灭。僧以为异，假妖势恐，且试之百方，不色动。僧谢曰："君天人也，异时福德何可量？"

译文

十四岁时，曾经和同族的子弟们在龙泉山寺读书。寺中以往就有妖物作祟，能够伤人，僧人们又夸大其事，同来学习的人都丧气地回去了。只有先生留下来住在寺中，作祟的妖物也慢慢销声匿迹了。僧人们对此深感惊异，又借着妖物的名义用各种方式吓唬他，先生不为所动。僧人们不得不折服，谢罪说："您有天人之相，将来福德不可限量啊！"

弱冠，提学张公时敏试其文，与少傅木斋谢先生相甲乙，并以状元及第奇之，名遂起，故家世族，争礼聘为子弟师。浙江方伯祁阳宁君良择师于张公，张公曰："必欲学行兼优，无如王某者。"宁亲造其馆，宾礼之请为子师。延至祁阳。湖湘之士闻而来从者踵相接。居宁之梅庄别墅。墅中积书数千卷，日夕讽诵其间，学益进。祁俗好妓饮，公峻绝之，三年如一日。祁士有化服者。

译文

成年后，提学张时敏主持院试考试，将他与少傅木斋先生谢迁列为一二名，并且认为他必中状元，对他青眼相看。于是声名鹊起，世家望族都争相聘请他自己儿子的老师。浙江布政使祁阳宁良请张公推荐塾师，张公说："一定要找学行兼优的老师的话，没有比得过王某的了。"宁良亲自去先生私塾中拜访他，以上宾之礼聘请他为自己儿子的老师。邀请他到祁阳，湖湘的读书人知道之后，前来求学的人摩肩接踵。住在宁公的梅庄别墅，别墅中藏书数千卷，先生每天早晚诵读，学问日益进步。祁阳有狎妓饮酒的风俗，先生洁身自好，三年如一日。祁阳读书人有的被他折服感化了。

归，连举不利。成化庚子发解浙江第二人。明年辛丑，廷试第一甲第一人，授翰林院修撰。甲辰，充廷试弥封官。丁未，同考会试。弘治改元，戊申，与修《宪庙实录》，充经筵官。己酉，满九载，以竹轩公忧去。癸丑，服阕，迁右春坊右谕德。

译文

从祁阳回来后，多次参加科举考试不中。成化庚子年，考取浙江省试第二名。第二年辛丑年，殿试获得第一甲第一名，被授予翰林院修撰。甲辰年，担任殿试弥封官。丁未年，主持会试。弘治元年戊申年，参与修编《宪庙实录》，担任经筵官。己酉年，为官满九年，因父亲竹轩公去世守丧停职。癸丑年，守丧期满，任右春坊右谕德。

丙辰，命为日讲官，赐金带四品服。公讲筵音吐明畅，词多切直，每以勤圣学、戒逸豫、亲仁贤、远邪佞为劝，孝庙嘉纳焉。内侍李广方贵幸，尝讲《大学衍义》，至唐李辅国结张后表里用事，众以事颇涉嫌，欲讳之；公朗然诵说无少避忌，左右皆缩头吐舌。上乐闻之不厌。罢讲，遣中官赐尚食。

译文

丙辰年，被任命为日讲官，赐给金带和四品官服。先生在宫中讲授时，口齿清晰，明白流畅，言辞恳切率直，每每劝谏皇上勤心学问，戒除安逸，亲近贤人君子，远离奸佞小人，孝宗都高兴地采纳了。太监李广当时正受皇上宠幸，先生曾讲授《大学衍义》，至唐代太监李辅国勾结张皇后阴谋叛乱的时候，众人怕事情涉及暗讽嫌疑，想要避讳过去。先生仍然高声谈论，无所避讳，左右的人都吓得缩头吐舌。皇上听了非常高辛，意犹未尽，讲授结束后，派太监赏赐食物给他。

皇太子出阁。诏选正人辅导，用端国本。公卿多荐公。自是日侍东宫讲读，眷赐加隆。

译文

皇太子出阁读书，下诏选取德行方正之士辅导太子，以稳固国家根本。公卿大臣大多推荐先生。从此就每天陪侍辅导太子读书，受到的赏赐日益增多。

戊午命主顺天乡试。辛酉，再主乡试应天，得士为多。壬戌迁翰林院学士，食从四品禄，命授庶吉士业，修《大明会典》，为纂修官。书成，迁詹事府少詹事，兼学士，掌院事，与编纂《通鉴纂要》。是岁迁礼部右侍郎，仍兼日讲。武庙嗣位，遣祭江淮诸神，乞便道归省。以岑太夫人年高，乞归便养，不允。

译文

戊午年，被任命主持顺天府乡试。辛酉年，再次主持应天府乡试，录取了很多有学问有才能的士人。壬戌年，升任翰林院学士，享受四品官员俸禄待遇，为庶吉士授业，作为纂修官参与修编《大明会典》。编修工作完成后，升任詹事府少詹事，兼任学士，主管学士院事物，参与编撰《通鉴纂要》。同年升任礼部右侍郎，仍兼任日讲官。武宗皇帝即位，被派往江淮地区祭祀各路神灵，请求顺道回家省亲。因母亲岑太夫人年事已高，请求退休在家侍养，没有获批。

明年改元。丙寅，瑾贼窃柄，士夫侧足立，争奔走其门，求免祸。公独不往。瑾衔之。时伯安为兵部主事，疏瑾罪恶。瑾矫诏执之，几毙廷杖，窜南荒以去。瑾复移怒于公，寻知为微时所闻名士，意稍解，冀公一见，且将柄用焉。公竟不往，瑾益怒。丁卯，迁南京吏部尚书，犹以旧故慰言，冀必往谢，公复不行。遂推寻礼部旧事与公本不相涉者，勒令致仕。既归，有以其同年友事诬毁之者，人谓公当速白，不然，且及罪。公曰："是焉能浼我？我何忍讦吾友？"后伯安复官京师，闻士夫论及此，将疏辨于朝，公驰书止之曰："汝将重吾过邪？"

译文

第二年，武宗皇帝更改年号。丙寅年，宦官刘瑾专权，士大夫心生畏惧，争先恐后前去巴结奉承，以求免祸。只有先生不去，刘瑾怀恨在心。当时伯安是兵部主事，上书陈述刘瑾罪恶。刘瑾假托圣旨拘捕他，在朝廷施以杖刑，几乎死于廷杖之下，后又把他贬谪到南方荒蛮之地。刘瑾又迁怒于先生，不久后得知先生是他未发迹时所仰慕的名士，恨意稍有缓解，希望先生去拜见他，准备委先生以重任。先生最终也没去拜访他，刘瑾更加恼怒。丁卯年，先生升任南京吏部尚书，刘瑾还以旧交的身份去慰问祝贺，想必先生一定会去府上向他致谢，先生又没有去。于是就借与先生不相关的礼部旧案污蔑他，勒令先生退休。回家后，又有人利用与先生同榜中举朋友的案件诋毁他，众人以为他肯定会赶紧辩白，不然就会获罪。先生说："这个怎么能中伤我呢，我怎么忍心揭发我的朋友呢？"后来伯安官复原职回到京城，听士大夫论及此事，准备上疏辩白原委，先生迅速写信制止他说："你要加重我的罪过吗？"

公性至孝。初，竹轩公病报至，当道以不受当迁官，宜出受新命，公卧家不出，日忧惧不知所为。逾月，讣始至，恸绝几丧生。襄葬穴湖山，遂庐墓下。墓故虎穴，虎时群至，不为害，久且益驯，人谓孝感。比致仕。岑太夫人年近百岁，公寿逾七十，犹朝夕为童子嬉戏以悦亲，左右扶掖，不忍斯须去侧。太夫人卒，块苫擗踊，过毁致疾。及葬，徒跣数十里，疾益甚，竟以是不起。

译文

先生非常孝顺。当初，父亲竹轩公病重消息传来，上司认为他按资历可以升任地方官，应该接受新的任命。先生在家卧床不出，每天担忧，不知如何是好。过了一个多月，讣告才送到，先生悲痛欲绝。将父亲安葬在穴湖山，在坟墓附近建草庐居住守丧。墓地本来是一个虎穴，老虎经常成群结队出现，但不伤人，时间久了反而更加驯服，人们都说是先生孝心感应。到退休后，母亲岑太夫人已经年近百岁，先生也年过七十，但每天早晚还是装作像小孩子一样嬉戏来取悦母亲，时常在左右扶持母亲，不认片刻离开。太夫人去世后，伤心得捶胸顿足，守孝时以干草为席，土块为枕，因哀伤过度身患疾病。下葬时，又赤脚徒步送葬数十里，导致病情加重，最终也因此卧病不起。

处诸昆弟笃友爱，禄食赢余，恒与共之，视其子若己出。气质醇厚，坦坦自信，不立边幅。议论风生，由衷而发，广廷之论，入对妻孥无异语。人有片善，亟称之；有急，恻然赴之。至人有过恶，则尽言规斥，不少回曲，坐是多遭嫉忌。然人谅其无他，则亦无深怨之者。识宏而守固，百务纷沓，应之如流。至临危疑震荡，众披靡惶惑，独卓立毅然，不为变若是，盖有人不及知者矣。

译文

与兄弟相处也非常友爱，俸禄养家之外还有多余的，都分给他们，对他们的孩子视若己出。为人性情敦厚，坦荡自信，从不居高自傲。与人谈论时议论风生，由衷而发，大庭广众之下说的话，和私下里对妻子儿女说的话没有不同。人有一点优点，就马上表扬；一旦有急事，就热心帮助。有人犯了过错，就直言训斥，不加掩饰，因此多被人嫉恨。但是人们也知道他并没有恶意，也就没有过多怨恨他。先生见多识广而且能坚持操守，各种事物纷沓至来，应对如流。朱宸濠叛乱时，形势危急，人心惶惶，只有先生卓然独立，不为众人所动，这是不是一般人所能理解的。

公之学一出于正，书非正不读。客有以仙家长生之术来说者，则峻拒之曰："修身以俟命，吾儒家法。长生奚为？"俭素自持，货利得丧，不屑为意。楼居厄于火，赀积一空。亲朋来救焚者，款语如常。为诗文取达意，不以雕刻为工，而自合程度。所著有《龙山稿》《垣南草堂稿》《礼经大义》诸书，《杂录》《进讲余钞》等稿，共四十六卷，藏于家。

译文

先生的学问以正为本，非正书不读。有人劝他学道家长生之术，坚定地谢绝说："修身养性，静待命运安排，这是我们儒家原则。为什么要学长生不老呢？"生活勤俭朴素，对财物的得失，从来不以为意。楼房遭了火灾，积蓄烧尽。亲朋好友赶来救火，他却像平常一样和他们交谈。先生诗文注重思想表达，不刻意修饰，却自然合乎格律法度。著作有《龙山稿》《垣南草堂稿》《礼经大义》《杂录》《进讲余钞》等，共四十六卷，收藏在家。

初配赠夫人郑氏，渊静孝慈，与公起微寒，同贫苦，躬纺绩以奉舅姑。既贵，恭俭不衰。寿四十一，先公三十六年卒。继室赵氏，封夫人，侧室杨氏。子男四：长即伯安，守仁名，别号阳明子，其学邃于理性，中外士争师之，称阳明先生；次守俭，太学生；次守文，郡庠生；次守章。女一，适南京工部都水郎中，同邑徐爱。初，郑夫人祔葬穴湖，已而改殡郡南石泉山。石泉近有水患，乃卜今地葬公云。

译文

原配郑氏，被追赠为夫人，性格文静，孝顺慈爱，和先生在贫贱时同甘共苦，亲自纺织来奉养公婆。富贵之后，继续保持节俭恭敬的作风。享年四十一岁，早于先生三十六年去世。继室赵氏，被追赠为夫人。有一侧室杨氏。儿子四个：长子伯安，名守仁，别号阳明子，学问深入探究天理心性，朝廷内外士人争相以他为师，世称阳明先生。次子守俭，是太学生。次子守文，是县学生员。次子守章。女儿一个，许配给南京工部都水郎中同乡徐爱。最初，郑夫人葬在穴湖山，后来改葬在郡县南部的石泉山。又因石泉山坟墓渗水，才选了现在的墓地安葬先生。

惟古贤人君子未遇之时，每以天下国家为己任。出而登仕，其所遭际不同，而其志有遂有不遂，非人之所能为也。公少负奇气，壮强志存用世。顾其职业，恒在文字间，而未能达之于政。际遇孝宗，讲筵启沃，圣心简在，柄用有期。不幸龙驭上宾，弗究厥用。晚登八座，旋见沮于权奸，偃蹇而归。岂非天哉！然有子如伯安，所建立宏伟卓荦，凡公之所欲为，噤而不得施用者，皆于其子之身而显施大发之，公又亲及见之，较之峻登大受既久且专，而泯然无闻于世者，其高下荣辱，宜何如也？王氏之先，有植槐于庭，荫后三公者，遁石翁“大有”之占，其类是乎？铭曰：

译文

古代贤人君子没有被重用时，每每以天下国家为己任。当他们出仕做官后，各人际遇不同，有的人得以施展抱负，有的人最终壮志未酬，这不是个人所能够掌控的。先生少年时就志存高远，壮年时志在经世致用。但他一生的职位，都在讲学和编书中与文字为伍，未能在政治上施展才华。后来有幸遇到孝宗皇帝，为皇上讲授学问，颇受赏识，即将被重用。不幸皇上驾崩，最终不及重用。晚年官至尚书，又被奸臣刘瑾诋毁，不得已退休归家。这难道不是天命吗？然后有伯安这样的儿子，功勋卓著，学问宏博，先生的抱负，被阻碍而不能施展的，都在他儿子身上彰显实现了，先生又亲眼见证了，与那些长期为官位高权重，最终又泯然无名的人相比，两者德行的高低荣辱，又当如何呢？先生先祖曾在庭院种植三棵槐树，庇阴后人成就功业，遁石翁预示后人大有成就的“大有”卦象，说的不就是先生父子吗？铭文是：

孰不有母，孰如公母寿。七十之叟，傞傞拜舞，百岁而终归得其所。孰不有子，公子天下士，亶其忠勤，以事其事，不有其身，惟徇之义。是子是父，允文允武，勋在册府，帝锡之爵土。其生不负，而殁不朽，铭以要诸久。

译文

谁人无母，谁家母亲又能长寿如先生之母。先生七十老翁，拜舞堂前，母亲百岁，终归其所。谁人无子，公子天下知名，忠心耿耿，勤劳国事，不顾其身，以大义为重。父子如此，文武兼备，功勋昭著，皇上赐爵封官。生不负所学，死而不朽。作铭以期留名后世。

海日先生行状

国子司业门人陆深撰

先生姓王氏，讳华，字德辉，别号实庵，晚复号海日翁。尝读书龙泉山中，学者又称为龙山先生。其先出自晋光禄大夫览之曾孙，右军将军羲之，由琅琊徙居会稽之山阴。后二十三代孙迪功寿又自山阴徙余姚。至先生之四世祖广东参议性常，又五世矣。参议博学，善识鉴，有文武长才，与永嘉高则诚族人元章相友善，往来山水间，时人莫测也。诚意伯刘伯温微时尝造焉。参议谓曰："子真王佐才，然异时勿累老夫则善矣。"伯温既贵，遂荐以为兵部郎中，擢广东参议，卒死于苗难。高祖讳彦达，号秘湖渔隐。渔隐年十六，自苗中裹父尸归葬，朝夕哭墓下。痛父以忠死，粗衣恶食，终身不仕，乡里以孝称之。曾祖讳与准，号遁石翁，伟貌修髯，精究《礼》《易》，著《易微》数千言。居秘湖阴，尝筮得"大有"之"震"，谓其子曰："吾先世，盛极而衰，今衰极当复。然必吾后再世而始兴乎？兴必盛且久。尔虽不及显，身没亦与有焉。"祖讳世杰，号槐里子，以明经贡为太学生，卒赠嘉议大夫，礼部右侍郎。祖妣孟氏，赠淑人。父讳天叙，别号竹轩，封翰林院修撰，赠礼部右侍郎。妣岑氏，封太淑人。

译文

先生姓王，讳华，字德辉，别号实庵，晚年又号海日翁。曾在龙泉山中读书，学者又称为龙山先生。先生先祖为西晋光禄大夫王览曾孙，右军将军王羲之，从山东琅琊迁居会稽山阴。后来王羲之二十三代孙迪功郎王寿又从山阴县迁到余姚。到先生四世祖广东参议王性常时，已经是第五代了。参议学识渊博，擅长识鉴人才，有文武全才，与永嘉县高则诚，族人王冕交好，往来游历于山水之间，当时没人能理解他们。诚意伯刘伯温未发迹时曾去拜访他，参议说："您真是王佐之才，但将来发达时不要以世俗之事牵累我就好了。"刘伯温显贵之后，推荐他为兵部郎中，升任广东参议，最终死于苗民叛乱。高祖讳彦达，号秘湖渔隐。渔隐十六岁时，从苗民叛军中背负父亲尸首回家归葬，朝夕哭于墓旁。痛心于父亲为国死忠，生活简朴，终生不做官，以孝顺闻名于乡里。曾祖讳与准，号遁石翁，伟貌魁梧，长髯飘飘，精通《礼记》《周易》，著有《易微》数千字。住在秘湖南岸，曾占卜得到"震"卦"大有"卦象，对他儿子说："我们的先祖，盛极而衰，如今当衰极复盛了。但可能要在我之后的两代才开始兴盛吧！兴盛并且能保持长久。你虽然赶不上家族的显贵，死后也能获得荣耀。"先生祖父讳世杰，号槐里子，以明经贡生身份进入国子监为太学生，死后追赠嘉议大夫，礼部右侍郎。祖母孟氏，追赠淑人。父亲讳天叙，别号竹轩，封翰林院修撰，追赠礼部右侍郎。母亲岑氏，封太淑人。

正统丙寅九月甲午，先生生。先夕，孟淑人梦其姑赵抱一童子，绯衣玉带，授之曰："新妇平日事吾孝，今孙归事汝亦孝。吾与若祖丐于上帝，以此孙畀汝，子孙世世荣华无替。"故先生生而以今名名，先生之长兄半岩先生以荣名，梦故也。先生生而警敏绝人。始能言，槐里先生抱弄之，因口授以古诗歌，经耳辄成诵。稍长，使读书，过目不忘。

译文

正统丙寅年九月甲午日，先生出生。前一天晚上，祖母孟淑人梦见她婆婆抱着一个孩子，红衣玉带，交给她说："你平时对我很孝顺，现在孙媳妇对你又很孝顺。我和你们祖先向上帝请求，把这个孙子送给你们，让你们子孙世代长保荣华。"所以先生取名为华，先生兄长半岩先生取名为荣，正是因为这个梦境。先生天生聪慧过人，才会说话，槐里先生就抱着他，口授古代诗歌，就能过耳背诵，稍微长大之后，读书就能过目不忘。

六岁时，与群儿戏水滨。见一客来濯足，已大醉，遗其所提囊而去。取视之，数十金也。先生度其人酒醒必复来，恐人持去，投水中，坐守之。有顷，其人果号泣而至。先生迎谓曰："求尔金邪？"为指其处。其人喜跃，以一金谢。先生笑却之，曰："不取尔数十金，乃取尔一金乎？"客且惭且谢，随至先生家，无少长，咸遍拜而去。

译文

六岁时，和小朋友在河边嬉戏。见一个过路客人醉醺醺地过来洗脚，把随身包裹忘在河边。拿过来一看，有几十两银子。先生估计这个人醒酒后肯定会来寻找，又怕包裹被别人拿走，就把包裹放在浅水中，坐在旁边守着。不一会，那人果然号啕大哭一路寻来。先生迎上去说："是来找你的银子的吗？"于是告诉他藏银子的地方。那人高兴得要送给他一两银子表示感谢，先生笑着拒绝了，说："不要你几十两银子，还在乎你这一两银子吗？"那人惭愧，再次表示感谢，跟着先生去他家里，对着先生家人，不管老人孩子都跪拜一遍才离开。

岑太夫人尝绩窗下，先生从旁坐读书。时邑中迎春，里儿皆竞呼出观，先生独安读书不辍。太夫人谓曰："若亦暂往观乎？"先生曰："大人误矣，观春何若观书？"太夫人喜曰："儿是也，吾言误矣。"

译文

母亲岑太夫人曾在窗下织布，先生坐在旁边读书。当时城中正在举办迎春活动，孩子们都争先恐后出来围观，只有先生继续安心读书。太夫人说："你也先去看看热闹吧？"先生说："母亲大人您错了，看热闹哪比得上看书？"太夫人高兴地说："孩子你说得对，是我错了。"

年十一，从里师钱希宠学。初习对句，月余，习诗。又两月余，请习文。数月之后，学中诸生，尽出其下。钱公叹异之，曰："岁终吾无以教尔矣。"县令呵从到塾，同学皆废业拥观。先生据案朗诵，若无睹。钱奇之，戏谓曰："尔独不顾，令即谓尔倨傲，呵责及尔，且奈何？"先生曰："令亦人耳，视之奚为？若诵书不辍，彼亦便奈呵责也？”钱因语竹轩公曰：“公子德器如是，断非凡儿。”

译文

十一岁，跟从乡中塾师钱希宠学习。开始时学习对句，一个月后，学习作诗，又过了两个月，请求学习作文。几个月之后，私塾中其他学生都不如他了。钱公非常惊讶，感叹道：“到年底我就没什么可教你的了啊！”县令带领随从来私塾视察，学生们都放下书跑去围观。先生仍然坐在位置上朗诵，视若无睹。钱公更加对他刮目相看了，逗他说：“就你不去看，县令就会说你倨傲无礼，呵斥责怪你，怎么办呢？”先生说：“县令也是人，有什么好看的？我只管继续读书，要呵斥责怪就随他去吧！”钱公于是对竹轩公说：“令公子有这样德行气度，肯定不是一般人。”

十四岁时，尝与亲朋数人读书龙泉山寺。寺旧有妖为祟。数人者皆富家子，素豪侠自负，莫之信；又多侵侮寺僧，僧甚苦之。信宿妖作，数人果有伤者。寺僧因复张皇其事，众皆失气，狼狈走归。先生独留居如常，妖亦遂止。僧咸以为异。每夜分，辄众登屋号笑，或瓦石撼卧榻，或乘风雨雷电之夕，奋击门障。僧从壁隙中窥，先生方正襟危坐，神气自若。辄又私相叹异。

译文

十四岁时，曾经和几个亲朋好友在龙泉山寺读书。寺中以前就有妖物作祟。其他几个都是富家子弟，一向自认为豪放狭义，不相信。又多次轻慢寺中僧人，僧人感到非常痛苦。后来连续天晚上妖物作祟，果然有好几个人受伤。寺中僧人于是又大肆宣扬，人人都很害怕，狼狈地逃回家里。只有先生还像往常一样住在哪里，妖物也消停了。僧人们都觉得很惊异。每到晚上，他们就爬上屋顶，有时嚎叫怪笑，有时又往床上扔瓦片石头，有时又趁着风雨雷电的晚上，大力拍打门窗。僧人从墙壁缝隙中偷偷观察，先生正在那儿正襟危坐，神气自若。私下里就更加惊叹了。

然益多方试之，技殚，因从容问曰：“向妖为祟，诸人皆被伤，君能独无恐乎？”先生曰：“吾何恐？”僧曰：“诸人去后，君更有所见乎？”

先生曰："吾何见？"僧曰："此妖但触犯之，无得遂已者，君安得独无所见乎？"先生笑曰："吾见数沙弥为祟耳。"诸僧相顾色动，疑先生已觉其事，因佯谓曰："此岂吾寺中亡过诸师兄为祟邪？"先生笑曰："非亡过诸师兄，乃见在诸师弟耳。"僧曰："君岂亲见吾侪为之？但臆说耳。"先生曰："吾虽非亲见，若非尔辈亲为，何以知吾之必有见邪？"寺僧因具言其情，且叹且谢曰："吾侪实欲以此试君耳。君天人也，异时福德何可量？"至今寺僧犹传其事。

译文

又用很多方法试探先生，方法都用尽了，先生都不以为意。于是故作淡定地问道："向来妖物作祟，很多人都被伤害过，您就不怕吗？"先生说："我有什么可怕的呢？"僧人说："他们回家后，您还有见到什么吗？"先生说："我能看见什么呢？"僧人说："这个妖物但凡触犯了它，就不会轻易作罢，您怎么可能什么也没见到呢？"先生笑道："我只是看见几个和尚在作祟罢了。"僧人们面面相觑，疑心先生已经察觉他们所做的事了，于是假装说："难道是我们寺中亡故的几个师兄在作祟吗？"先生笑道："不是亡故的几个师兄，而是活着的几个师弟啊。"僧人说："您难道亲眼看到我们做了吗？不过是猜的罢了。"先生说："我虽然没有亲眼所见，如果不是你们几个做的，怎么知道我必定能看见什么呢？"。寺中僧人于是详细地说明了情况，一边感叹，一边告罪说："我们其实只是想用这个试探一下您。您有天人之相，将来福德岂可限量？"至今寺中僧人还在传说这件事。

天顺壬午，先生年十七，以三礼投试邑中。邑令奇其文，后数日，复特试之。题下，一挥而就。令疑其偶遇宿构，连三命题，其应益捷。因大奇赏，谓曰："吾子异日必大魁天下。"远迩争礼聘为子弟师。提学松江张公时敏考校姚士，以先生与木斋谢公为首，并称之曰："二子皆当状元及第。"方伯祁阳宁公良择师于张公。张曰："但求举业高等，则如某某者皆可。必欲学行兼优，惟王某耳。"时先生甫逾弱冠，宁亲至馆请讲宾主礼，请为其子师，延至家，湖湘之士，翕然来从者以数十。在祁居梅庄别墅，墅中积书数千卷，先生昼夜讽诵其间，不入城市者三年。永士有陈姓者，闻先生笃学，特至梅庄请益，间取所积书叩之，先生皆默诵如流。陈叹曰："昔闻'五经笥'，今乃见之。"祁俗好妓饮，先生峻绝之。比告归，祁士以先生客居三年矣，乃秘两妓于水次，因饯先生于亭上，宿焉。客散，妓从秘中出。先生呼舟不得，撤门为桴而渡。众始叹服其难。

译文

天顺壬午年，先生七十岁，参加院试考试。县令对他文采感到非常惊异，几天后，又特意出题考了他一次，拿到题就一挥而就。县令怀疑他是偶然遇到曾经准备过的题目，连续三次出题，先生文思更加敏捷。因此县令对他刮目相看，说："你将来必定会天下夺魁。"远近争相聘请他做自己儿子的老师。提学官松江张时敏主持余姚院试，把先生和谢木斋列为榜首，并且称赞说："这两位都应该中状元。"布政使祁阳宁良请张公推荐塾师，张公说："如果只要科举学问高超的，像某某就可以胜任。如果一定要学问德行都优秀的，就只有王某了。"当时先生才年过二十，宁良亲自到他的私塾中，行宾主之礼，请他担任自己儿子的老师。延请到家后，湖湘地区的读书人，纷纷前来跟从他学习的就有几十个。在祁阳住在梅庄别墅，别墅中有数千卷藏书，先生每天早晚都在里面读书，三年都没有进城游玩过。永州有个姓陈的读书人，听说先生勤学苦读，特意来梅庄别墅请教，随便抽几本藏书向先生提问，先生都能背诵如流。姓陈的读书人感叹道："以前听说过有学富五车，精通经史的人，现在才见到真人啊。"祁阳人好狎妓饮酒，先生洁身自好，坚决杜绝。在准备辞馆归家时，祁阳的读书人认为先生已经客居三年了，必定难耐寂寞，于是暗中在河边亭子里藏了两个妓女，在亭子上与先生饮酒饯别，又安排先生在亭中留宿，客人走后，两个妓女就从暗中走出来。先生喊船但没人回应，只好撤下门板渡河回到岸边。众人这才佩服他的意志坚定。

始，先生在梅庄，尝一夕梦迎春，归其家，前后鼓吹幡节，中导白土牛，其后一人舆以从，则方伯杜公谦也。既觉，先生以竹轩公、岑太夫人皆生于辛丑，谓白为凶色，心恶之，遂语诸生欲归。诸生坚留之。宁生曰："以纮占是梦，先生且大魁天下矣。夫牛，丑属也，谓之一元大武，辛，金属，其色白；春者，一岁之首也；世以状元为春元，先生之登，其在辛丑乎？故事送状元归第者，京兆尹也。其时杜公殆为京兆乎？"先生以亲故，遂力辞而归，舟过洞庭，阻风君山祠下，因入祠谒。祝者迎问曰："公岂王状元邪？"先生曰："何从知之？"祝者曰："畴昔之夕，梦山神曰：'后日薄暮有王状元来。'吾以是知之。"先生异其言，与梅庄之梦适相协，因备纪其事。自是先生连举不利，至成化庚子，始以第二人发解。明年辛丑，果状元及第，杜公为京兆，悉如其占云。

译文

当初，先生在梅庄别墅时，一天晚上梦到春节回家过年，看到迎春活动一路吹吹打打，旌旗翻飞，中间一条白土牛，后面一人坐轿子跟着，那人就是布政使杜谦。梦醒之后，先生因为竹轩公与岑太夫人都出生在辛丑年，白色又是大凶之色，所以非常厌恶这个梦，于是告诉学生们说准备回家。学生们坚持挽留他。宁良的儿子说："在晚生看来，这个梦是预示先生将要中状元。牛按照天干地支来说，属丑，称一元真武；辛，属金，颜色是白；春天是一年的第一个月；人们把状元也叫作春元，先生及第的时间，大概是在辛丑年吧？按惯例，送状元回家的是京兆尹。那时杜谦应该是京兆尹了吧？"先生考虑到父母，坚持辞馆回家，船过洞庭湖，被大风阻隔在君山祠下，于是进祠拜谒。庙祝迎上来问道："先生难道是王状元吗？"先生说："你从哪知道的呢？"庙祝说："前天晚上，梦到山神说：'后天傍晚，有个王状元会来。'所以我才知道。"先生对他的话感到很奇怪，这与他在梅庄别墅的梦相应，于是详细地记下了这件事。从这以后，先生的科举考试接连不利，直到成化庚子年，才在乡试中考了第二名。第二年辛丑年，果然中了状元，杜谦是京兆尹，都和梦中预示的一致。

是岁授官翰林院修撰。甲辰廷试进士，为弥封官。丁未充会试同考官。弘治改元，与修《宪庙实录》，充经筵官。己酉，秩满九载，当迁。闻竹轩疾，即移病不出。当道使人来趣，亲友亦交劝之且出迁官，若凶闻果至，不出未晚也。先生曰："亲有疾，已不能匍匐归侍汤药，又逐逐奔走为迁官之图，须家信至，幸而无恙，出岂晚乎？"竟不出。

译文

同一年，被任命为翰林院修撰。甲辰年，殿试时任弥封官。丁未年，任会试同考官。弘治元年，参与编写《宪庙实录》，任经筵官。己酉年，做官满九年，应该外放任地方官。听到竹轩公病重消息，就称病不出。上司派人催他，亲朋好友也劝他先外放做官，如果竹轩公真的去世，不外放也不迟。先生说："父亲病重，本应赶回去侍奉汤药，怎能又为升迁做官而到处奔走钻营呢？必须等家书到了，如果父亲病情好转，再外放做官也不晚啊？"最终也没有外放做官。

庚戌正月下旬，竹轩之讣始至，号恸屡绝。即日南奔，葬竹轩于穴湖山，遂庐墓下。墓故虎穴，虎时时群至。先生昼夜哭其傍，若无睹者。久之益驯，或傍庐卧，人畜一不犯，人以为异。

译文

庚戌年正月下旬，竹轩公逝世消息才传来，先生悲痛欲绝。当天就赶去家中，后来把竹轩公安葬在穴湖山，在墓边结庐守孝。墓地本是老虎巢穴，老虎时常成群结队出现。先生不分昼夜在墓旁痛哭，视若无睹。时间久了，老虎变得更加顺服，有的就在他草庐旁躺着，从不伤及人畜，人们都感到很惊异。

癸丑服满。升右春坊右谕德，充经筵讲官。尝进劝学疏，其略谓：贵缉熙于光明。今每岁经筵不过三四御，而日讲之设，或间旬月而始一二行，则缉熙之功，无亦有间欤？虽圣德天健，自能乾乾不息，而宋儒程颐所谓涵养本原，熏陶德性者，必接贤士大夫之时多，而后可免于一暴十寒之患也。

译文

癸丑年，守孝期满，升任右春坊右谕德，兼任经筵讲官。曾给皇上上过《劝学疏》，大意是："时光非常珍贵，现在的经筵讲学每年不过三四次，日讲又是一个月才一两次，珍惜时光，也是不可以间断的啊！虽然圣上非常英明，自然能坚持学习，但是宋儒程颐所说的涵养本原，陶冶德性，一定要多与贤士大夫相处，才能避免一暴十寒的危害。”

上然其言，御讲日数。

译文

皇上深以为然，讲学的次数大大增加。

丙辰三月，特命为日讲官，赐金带四品服。四月，以选正人端国本，公卿会推为东宫辅导。戊午三月，又命兼东宫讲读，眷赐日隆。是岁，奉命主顺天府乡试，辛酉，又奉命主应天乡试。壬戌，升翰林院学士，从四品俸。寻命教庶吉士鲁铎等。继又命与纂修《大明会典》。逾年书成，升詹事府少詹事，兼翰林院学士。五月，复命与编《通鉴纂要》。六月，升礼部右侍郎，仍兼日讲。上以先生讲释明赡，故特久任。是岁冬，命祭江淮诸神，乞便道归省，还朝，以岑太夫人年迈，屡疏乞休，以便色养。不允。寻升礼部左侍郎。

译文

丙辰年三月，特意任命先生为日讲官，赐给金带和四品官服。四月，朝廷选拔刚正之士教育太子，以端正国本，公卿大夫一致推荐他为东宫辅导。戊午年三月，又命他兼任东宫讲读，赏赐越来越多。同年，奉命主持顺天府的乡试。辛酉年，又奉命主持应天府乡试。壬戌年，升任翰林院学士，领取四品官俸禄，不久又命他教授庶吉士鲁铎等人。接着又命他参与编修《大明会典》。一年后编撰完成，升任詹事府少詹事，兼任翰林院学士。五月，又让他参加编撰《通鉴纂要》。六月，升任礼部右侍郎，仍兼任日讲官。皇上认为他讲解清晰透彻，因此特意让他长期担任。同年冬天，皇上派他取江淮地区祭祀各路神仙，请求顺路回家省亲，回到京城后，以岑太夫人已年迈为由，多次上疏请求辞官奉养母亲，没有获批。不久升任礼部左侍郎。

明年，武宗皇帝改元。贼瑾用事，呼吸成祸福。士大夫奔走其门者如市。先生独不之顾。时先生元子今封新建伯方为兵部主事，上疏论瑾罪恶。瑾大怒，既逐新建，复迁怒于先生。然瑾微时尝从先生乡人方正习书史，备闻先生平日处家孝友忠信之详，心敬慕之，先生盖不知也。瑾后知为先生，怒稍解。尝语阴使人谓于先生有旧，若一见，可立跻相位。先生不可。瑾意渐拂。丁卯，升南京吏部尚书。瑾犹以旧故，使人慰之曰："不久将大召。"冀必往谢。先生又不行。瑾复大怒。然先生乃无可加之罪，遂推寻礼部时旧事与先生无干者，传旨令致仕。先生闻命忻然，束装而归曰："吾自此可免于祸矣。"

译文

第二年，武宗皇帝更改年号。奸臣刘瑾专权，人们呼吸间都可能祸从天降，士大夫争相投靠，刘瑾门庭若市。只有先生不以为意。当时先生长子现在的新建伯正任兵部主事，上疏陈述刘瑾罪恶。刘瑾大怒，立刻贬谪新建伯，又迁怒于先生。然而刘瑾未发迹时曾跟从先生同乡方正学习，详细了解先生平时在家忠孝友信的品行，心生仰慕之情，不过先生都不知道这些。刘瑾后来才知道自己当年仰慕的人就是先生，怒气才稍稍缓和。曾经在暗地派人说与先生有旧交情，如果先生前来参拜，可以立刻官至宰相，先生没答应。刘瑾渐渐有些不满。丁卯年，升任南京吏部尚书。刘瑾还以旧交身份，派人去慰勉先生说："不久将会召你大用。"以为先生一定会上门表示感谢。先生还是没有去，刘瑾又大怒。但是先生没有把柄让他有添加罪名的机会，于是就在与先生没有关系的礼部旧案中找个借口添加罪名，传下圣旨让先生退休。先生听到这个命令，就欣喜地整理行装准备回家，说："我从此就可以免于灾祸了。"

既而有以同年友事，诬毁先生于朝者，人咸劝先生一白。先生曰："某吾同年友，若白之，是我讦其友矣。是焉能浼我哉？"竟不辨。后新建复官京师，闻士夫之论，具本奏辨，先生闻之，即驰书止之曰："是以为吾平生之大耻乎？吾本无可耻，今乃无故而攻发其友之阴私，是反为吾求一大耻矣。人谓汝智于吾，吾不信也。"乃不复辨。

译文

不久，又有人用与先生同年中举朋友的案件，在朝廷上诬蔑先生，人们都劝先生辩解一下。先生说："某人是我的同年好友，如果我去辩解，就是揭发那位朋友了。这件事怎么能毁我清白呢？"最后也没去辩解。后来新建伯官复原职回到京城，听士大夫讨论这件事，就准备上疏辩解。先生听说这个消息，立即给他写信，劝止他说："你认为这是我平生的大耻辱吗？我本来没什么可耻的事情，现在无故揭发朋友的阴私，这反而是我的一大耻辱。人们都说你比我聪明，我不相信。"新建伯就不再辩解了。

历事三朝，惟孝庙最知，末年尤加眷注。屡因进讲，劝上勤圣学，戒逸豫，亲仁贤，远邪佞。上皆虚心嘉纳。故事，讲官数人，当直者必先期演习，至上前犹或鳌张失措。先生未尝豫习，及进讲，又甚条畅。一日，上已幸讲筵，直讲者忽风眩仆地。众皆遑遽，共推先生代。先生从容就案，展卷敷析，尤极整暇。众咸服其器度。内侍李广者方贵幸，尝于文华殿讲《大学衍义》，至唐李辅国与张后表里用事，诸学士欲讳不敢言，先生特诵说朗然，开讽明切。左右闻者皆缩头吐舌，而上乐闻不厌。明日，罢讲，命中官赐食。中官密语先生云："连日先生讲书明白，圣心甚喜，甚加眷念。"先生自庆知遇，益用削切。上亦精勤弥励。讵意孝庙升遐，先生志未及行，亦偃蹇而归矣。天道如斯，呜呼悲夫！

译文

先生历经了三朝皇帝，只有孝宗最了解他，最后几年对他更加关爱。先生多次在讲学中，劝皇上勤心研究圣人学问，戒除安逸，亲近贤人君子，疏远奸佞小人。皇上都虚心地接纳了。按惯例，几个讲官轮到谁当值讲授就要先提前演练一遍，但到了皇上面前，有的人还是惊慌失措。先生从来不用提前演练，讲授时条理又特别清晰。一天，皇上已经到了讲习的场所，当值讲习的人突然昏倒在地。众人都惶恐害怕，共同推举先生代替讲授。先生从容地走到桌前，展开书卷精细地分析，讲得非常流畅。众人都很钦佩先生的才气风度。太监李广当时正受皇上宠幸，先生曾在文华殿讲解《大学衍义》，讲到唐代太监李辅国与张皇后内外勾结、图谋不轨的事情时，在座的学士都避讳不敢说，先生特意高声阔论，明白地劝谏皇上。左右听讲的人都缩头吐舌，但是皇上听得饶有兴趣。第二天，讲习结束后，皇上派遣太监赐给他食物。太监悄悄对先生说："连日来先生讲得很明白晓畅，皇上很高兴，对你更加关注。"先生暗自庆幸得到知遇之恩，讲授更加恳切，皇上学习也更加勤奋。没想到孝宗皇帝不久驾崩，先生的志向还没实现，就郁郁寡欢地回家了。天道如此，太令人伤悲了！

先生气质醇厚，平生无矫言饰行，仁恕坦直，不立边幅。与人无众寡大小，待之如一。谈笑言议，由衷而发，广庭之论，入对妻孥，曾无两语。人有片善，称之不容口；有急难来控者，恻然若身陷于沟阱，忘己拯救之，虽以此招谤取嫌，亦不恤。然于人有过恶，亦直言规切，不肯少回曲，以是往往反遭嫉忌，然人亦知其实心无他，则亦无有深怨之者。先生才识宏达，无所不可。而操持坚的，屹不可动。百务纷沓，应之沛然，未尝见其有难处之事。至临危疑震荡，众多披靡惶恐，而先生毅然卓立，然未尝以此自表现，故人之知者罕矣。为诗文皆信笔立就，不事雕刻，但取词达而止。所著有《龙山稿》《垣南草堂稿》《礼经大义》诸书，《杂录》《进讲余钞》等稿，共四十六卷。

译文

先生性情敦厚，言行从不掩饰实情，故作姿态，为人坦诚正直，不居高自傲；待人不论职位高低、年纪大小都非常和善。谈笑言论，都由衷而发，在大庭广众之下说的话和在家里对妻子儿女说的话没有两样。别人有一点优点，他都会赞不绝口；有因一时困难来向他人求助的，他就当作好像是自己的困难一样，热情地帮助他们，虽然因此招至诽谤与怨恨，他也在所不惜。但是对别人所犯过失，他也直言相劝，丝毫不加掩饰，因此往往遭人忌恨；然而人们也知道他并无恶意，也就没有特别怨恨他。先生才识宏博阔达，平时无所不可，但关键时刻操守坚定，毫不动摇。各种事务纷至沓来，应对自如，未曾见他有难办的事。在朱宸濠叛乱的危急时刻，众人惊慌失措，先生毅然挺身而出，但也没有因此而四处宣扬，所以真正了解他的人不多。先生写文作诗，信笔拈来，不用修饰，只求言辞能表达心意即可。著作有《龙山稿》《垣南草堂稿》《礼经大义》等书，以及《杂录》《进讲余钞》等，共四十六卷。

先生孝友出于天性，禄食盈余，皆与诸昆弟共之，视诸昆弟之子不啻己出。竹轩公及岑太夫人色爱之养，无所不至。太夫人已百岁，先生亦寿逾七十矣，朝夕为童子色，嬉戏左右，抚摩扶掖，未尝少离。或时为亲朋山水之邀，乘舟暂出，忽念太夫人，即蹙然反棹。及太夫人之殁，寝苫蔬食，哀毁逾节，因以得疾。逮葬，跣足随号，行数十里，于是疾势愈增。病卧逾年，始渐缪。然自是气益衰。

译文

先生天生就孝顺父母、关爱兄弟，俸禄养家之外有盈余的，就分给兄弟们，对待他们的孩子，就像对待自己的一样。对竹轩公与岑太夫人的孝敬，特别周到。太夫人一百多岁时，先生也年过七十，但每天早晚还是装作像小孩子一样嬉戏来哄母亲开心，随时扶持陪伴，一刻也不离开。有时被亲朋好友邀去游山玩水，乘船刚出发，忽然想到太夫人，马上很担心地又回来。太夫人去世后，守孝时以干草为席，以蔬菜为食，哀伤过度，因此得了重病。太夫人下葬时，痛哭不已，赤脚徒步送葬数十里。因此病情恶化，卧床一年多才好转。但是从此精神渐渐衰弱。

先生素闻宁濠之恶，疑其乱，尝私谓所亲曰："异时天下之祸，必自兹人始矣。"令家人卜地于上虞之龙溪，使其族人之居溪傍者买田筑室，潜为栖遁之计。至是正德已卯。宁濠果发兵为变，远近传闻骇愕，且谓新建伯亦以遇害，尽室惊惶，请徙龙溪。先生曰："吾往岁为龙溪之卜，以有老母在耳。今老母已人土，使吾儿果不幸遇害，吾何所逃于天地乎？"饬家人勿轻语动。已而新建起兵之檄至，亲朋皆来贺，益劝先生宜速逃龙溪。咸谓新建既与濠为敌，其势必阴使奸人来不利于公。先生笑曰："吾儿能弃家杀贼，吾乃独先去以为民望乎？祖宗德泽在天下，必不使残贼覆乱宗国，行见其败也。吾为国大臣，恨已老，不能荷戈首敌。倘不幸，胜负之算不可期，犹将与乡里子弟，共死此城耳。”因使趋郡县宜急调兵粮，且禁讹言，勿令摇动。乡人来窃视先生，方晏然如平居，亦皆稍稍复定。

译文

先生平日就听说过宁王朱宸濠的罪恶，怀疑他要叛乱，曾私下对他亲近的人说：“将来天下大乱，必定是从他开始。”命家人在上虞龙溪选取地方，让住在龙溪岸边的族人购置田地修建房屋，暗中作避难的计划。到正德己卯年，朱宸濠果然兴兵叛乱，远近的人们听到消息都非常惊骇，又听说新建伯也已遇害，全家都惊恐不安，请求迁到龙溪去避难。先生说：“我前几年在龙溪买田建房，是因为老母亲还在。现在老母亲已入土，如果我儿子果真不幸遇害，天地之间我能逃到哪去呢？”告诫家里的人不要轻举妄动，议论言语。不久新建伯起兵勤王的檄文传来，亲朋好友都来庆贺，更加劝先生赶紧逃去龙溪。都说新建伯已经与朱宸濠为敌，势必会暗中派人来加害先生。先生笑道：“我儿子能不顾家小，奋力杀贼，我怎么可以自己率先离开，使民心动摇呢？祖宗的功德恩泽遍布天下，必定不会让叛贼扰乱国家社稷，不久他们就会失败。我作为朝廷大臣，遗憾的是身体衰老，不能够身先士卒，奋力杀敌。如果战局胜负未定，我也会与乡中子弟共守此城，决一死战。”于是派人去郡县劝县令紧急调集兵马粮草，禁止传播流言蜚语，以免人心动摇。乡人暗中来观察先生，见他晏然自若，有如平时，人心也就慢慢稳定下来了。

不旬月，新建捷至，果如先生所料，亲朋皆携酒交庆。先生曰：“此祖宗深仁厚泽，渐渍人心，纪纲法度，维持周密，朝廷威灵，震慑四海，苍生不当罹此荼毒。故旬月之间，罪人斯得，皆天意也。岂吾一书生所能办此哉？然吾以垂尽之年，幸免委填沟壑，家门无夷戮之惨，乡里子弟又皆得免于征输调发，吾儿幸全首领，父子相见有日，凡此替足以稍慰目前者也。”诸亲友咸喜，极饮尽欢而罢。

译文

不到一个月，新建伯捷报传来，果然和先生料想的一样，亲朋好友都携酒来庆贺。先生说："这是祖宗仁德深厚，才能逐渐感化人心。朝廷法度纲纪，严格周密，威震四海，天下苍生不应该遭受这样的荼毒。因此一个月不到，贼首就被擒获，这都是天意啊。岂是我们一介书生所能做到的呢？但是我在这垂老之年能够顾全性命，家人没有受到伤害，乡中的子弟又都得以免除征调的辛苦，我儿子也侥幸保全性命，父子不久就可以相见，所有这些都足以让我心中宽慰。"亲朋朋友都非常高兴，痛饮开怀才散去。

已而武庙南巡，奸党害新建之功，飞语构陷，危疑汹汹，旦夕不可测。群小偵伺，旁午于道。或来先生家，私籍其产宇丁畜，若将抄没之为。姻族皆震撼，莫知所出。先生寂若无闻，日休田野间，惟戒家人谨出入，慎言语而已。辛巳。今上龙飞，始下诏宣白新建之功，召还京师，新建因得便道归省。寻进南京兵部尚书，封新建伯。遣行人赍白金文绮慰劳新建，遂下温旨存问先生于家，兼有羊酒之赐。适先生诞辰，亲朋咸集。新建捧觞为寿。

译文

不久武宗皇帝率军亲自征讨，奸党嫉妒新建伯功劳，污蔑构陷，危在旦夕。一些小人趁机发难，到处生事。有的直接来到先生家里，私自记录先生的家产人丁，好像准备抄家一样。亲戚们都很惊恐害怕，不知如何是好。先生却非常镇静，若无其事的样子，每天在田野间消遣度日，只是告诫家人出入谨慎，说话注意罢了。辛巳年，当今皇帝继位，这才下诏宣告新建伯功劳，召他回京师，新建伯因此得以顺路回家省亲。不久又升为南京兵部尚书，封新建伯，命人持银子和锦缎慰劳新建伯，接着还下诏对先生表示慰问，还有羊肉和酒的赏赐。恰逢先生诞辰，亲朋好友欢聚一堂，新建伯端起酒杯为先生祝寿。

先生蹙然曰："吾父子不相见者几年矣。始汝平寇南赣，日夜劳瘁，吾虽忧汝之疾，然臣职宜尔，不敢为汝忧也。宁濠之变，皆以汝为死矣而不死；皆以事为难平矣，而卒平。吾虽幸汝之成，然此实天意，非人力可及，吾不敢为汝幸也。谗构朋兴，祸机四发，前后二年，岌乎知不免矣。人皆为汝危，吾能无危乎？然于此时惟有致命遂志，动心忍性，不为无益，虽为汝危，又复为汝喜也。天开日月，显忠遂良，穹官高爵，滥冒封赏，父子复相见于一堂，人皆以为荣，吾谓非荣乎？然盛者衰之始，福者祸之基，虽以为荣，复以为惧也。夫知足不辱，知止不殆，吾老矣，得父子相保于牖下，孰与犯盈满之戒，覆成功而毁令名者邪？"

译文

先生忧虑地说："我们父子没见面已经好几年了。当初你在南赣平定贼寇，日夜辛劳。我虽然担心你的身体，但这是你做大臣的本分，我又不敢为你担心。朱宸濠叛乱，都以为你死了，但你最终没有死；都以为叛乱难以平定，但你最终平定了叛乱。我虽然为你成功平叛感到庆幸，但这实在是天意，不是人力所能够达到的，我又不敢为你庆幸。后来谣言四起，危机四伏，那两年里，岌岌可危似乎难以免祸。人们都为你感到担忧，我能不担忧吗？然而这时只有全力以赴完成使命，内心谨慎、性情坚忍，不做对你没有帮助的事情。虽然为你担忧，但同时又为你高兴。如今圣上英明，使贤良能够重见天日，给你高官厚禄，父子又可以相聚一堂，人们都认为这样非常光荣，我能说不光荣吗？然而盛是衰的开始，福是祸的根基，虽然光荣，但又心怀忧惧。常言道，知足不辱，知止不殆，我也老了，能够像现在这样父子亲人保全性命在家中，比那些因骄傲自满犯了忌讳而使功业声名毁于一旦的人怎样？"

新建洗而跽曰："大人之教，儿所日夜切心者也。"闻者皆叹息感动。于是会其乡党亲友，置酒燕乐者月余。岁且暮，疾复作。新建率其诸弟，日夜侍汤药。壬午正月，势转剧。二月十二日己丑，终于正寝。享年七十有七。临绝，神识精明，略无昏愦。时朝廷推论新建之功，进封先生，及竹轩槐里皆为新建伯。是日部咨适至，属疾且革。先生闻使者已在门，促新建及诸弟曰："虽仓遽，乌可以废礼？尔辈必皆出迎。"闻已成礼，然后偃然瞑目而逝。

译文

新建伯流泪下跪说："父亲大人的教诲，正是我日夜思虑的事情。"听到的人都感动叹息。于是先生和亲朋好友欢聚一堂，饮酒庆祝，长达月余。年终时，先生旧疾复发。新建伯带着几个弟弟，日夜在旁侍奉汤药。壬午年正月，病情恶化。二月十二日己丑时，寿终正寝，享年七十七岁。先生临终时，神智清晰，毫不糊涂。当时朝廷按照新建伯功劳，准备进封先生，以及竹轩公、槐里先生都追赠为新建伯。这天吏部文书恰好下达，正值病情危急。先生听说朝廷使者已到门外，忙催促新建伯和他几个弟弟说："虽然仓促，但怎能忽略迎接朝廷使者的礼仪呢？你们必须都得出去迎接。"听说礼节完毕，才安心瞑目，溘然长逝。

先生始致政归，客有以神仙之术来说者。先生谢之曰："人所以乐生于天地之间，以内有父母、昆弟、妻子、宗族之亲，外有君臣、朋友、姻戚之懿，从游聚乐，无相离也。今皆去此，而槁然独往于深山绝谷，此与死者何异？夫清心寡欲，以怡神定志，此圣贤之学所自有。吾但安乐委顺，听尽于天而已，奚以长生为乎？"客谢曰："神仙之学，正谓世人悦生恶死，故其所欲而渐次导之。今公已无恶死悦生之心，固以默契神仙之妙，吾术无所用矣。"先生于异道外术，一切奇诡之说，廓然皆无所入。惟岑太夫人稍崇佛教，则又时时曲意顺从之，亦复不以为累也。

译文

先生刚退休时，有客人劝他学习道家长生不老之术，先生谢绝说："人之所以在天地间能安心快乐，因为内有父母、兄弟、妻子和宗族的亲情，外有君臣、朋友和亲戚的大义，交游欢聚，不相分离。现在把这些都放弃，像枯木一样在深山绝谷中独来独往，和死人有什么区别呢？通过清心寡欲来安定心神，这本是圣人之学本来有的。我只需保持身心安乐，听凭天命罢了，哪里用得着长生不老呢？"客人说："长生不老之术，正是因为世人喜欢生存厌恶死亡，所以从他们所喜欢的事情上渐渐引导他们。现在你对生死已经没有厌恶喜欢的念头，已经体悟到了长生不老之术的妙处，我们的方术您就用不着了。”先生对异道外术，一切奇怪的学问毫无兴趣，也从不涉及。只是岑太夫人稍有信奉佛教，先生时常曲意顺从，也没觉得有所妨碍。

先生既归，即息意丘园，或时与田夫野老同游共谈笑，萧然形迹之外。人有劝之宜且闭门养威重者，先生笑曰：“汝岂欲我更求作好官邪？”性喜节俭，然于货利得丧，曾不以介意。尝构楼居十数楹，甫成而火，赀积为之一荡。亲友来救焚者，先生皆一一从容款接，谈笑衎衎如平时，略不见有仓遽之色。人以是咸叹服其德量云。

译文

先生回家之后，寄心田园，有时和田夫野老一起游乐说笑，潇洒出尘，超然物外。有人劝他应该关起门来保持威严与稳重，先生笑着说：“你难道想让我再去当官吗？”先生推崇节俭，但是对于财物得失，毫不介意。曾建了十几间的楼房，刚建成就遭了火灾，被烧得一干二净。亲友们前来救火，先生都从容地一一接待他们，淡定谈笑和平时一样，丝毫没有仓促惊慌的样子。人们因而都钦佩他的胸怀雅量。

先生元配夫人郑氏，渊靖孝慈，与先生共甘贫苦。起微寒，躬操井臼，勤纺织以奉舅姑。既贵，而恭俭益至，寿四十九，先先生三十六年卒。继室赵氏，封夫人，侧室杨氏。子四人，长守仁，郑出，南京兵部尚书，封新建伯；次守俭，杨出，太学生；次守文，赵出，郡庠生；次守章，杨出。一女，赵出，适南京工部都水郎中同邑徐爱。始，郑夫人殡郡南之石泉山，已而有水患，乃卜地于天柱峰之阳，而葬先生焉。

译文

先生元配夫人郑氏，孝顺慈爱，与先生一起同甘共苦。她出身寒微，亲自操持家务，辛勤纺织以供奉公婆。富贵之后，更加待人恭敬，生活简朴，享年四十九岁，比先生早去世三十六年。继室赵氏，赐封为夫人。有一侧室杨氏。有四个儿子：长子守仁，郑氏所生，任南京兵部尚书，封为新建伯；次子守俭，杨氏所生，任太学生；次子守文，赵氏所生，是县学生员；次子守章，杨氏所生。一个女儿，赵氏所生，许配南京工部都水郎中同乡徐爱。

最初，郑夫人安葬在郡县南部的石泉山，后来有水患，于是在天柱峰南麓另选一块墓地安葬先生。

深，先生南畿所录士也。暨于登朝，获从班行之末，受教最深。又辱与新建伯游处，出入门墙最久。每当侍侧讲道之际，观法者多矣。正德壬申秋，以使事之余，迂道拜先生于龙山里第。扁舟载酒，相与游南镇诸山，乃休于阳明洞天之下。执手命之曰："此吾儿之志也。大业日远，子必勉之。"临望而别。呜呼！深鄙陋无状，不足以窥见高深，然不敢谓之不知先生也。谨按王君琥所录行实，泣而叙之，将以上于史官，告于当世之司文柄者，伏惟采择焉！

译文

我是先生在南京录取的读书人。后在朝廷为官，资历最轻，受先生教诲最深。又有幸与新建伯交游相处，在门下受教最长，每次侍立在旁听先生讲学时，听者众多。正德壬申年秋，我因出差公务之余，绕道去龙山拜访先生。扁舟一叶，载酒泛游，同去南镇山中游玩，在阳明洞天下面休息。先生握我的手对我说："这就是我儿子的志向。成圣成贤的目标更加难以实现了，你要好好努力。"最后望着我离开。唉！我学识浅薄，不足以窥见先生学问德行的高深之处，然而不敢说不了解先生。根据王琥所记的先生行踪实录，边哭边写，希望将来交付给史官，告诉那些当代执掌文化大权的人，供他们选择采用。

阳明先生墓志铭

甘泉湛若水撰

甘泉子挈家闭关于西樵烟霞之洞，故友新建伯阳明王先生之子正亿，以其岳舅礼部尚书久庵黄公之状及书，来请墓铭。曰："公知阳明公者也，非公莫能铭。"甘泉子曰："吾又何辞焉？公知阳明公者也，非公莫能状。公状之，吾铭之。公状其详，吾铭其大。吾又何义之辞焉？”乃发状而谨按之：

甘泉子全家在西樵山烟霞洞闭关，老朋友新建伯王阳明先生儿子正亿，拿着他岳父礼部尚书黄久庵写的《阳明先生行状》和书信前来请我撰写墓志铭，信中说：“您是最了解阳明先生的人，除了您没人能写这个墓志铭。”甘泉子说：“我又怎能推辞呢？您也是了解阳明先生的，除了您没人能把先生的行状写清楚。您作行状，我写墓志铭，您记录他人生的经历，我评述他学问的辉煌。我有什么理由推辞呢？”展读黄久庵写的先生行状，谨按如下：

读世系状云云，曰：

公出于龙山状元大宗伯公华；大宗伯公，出于赠礼部侍郎竹轩公天叙；竹轩公，出于太学生，赠礼部侍郎槐里公杰；槐里公出于遁石公与准，厥有《礼》《易》之传；遁石公，出于秘湖渔隐公彦达；秘湖出于性常公纲，有文武长才，与括苍刘伯温友善，仕为广东参议，死难也。推其华胄遥遥，远派于晋高士羲之，光禄大夫览焉。曰：“公其有所本之矣。”夫水土之积也厚，其生物必蕃，有以也夫！

译文

读到关于先生身世家谱的记述，说：

阳明先生父亲是龙山状元礼部尚书王华；礼部尚书父亲是追赠礼部侍郎的竹轩公王叙；竹轩公父亲是太学生、追赠礼部侍郎槐里公王杰；槐里公父亲是遁石公王与准，著有《礼》《易》的传注；遁石公父亲是秘湖渔隐公王彦达；秘湖渔隐公父亲是王纲，字性常，文武双全，与括苍刘伯温交好，曾任广东参议，在苗民叛乱中遇害。追溯先生的祖先，有晋代的名士王羲之和光禄大夫王览。不禁感叹道：“先生是有家族传承的啊。”就像水土肥沃，物产必然丰盛一样，这是有道理的啊！

读诞生状云云，曰：

祖妣岑太淑人，有赤子乘云下界，天乐导之之梦，公乃诞焉。是名曰云，盖征之矣。神僧言之，遂改今名。曰：“然则阳明公殆神授欤？其异人矣！”六年乃言，十一年有金山之诗，十七年闻一斋“圣人可学”之语，曰：“其有所启之矣！”

译文

读到关于先生出生的记述，说：

祖母岑太淑人，梦到一个婴儿乘着祥云，在天上鼓乐声的引导下降临到她家，刚好这时先生出生。所以取名为王云，是为了符合梦中情境。后来在僧人的指点下，改成现在的名字。感叹道：“那么阳明先生是神仙送给他们家的吗？他确实不是寻常人。”六岁才开始说话，十一岁就写出《金山》一诗，十七岁听说一斋先生“圣人通过学习可以做到”的话，他说：“这对我非常有启发！”

读学术状云云，曰：

初溺于任侠之习，再溺于骑射之习，三溺于辞章之习，四溺于神仙之习，五溺于佛氏之习。正德丙寅，始归正于圣贤之学。会甘泉子于京师，语人曰：“守仁从宦三十年，未见此人。”甘泉子语人亦曰：“若水泛观于四方，未见此人。”遂相与定交讲学，一宗程氏“仁者浑然与天地万物同体”之指。故阳明公初主“格物”之说，后主“良知”之说。甘泉子一主“随准体认天理”之说，然皆圣贤宗指也。而人或舍其精义各滞执于彼此言语，盖失之矣。故甘泉子尝为之语曰：“良知必用天理，天理莫非良知，以言其交，用则同也。”

译文

读到关于先生学问的记述，说：

先生最初沉溺于任侠尚义的习气，后又专心于弓马骑射的练习，后又致力于文学辞章的学习，后又醉心于得道成仙的修习，后又潜心于佛学的研习。正德丙寅年，才回归研习圣贤之学的正道。先生与我在京师相遇，对人说：“我为官三十年了，还没见过甘泉子这样的人。”我对人也说：“我游历四方，还没见过阳明先生这样的人。”于是相约一起切磋学习，以程颢“仁者和天地万物浑然一体”为宗旨。因此阳明先生最初主张“格物致知”

之说，后来主张“致良知”之说。我一贯主张“随处体认天理”作者之说，这些都是圣贤的宗旨。但有些人舍弃其中的精义而纠结于言语表达的差异，就没有真正理解圣贤的学说。因此我曾经说过：“良知必定出于天理，天理也就是良知，说的是他们的相互关系，运用的角度来说就是同一个。”

读仕进状云云，曰：

初举已未礼闱第一，徐穆争之，落第二，然益有声。登进士，试工部，差督造王威宁坟。辞却金币，独受军中佩剑之赠，适符少时梦，盖兆之矣！疏边务朝政之失，有声。授刑部主事，审囚淮甸，有声。告病归养，起补兵部主事，上疏乞宥南京所执谏官戴原等，毋使远道致死，朝廷有杀谏官之名。刘瑾怒，矫诏廷杖之。不死，谪贵州龙场驿。万里矣，而公不少怵。

译文

读到关于先生仕途的记述，说：

原本先生在己未年会试中获得第一名，因徐穆反对，屈居第二，但名气更盛。后考取进士，在工部任职，受命督造威宁伯坟墓，拒绝威宁伯家人赠送的金币，只接受了赠送的佩剑，正好与他之前梦境相符，这大概是他后来军旅生涯的先兆吧。上疏陈说边防事务和朝廷政务的得失，影响很大。后任刑部主事，审讯淮河流域的囚犯，颇有声誉。因病回家休养一段时间后，起任兵部主事，上疏请求赦免在南京逮捕的谏官戴原等人，不要流放他们以免在途中死去，导致朝廷杀谏官的名声。刘瑾因此大怒，假托诏书对先生施加杖刑。幸而不死，又把先生贬谪到贵州龙场驿。京师到龙场驿有万里之遥，但先生丝毫不惧。

甘泉子赠之九章，其七章云：“皇天常无私，日月常盈亏。圣人常无为，万物常往来。何名为无为？自然无安排，勿忘与勿助，此中有天机。”其九章云：“天地我一体，宇宙本同家。与君心已通，别离何怨嗟？浮云去不停，游子路转赊。愿言崇明德，浩浩同无涯。”及居夷，端居默坐，而夷人化恶为善，有声。人或告曰：“阳明公至浙，沉于江矣，至福建始起矣。登鼓山之诗曰：‘海上曾为沧水使，山中又拜武夷君。’有征矣。”甘泉子闻之，笑曰："此佯狂避世也。"故为之作诗，有云："佯狂欲浮海，说梦痴人前。"及后数年，会于滁，乃吐实，彼夸虚执有以为神奇者，乌足以知公者哉！

译文

我赠给先生九首诗，其中第七首诗说："天道大公无私，日月阴晴圆缺。圣人自然无为，万物常往常来。如何才是无为？自然不加安排。谨守勿忘勿助，此中自有天机。"第九首说："天地与我浑然一体，宇宙与我同本同根。与君既然默契心知，离别何须叹息感慨。天上浮云飘摇不定，游子前途必经艰险。愿君崇信明明之德，浩浩长空与之永存。"到达贵州龙场驿后，先生端居默坐，自然无为，夷人就已感化，变恶为善，在当地声名大振。有人告诉我说："阳明先生到浙江后，投水自尽，后来又在福建出现了。有《登鼓山》诗'海上曾为沧水使，山中又拜武夷君'为证。"我听说这个消息，笑着说："这是假装狂放逃避世事而已。"因此为先生作诗一首。其中一句说："佯狂欲浮海，说梦痴人前。"又过几年，在滁州与先生相遇，先生才说出了实情。那些认假为真又夸大其词的人，怎么是真正懂得先生的人呢？

复起尹庐陵，卧治六月而百务具理，有声。取入南京刑部主事，留为吏部验封主事，有声。阳明公谓甘泉子曰："乃今可卜邻矣。"遂就甘泉子长安灰厂右邻居之。时讲于大兴隆寺，而久庵黄公宗贤会焉。三人相欢语，合意。久庵曰："他日天台，雁荡，当为二公作两草亭矣。后合两为一焉，明道一也。"明年，甘泉子使安南。后二年，阳明公迁贰南太仆，聚徒讲学，有声。甘泉子还，期会于滁阳之间。夜论儒，释之道。又明年，甘泉子丁忧，扶母柩南归。阳明公时为南大鸿胪，逆吊于龙江关。寻迁南赣都宪矣。

译文

后起用为庐陵县令，经过先生六个月的整治，政务清明，声誉卓著。后升任南京刑部主事，兼任吏部验封主事，政绩显著。阳明先生对我说："现在我们可以做邻居了。"于是在我住的长安灰厂的右边住下来。经常在大兴隆寺讲学，久庵先生黄宗贤也经常参与。我们三人相处十分投机。久庵先生说：“将来应该在天台山或者雁荡山，给你们二位建造两座草堂。”后来合并为一座草亭，意指天下大道，本来为一。第二年，我出使安南。又过了两年，阳明先生升任南太仆，聚集学生讲授学问，非常有声望。我出使安南回来，与先生在滁阳相会，每天晚上讨论儒学和佛学。又过一年，我为母亲服丧，护送母亲灵柩回家。阳明先生当时是南京大鸿胪卿，曾到龙江关迎接我表示吊唁慰问。不久又升任南赣都宪。

读平赣之状云云，曰：

夫倡三广夹攻之策，收横水、左溪、桶冈、浰头之功，用兵如神矣！甘泉子曰：“虽有大司马王晋溪之知，请授之便宜旗牌以备他用，亦以阳明公素养锐士于营，以待不时之出也，迅雷呼吸之间也；又以身先士卒，以作军气也。”

译文

读到关于平定南赣的记述，说：

提出三省夹攻的策略，收复横水、左溪、桶冈、浰头，真实用兵如神啊！我说：“虽然有大司马王晋溪对他的知遇之恩，请皇上授与他便宜行事的旗牌，让他备用。但也是因为阳明先生平时就在军中培养了精锐士卒，必要时可以随时以迅雷不及掩耳之速出击，又能够身先士卒，鼓舞士气。”

读平江西之状云云，曰：

“甘泉子先是在忧，致书于公，幸因闽行之使以去也。”盖公前有宰相之隙，后有江西未萌之祸，不去必为楚人所钤，两不报。未几，有宁府之变，公几陷于虎口。然而赣兵素振，既足为之牵制，而倡义檄诸府县兴兵，会丰城誓师，分攻七门，七门大开，遂除留守之党，封府库之财，收劫取之印，安胁从之民，释被报之囚，表死难之忠。据省城绝其归路，直趣樵舍，因成擒贼之功。是水也以浅见测渊谋也。然始而翕然称为掀天揭地之功矣，既而大吏妒焉，内幸争功者附焉，辗转殚力竭精矣，仅乃得免，或未尝不思前虑也。所以危而不死者，内臣张永护之也，于大吏门列，不亦愧乎？由是遂流为先与后擒之言，上下腾沸，是不足辩也。

译文

读到关于平定江西的记述，说：

“我当时在服母丧，给先生写信，幸亏先生当时离开南京去了福建。”先生前有与宰相的嫌隙，后有江西即将发生祸乱。不离开必定会受到楚人陷害，两边都不讨好。不久，宁王朱宸濠叛乱，先生差点陷入虎口。江西兵马平时就训练有方，已足以牵制叛军，又发文书要求各府县发兵，到丰城会合誓师，然后分兵攻打南昌七座城门。七座城门攻下后，消灭了留下守城的叛党，封闭了府库的钱财，收回了抢走的官印，安抚了被胁迫的百姓，释放了关押的囚犯，旌表了死难的忠臣。占领省城南昌，断绝叛党后路，直奔樵舍，立下擒获叛贼朱宸濠的功劳。从这些方面，可见先生的深谋远虑。然而，最初被人称颂为立下盖世功劳，后来被掌权大臣嫉妒，争功的太监也跟着附和，先生历经艰辛，费尽心力，仅仅保全性命，这大概是他之前从没能想到过的。之所以面临如此危难而最终没死，因为有太监张永的保护。那些位高权重的大臣，不感到羞愧吗？因此后来就有流言蜚语，说先生最初是叛乱同党，后来形势不利才反过来擒获朱宸濠以自保，朝廷内外，流言沸腾，这些都不值得去辩解。

夫阳明逆知宸濠有异志，刘养正来说：“必得公乃发。”公应之曰：“时非桀纣，世无汤武，臣有仗节死义耳。”其犹使冀生元亨往与之语者，实欲诱其善，不动干戈，潜消莫大之祸也。使阳明公而实许养正，则宸濠杀孙都宪、许副使，必待阳明至乃发。阳明未至而发者，知绝意于阳明之与己矣。使阳明实许之，必乘风直抵南昌，必不与丰城，闻顾泌告变，即谋南奔以倡大义，夺渔艇，使如渔人然以奔吉安矣。其宸濠兵校追公者，非迎公也，将胁公也。且宸濠之上不能直趋中原以北，中不能攻陷金陵以据者，以阳明为之制其尾，兵威足以累之，使不前也；又取据省城，绝其资重与归路也，功莫大焉。若夫百年之后，忌妒者尽死，天理在人心者复明，则公论定矣。

译文

阳明先生早就觉察到朱宸濠有谋反意图，刘养正来劝先生跟随朱宸濠一起谋反，说："只有先生来支持，才敢发动。"先生回应说："现在既不是桀纣那样时代，也没有汤武那样的君主，我唯有以死保全自己的名节。"先生还派冀元亨去劝说，就是想诱导他们的善心，避免大动干戈，暗中消除这场弥天大祸。如果阳明先生真的答应了刘养正，那么朱宸濠杀孙都宪、许副使开始叛乱，必定等阳明先生到他那儿才发动。但是阳明先生还没到朱宸濠就已经发动叛乱了，可见朱宸濠对于阳明先生投靠自己已经不抱希望了。如果阳明先生真的答应了，必定会坐船顺风直抵南昌，不会在丰城听到顾泌报告朱宸濠叛乱之后，就直奔南方倡义平叛了，也不会坐上渔船扮作渔夫奔赴吉安了。朱宸濠派兵追赶先生，并不是去迎接先生，而是想胁迫先生。并且朱宸濠向北不能进军中原，中间不能攻陷南京作为据点，因为有阳明先生在后方牵制，兵力足以拖累他们，不能向前进攻。先生攻下省城南昌，断绝了他们的物资供应与退路，功劳非同小可。如果百年之后，忌妒的人全都死了，人心中的天理彰显于天下，是非就自有公论了。

已而该部果题赐敕锡劳，封新建伯、奉天翊卫推诚宣力守正文臣，特进光禄大夫，柱国，兼南京兵部尚书，参赞机务，岁支米一千石。于时天其将定矣，而置之南者，有人焉以参乎其间矣。公丁父忧，而四方从学者日众。有迎忌者意，致有伪学之劾者，人其胜天乎！或以浮语沮公，六年不召。寻以论荐，命为两广总制军务，平岑猛之乱。或曰："其且进且沮，使公不得入辅乎？"

译文

不久，朝廷果然对先生进行赏赐嘉奖，封为新建伯、奉天翊卫推诚宣力守正文臣、光禄大夫、柱国，兼任南京兵部尚书、参赞机务，每年禄米一千石。在这天下将要平定的时候，让先生留任南京，是有人在其中作梗啊。先生在家为父亲服丧，四方各地赶来跟随他学习的人日渐增多。有人为了迎合妒忌他的人的心思，上书弹劾他的学问是伪学，人为就这样胜过天命了吗？

又有人用空穴来风的事情诋毁先生，导致先生六年没有被召见。之后被人推荐，委任为两广总制军务，平定岑猛叛乱。有人说："先生即将有所作为时又遭别人陷害，才最终使先生不能入朝为辅国大臣吗？"

读思田之状云云，曰：

公奏行剿之患十，行抚之善十，乃撤防兵，解战甲，谕威信，受来降，杖土目，复岑后，设流守，而思、田平。夫阳明公不革岑猛之后之土官，以夷治夷也。卢、苏等杖之百而释之，置流守以制焉，仁义之术也；人知杀伐之为功，而不知神武不杀者，功之上也，仁义两全之道也。

译文

读到关于平定思田叛乱的记述，说：

先生上疏陈述剿灭贼寇的十种坏处，安抚贼寇的十种好处，于是撤除防守军队，让士兵解甲归田，昭告朝廷威信，接纳土兵投降，杖刑惩罚头土人目，恢复岑猛后人官位，设立流官驻守，思、田两州叛乱就平定了。阳明先生没有革除岑猛后人续任土官的制度，用夷人的办法治理夷人。对卢、苏等人施以一百杖刑后就放了他们，设置流官来治理，这些都是仁义之术。人们只知道杀贼讨敌是功劳，却不知道策略英明不需要通过杀伐就能够征服叛贼，才是更大的功劳，这是仁义两全之道啊。

读八寨之状云云，曰：

檄参将会守巡，命指挥马文瑞、永顺宣慰彭明辅、保靖宣慰彭九霄，分兵布哨，擒斩贼酋党与，遂破诸巢，移卫所，制诸蛮。贯八寨之中，扼道路之冲，设县治，增城堡，皆保治安民之要。或曰："八峒掩袭村落以为功，无破巢之功也，无功以为有功也，何则？"辩之曰："夫阳明之贪功，当取岑猛、卢、苏之大功，而不取焉，不宜舍其大者，取其小者，其亦不智不武也。谓阳明公为之乎？夫宣慰诸哨之兵，可袭则袭，出其不意，兵法之奇，不可预授者也。而以病阳明焉，将使为宋襄、陈儒之愚已耶？非驭戎不测之威矣。"

译文

读到关于平定八寨的记述，说：

发布公告命参将汇集巡守官员，又命指挥马文瑞、永顺宣慰彭明辅、保靖宣慰彭九霄，率兵分头行动，擒拿斩获贼寇首领与党羽，攻下各路贼寇巢穴，改变卫所设置，遏制各路蛮夷。在八寨中心和道路要道，设置县治，增修城堡，这些都是保境安民的关键。有人说："在八峒只有袭击村中小股贼兵的功劳，并没有攻破贼寇巢穴的功劳，没什么功劳却当做大功劳，为什么呢？"我辩解说："阳明先生要贪图功劳的话，就应该把生擒岑猛、卢、苏当作大功劳，但没有这样做。真要舍大功劳，取小功劳，就说明他既没有文韬又没有武略。阳明先生会这样做吗？他只告知各路兵马，可以袭击就袭击，要出其不意，这就是兵法的出奇制胜，是不可提前安排的。拿这个来指责阳明先生，岂不是要让先生像迂腐的宋襄公那样愚弄自己吗？这不是能真正驾驭征服蛮夷的办法。"

事竣而请归，告病危矣。不待报而遽行，且行且候命。其卒于南安途次而不及命下，亦命也。江西辅臣进帖以谮公，上革之恤典，人众之胜天也，亦命也。百年之后，天定将不胜人矣乎？甘泉子始召入礼部，面叩辅臣曰："外人皆云阳明之事，乃公为之乎？"辅臣默然，然亦不以作怒加祸，犹为有君子度量焉，可尚也。

译文

叛乱平定后先生上疏请求回家，病情已经非常危急了。来不及等皇上批准就匆匆上路，边走边等皇上批复。最终先生在路经南安时逝世，也没等到皇上批复，这也是命啊。江西辅臣上疏诬陷先生，皇上撤回了对先生的各种奖励，小人战胜了天理，这也是命啊。百年之后，天理难道还不能战胜小人吗？我刚被召入礼部时，曾经当面询问辅臣说："朝廷外面的人都说阳明先生遭遇陷害一事，是您做的吗？"辅臣默不作声，但也没有因此而愤怒报复。还算有点君子气度，值得一提。

公卒之日，两广，江西之民，相与吊于途，曰："哲人其萎矣。"士夫之知者，相与语于朝，曰："忠良其逝矣。"四方同志者，且与吊于家，曰："斯文其丧矣。"久庵公为之状，六年而后就，慎重也。甘泉子曰："吾志其大义，铭诸墓，将使观厥详于状也。"铭曰：

译文

先生离世后，两广和江西的百姓，都在路上祭拜，说："哲人其痿矣。"熟悉先生的士大夫，都在朝廷上议论，说："忠良其逝矣。"四方各地与先生志同道合的人，都在家里祭拜，说："斯文其丧矣。"久庵先生为阳明先生写的《阳明先生行状》，六年才完成，因为要慎重啊。我说："我只记录了先生的大义，刻在墓碑上，要了解先生的详尽事迹就要去看《阳明先生行状》。"铭文是：

南镇嶙嶙，在浙之滨。奇气郁积，是生异人。生而气灵，乘云降精。十一金山，诗成鬼惊。志学逾二，广信馆次，娄公一言，圣学可至。长而任侠，未脱旧习，驰马试剑，古文出入。变化屡迁，逃仙遮禅；一变至道，丙寅之年。邂逅语契，相期共诣。天地为体，物莫非己。抗疏廷杖，龙场烟瘴。居夷何陋？诸蛮归向。起尹庐陵，卧治不庭。六月之间，百废具兴。入司验封，众志皆通，孚于同朝，执经相从。转南太仆，鸿胪太畜；

译文

南镇山峰峦起伏，在浙水岸边。钟灵毓秀，才降生了先生这样卓越的人才。刚生下来，就非常有灵气，是脚踏祥云来到人间。十一岁就写了一首《金山诗》，诗写成后连鬼神都惊讶不已。在广信的私塾，他的求学阶段跨越了两个阶段；娄公一席话，是他萌生了立志做圣人的想法。年长后任侠仗义，没改变往日习气；每日骑马练剑，同时精研古文辞章。时而参禅打坐，时而炼道修仙，学问历经多次改变，最终丙寅年领悟圣贤大道。与我邂逅后话谈非常投机，相约共同成就圣人之学；圣人之学认为天地万物与我本来一体。上疏抗议权奸却遭遇廷杖之刑。被贬至龙场驿荒蛮之地，虽常如此，但对先生来说，又何陋之有呢？蛮夷百姓都被感化归服。后升任为庐陵县令，政事清简，无为而治。只用六个月，就已百废俱兴。入朝为验封官后，士人多随他求学；同朝为官的人都很信服他，纷纷拜为门生跟从求学。后转任南太仆，鸿胪寺卿。

遂巡南赣，乃展骥足。浰头、桶冈，三广夹攻。身先士卒，屡收奇功。蓄勇养锐，隐然有待，云胡养正，阴谋来说。诈言尊师，公明灼知；冀子往化，消变无为。闽道丰城，及变未萌；闻变遏返，心事以明。旌旗蔽空，声义下江，尾兵累之，北趋不从。乃擒巨贼，乃亲献馘；争功欲杀，永也护翊。彼同袍者，反戈不怩，隐之于心，以莫不戚。忧居六年，起治思，田。抚而不戮，夷情晏然。武文兼资，仁义并行，神武不杀，是称天兵。凡厥操纵，圣学妙用。一以贯之，同静异动。

译文

巡守南赣时，才让他的抱负得到施展。平定浰头、桶冈贼寇，湖广、广东、广西三省兵力合力夹攻，先生身先士卒，屡立奇功。先生暗中蓄养精锐士兵，为日后平定叛乱作准备。刘养正阴谋来劝说先生投靠宁王朱宸濠。装作说朱宸濠想尊先生为师，先生聪明睿智，了然于心。派遣门生冀元亨前去，希望能够感化他们，使叛乱消弭于无形。赶赴福建经过丰城时，叛乱还没有露出端倪；听到叛乱消息后，立刻赶回，可见先生忠君爱民之心。朱宸濠声势浩大，准备顺江而下，直奔南京，但先生在后牵制，叛军难以向北进发。先生最终擒拿叛贼朱宸濠，并亲自押送，献给朝廷；有权奸小人想夺取功劳，图谋诬陷，因张永力保才免杀身之祸。原来共同对敌的朋友，现在反戈一击诬陷先生；先生只是把这份凄凉的情感藏在自己心中。在家郁郁寡欢度过六年，后被起用平定思、田二州贼寇；先生只安抚不杀戮，夷人感化，地方平定。先生文武兼备，仁义并行；英明神武，不轻易杀戮，这被称为天兵。这些功绩是圣人之道的妙运，圣人之道，一以贯之，一动一静，并无异同。

阳明先生行状

门人黄绾撰

阳明先生王公讳守仁，字伯安。其先琅琊人，晋光禄大夫览之后。

译文

王阳明先生，讳守仁，字伯安。他的先祖是山东琅琊人，是西晋光禄大夫王览后裔。

览曾孙羲之，少随父旷渡江，家建康，不乐，徙会稽。其后复徙剡之华塘，自华塘徙石堰，又徙达溪。有曰寿者，仕至迪功郎。乃徙居余姚。

译文

王览曾孙王羲之，年少时随父亲王旷渡过长江，定居建康，不喜欢那里，迁到浙江会稽。他的后代又迁到剡县华塘，又从华塘迁到石堰，又迁到达溪。其中有个叫王寿的，官至迪功郎，才最后迁到余姚。

六世祖讳纲，字性常，博学善识鉴，有文武长才，与永嘉高则诚、宗人王元章、括苍刘伯温友善。仕国朝为广东参议，死苗难。五世祖讳彦达，号秘湖渔隐有孝行。高祖讳与准，号遁石翁，精究《礼》《易》，著《易微》数千言。曾祖讳杰，号槐里子，以明经贡为太学生，赠礼部右侍郎。曾祖妣孟氏，赠淑人。祖讳天叙，号竹轩，封翰林院编修，赠礼部右侍郎。祖妣岑氏，封太淑人。父讳华，成化辛丑状元及第，仕南京吏部尚书，封新建伯。妣郑氏，封孺人，赠夫人。继母赵氏，封夫人。郑氏孕十四月而生公，诞夕，岑太淑人梦天神抱一赤子，乘云而来，导以鼓乐，与岑。岑寤而公生，名曰云。六岁不言。一日，有僧过之，摩其顶曰："有此宁馨儿，却叫坏了。"龙山公悟，改今名，遂言，颖异顿发。

译文

六世祖讳纲，字性常，学识广博，擅长识鉴人才，文武兼备，与永嘉高则诚、族人王冕、括苍刘伯温交好，官至广东参议，在平定苗民叛乱时遇害。五世祖讳彦达，号秘湖渔隐，以孝顺著称。高祖讳与准，号遁石翁，精通《礼记》和《周易》，著有《易微》数千字。曾祖讳杰，号槐里子，因精通经学，被推荐为贡生，参加贡举成为太学生，追赠礼部右侍郎。曾祖母孟氏，追赠淑人。祖父讳天叙，号竹轩，任翰林院编修，追赠礼部右侍郎。祖母岑氏，赐封太淑人。父亲讳华，成化辛丑年状元，官至南京吏部尚书，赐封新建伯。母亲郑氏，赐封孺人，追赠夫人。继母赵氏，封夫人。母亲郑氏怀胎十四个月才生下先生，出生前一天晚上，祖母岑太淑人梦到天神抱着一个婴儿，乘云驾雾而来，在鼓乐声中把婴儿送给她。岑太淑人醒后，先生就出生了，取名为王云。六岁还不会说话，一天，有位僧人经过他家门口，抚摩他的头顶说："这样好的孩子，却让名字给叫坏了。"龙山公马上领悟到了，于是改成现在的名字，先生就开始说话，聪颖异常的潜质就开启了。

年十一，竹轩翁携之上京，过金山，作诗曰："金山一点大如拳，打破维扬水底天。醉倚妙高台上月，玉箫吹彻洞龙眠。"有相者谓塾师曰："此子他日官至极品，当立异等功名。"

译文

十一岁时，竹轩翁带他去京师，经过金山，作诗道："金山一点大如拳，打破维扬水底天。醉倚妙高台上月，玉箫吹彻洞龙眠。"有位面相师对私塾老师说："这孩子日后必定会做一品高官，立盖世功名。"

年十三，侍龙山公为考官，入场评卷，高下皆当。性豪迈不羁，喜任侠。畿内石英、王勇，湖广石和尚之乱，为书将献于朝，请往征之。龙山公力止之。

译文

十三岁时，陪侍龙山公做主考官，先生也参与评判考生试卷，评判得都非常恰当。先生性情豪迈，潇洒不羁，喜欢任侠仗义。京郊石英、王勇叛乱，湖广的石和尚叛乱时，先生准备上疏朝廷，毛遂自荐前往征讨，龙山公极力劝阻才作罢。

年十七，至江西，成婚于外舅养和诸公官舍。

译文

十七岁时，到江西，在岳父诸养和官舍成婚。

明年，还广信，谒一斋娄先生。异其质，语以所当学，而又期以圣人为可学而至，遂深契之。

译文

第二年，回到广信，造访娄一斋先生，一斋先生认为他天资迥异，告诉他应该学的东西，并期望他通过学习达到圣人境界，先生深有领悟。

领弘治壬子年乡荐。己未登进士，观政工部，与太原乔宇，广信汪俊，河南李梦阳、何景明，姑苏顾璘、徐祯卿，山东边贡诸公以才名争驰骋，学古诗文。钦差督造威宁伯王公坟于河间，驭役夫以十五之法，暇即演八阵图，识者已知其有远志。少日，尝梦威宁伯授以宝剑，既竣事，威宁家以金币为谢，辞不受。乃出威宁军中佩剑赠之，适符其梦，受焉。时有彗星及鞑虏猖獗，上疏论边务，因言朝政之失，辞极削切。

译文

弘治壬子年被州县荐举。己未年，考取进士，在工部实习政事，与太原乔宇，广信汪俊，河南李梦阳、何景明，姑苏顾磷、徐祯卿，山东边贡等先生，都因文才卓越而名震一时，共同学习古代诗词文章。后被皇上派去河间督造威宁伯坟墓，用十五之法管理服役的百姓，闲暇时就演习八卦阵图，明白的人已经知道他有远大志向。期间曾梦到威宁伯交给他一把宝剑，工程竣工后，威宁伯家人用金币酬谢他，先生推辞不受。于是拿出威宁伯在军中的佩剑送给他，刚好和他的梦境相符，就接受了。当时有彗星出现，鞑靼侵犯边疆，先生上书指出边防军务和朝廷政策的失误，言辞切中时弊。

明年，授刑部主事，差往淮甸审囚，多所平反，复命。日事案牍，夜归必燃灯读五经，及先秦、两汉书，为文字益工。龙山公恐过劳成疾，禁家人不许置灯书室。俟龙山公寝，复燃，必至夜分。因得呕血疾。

译文

第二年，任刑部主事，被派往淮河流域审讯囚犯，许多冤案得以平反，后返京复命。先生白天处理案件公文，晚上回家还要点灯阅读五经和先秦两汉书，文字功夫更加纯熟。龙山公怕他过度劳累而患病，禁止家人在书房放置灯火。先生等龙山公睡觉之后，重新点灯读书，一定到半夜才休息，因此染上呕血的病症。

养病归越，辟阳明书院，究极仙经秘旨，静坐，为长生久视之道，久能预知。其友王思裕等四人欲访公，方出五云门，即命仆要于路，历语其故。四人惊以为神。

译文

回浙江养病，创办阳明书院，先生深入研究道教秘传宗旨，修习静坐，练习长生不老之术，久而久之，有预知功能。友人王思裕等四人准备拜访先生，刚走出五云门，先生就派人在路上迎接，说明其中原委，四人惊讶得以为他成神仙了。

甲子，聘为山东乡试考官，至今海内所称重者，皆所取士也。改兵部武库司主事。明年，白沙陈先生高第甘泉湛公若水，一会而定交，共明圣学。

译文

甲子年，被任命为山东乡试考官，直到现在，全国知名的人，都是当时所录取的读书人。后改任兵部武库司主事。第二年，陈白沙先生得意门生甘泉先生湛若水，与先生一见面就结成知己之交，约定共同倡明圣人之学。

明年丙寅，正德改元，宦官刘瑾窃国柄，作威福，差官校至南京拿给事中戴锐等下狱。公上疏乞宥之。瑾怒，矫诏廷杖五十，毙而复苏，谪贵州龙场驿丞。瑾怒未释。公行至钱塘，度或不免，乃托为投江，潜入武夷山中，决意远遁。夜至一山庵投宿，不纳。行半里许，见一古庙，遂据香案卧。黎明，道士特往视之，方熟睡。乃推醒曰："此虎狼穴也，何得无恙？"因诘公出处，公乃吐实。道士曰："如公所志将来必有赤族之祸。"公问："何以至此？"道士曰："公既有名朝野，若果由此匿迹，将来之徒假名以鼓舞人心，朝廷寻究汝家，岂不致赤族之祸？"公深然其言。尝有诗云："海上曾为沧水使，山中又拜武夷君。"遂由武夷至广信，溯彭蠡，历沅、湘，至龙场。

译文

第二年丙寅，正德元年，宦官刘瑾专权，作威作福，派人到南京逮捕给事中戴铣等入狱。先生上疏请求赦免戴铣。刘瑾大怒，假托圣旨对先生施以五十廷杖，先生晕死过去又苏醒过来，后又贬谪到贵州龙场驿。刘瑾怒气还没完全消解。先生走到钱塘江，考虑到难以真正免祸，于是假托投江而死，潜行进入武夷山中，决定远逃。深夜赶到山中一个小庙投宿，被拒绝。又走了约半里路，看见一座古庙，就靠着香案睡着了。黎明时，一个道士特意前去看他，先生正在熟睡，就推醒他说："这是虎狼出没的地方，你怎么一点事都没有呢？"因此询问先生的来历，先生就说明了实情。那个道士说："如果像您所计划的那样做，将来必定有灭族之祸。"先生问："怎能到那种地步呢？"道士说："先生朝野知名，如果从此销声匿迹，将来有人借您的名声蛊惑人心的话，朝廷追究到你家，难道不是招来灭族之祸了吗？"先生深以为然。曾写诗道："海上曾为沧水使，山中又拜武夷君。"于是从武夷赶至广信，经过彭蠡、沅水、湘水，到达龙场驿。

始至，无屋可居。茇于丛棘间，迁于东峰，就石穴而居。夷俗于中土人至，必蛊杀之。及卜公于蛊神，不协，于是日来亲附。以所居阴湿，乃相与伐木为何陋轩、君子亭、宾阳堂、玩易窝以居之。三仆历险冒瘴，皆病，公日夕躬为汤糜调护之。

译文

刚到那里，没有房屋可住。于是经过荆棘丛生的地方，迁到东峰，在石穴里住下来。夷人的风俗，有中原人士来了后，必定用蛊毒谋害他们。但是占卜先生命运时，蛊神不允许，从此来归附先生的人越来越多。他们看到先生住的地方阴暗潮湿，就一同砍伐树木建造了何陋轩、君子亭、宾阳堂、玩易窝让先生住。跟随先生的三个仆人，因历经险恶，被瘴气侵袭，都染病在身，先生早晚都亲自煮汤送药，给他们调养身体。

瑾欲害公之意未已。公于一切得失荣辱皆能超脱，惟生死一念，尚不能遣于心，乃为石廓，自誓曰："吾今惟俟死而已，他复何计？"日夜端居默坐，澄心精虑，以求诸静一之中。一夕，忽大悟踊跃若狂者。以所记忆"五经"之言证之，一一相契，独与晦庵注疏若相抵牾，恒往来于心，因著《五经臆说》。时元山席公官贵阳，闻其言论，谓为圣学复睹。公因取《朱子大全》阅之，见其晚年论议，自知其所学之非，至有诳己诳人之说。曰："晦翁亦已自悔矣。"日与学者讲究体察，愈益精明，而从游者众。

译文

刘瑾谋害先生的想法还没有消停。先生对一切得失荣辱都能超然物外，只有生死一念，还不能完全看透，于是做了一个石棺，发誓说："我现在就只等死了，其他还有什么牵挂呢？"先生日夜静坐，澄心静虑，希望在静寂中有所领悟。一天晚上，突然大悟，高兴雀跃，欣喜若狂，用自己所记忆的五经的文字来印证，都一一符合。只是与朱晦翁的注疏似乎相矛盾，于是常常思忖揣摩，因此写了《五经臆说》一书。当时，元山席先生在贵阳任职，听了他的言论，认为是圣人之学重现了。先生于是取出《朱子大全》来研究，见到朱子晚年的议论，朱子也察觉到自己学问的失误，以致有误己误人的说法。先生说："朱晦翁也已经有悔改的意思了。"每天与前来学习的人精心研究，细致体察，学问更加精深明白，前来跟从游学的人也越来越多。

时思州守遣人至龙场稍侮慢公，诸役夫咸愤惋，辄相与殴辱之。守大怒，曰宪副毛公科，令公请谢，且喻以祸福。公致书于守，遂释然，愈敬重公。安宣慰闻公名，使人馈米肉，给使令，辞不受。既又重以金帛鞍马，复固辞不受。及议减驿事，则力折之，且申说朝廷威信令甲，其议遂寝。已而，僮酋有阿贾、阿札者，剽掠为地方患，公复以书诋讽之。安悚然，操切所部，民赖以宁。

译文

当时的思州太守派人到龙场，侮辱怠慢了先生，跟随先生的役夫都非常愤慨，就一同殴打了他们。太守大怒，说宪副毛科先生让你去道歉请罪，并告诉他祸福利害。先生给太守写信解释情况后，太守就冰释前嫌，而且更加敬重先生。安宣慰听说先生的名声，派人给先生送米和肉，又派人供先生使唤，先生推辞没有接受。后又赠送金帛鞍马等，先生又推辞没有接受。有人提议削减龙场驿相关事务时，先生竭力反对，而且说明驿站涉及朝廷威信，这个提议才停止。不久，有两个僮族首领阿贾、阿札，四处抢掠，成了地方一害，先生又去信劝告他们，安宣慰也害怕了，赶忙调集军队，百姓才得以安定。

庚午，升庐陵知县，比至，稽国初旧制，慎选里正三老，坐视其成，囹圄清虚。

译文

庚午年，先生升任庐陵知县，上任后，根据建国之初所立的制度，慎重选择里正、三老，让他们处理乡间发生的矛盾，先生坐享其成，监狱为之一空。

是岁冬，以朝觐入京，调南京刑部主事，馆于大兴隆寺。

译文

这年冬天，入京朝见皇上，改任南京刑部主事，住在大兴隆寺。

予时为后军督事，少尝有志圣学，求之紫阳、濂、洛、象山之书，日事静坐，虽与公有通家之旧，实未尝深知其学。执友柴墟储公巏与予书曰："近日士夫，如王君伯安，趋向正，造诣深，不专文字之学，足下肯出与之游，丽泽之益，未必不多。"予因而慕公，即夕趋见。适湛公共坐室中，公出与语，喜曰："此学久绝，子何所闻而遽至此也？"予曰："虽粗有志，实未用功。"

译文

我当时是后军都事，年少时曾立志学圣人之学，研究朱紫阳、周濂溪、二程与陆象山的著作，每天练习静坐功夫，虽然与先生两家本有旧交，但没有深入了解他的学问。挚友柴墟先生储巏写信给我说："最近有士大夫叫王伯安，学问正派，造诣高深，不局限于文字的阐释。你如果愿意与他交游学习，必定会受益良多。"我因此非常仰慕先生，当晚就前去拜访。刚好甘泉湛先生也在座，先生出来和我交谈，欣喜地说："这门学问已经失传很久了，你听到了什么，怎么突然对这门学问这样有兴趣？"我说："虽然有这方面的志向，但还没有下多少功夫。"

公曰："人惟患无志，不患无功。"即问："曾识湛原明否？来日请会，以订我三人终身共学之盟。"明日，公令人邀予至公馆中，会湛公，共拜而盟。又数日，湛公与予语，欲谋白岩乔公转告冢宰邃庵杨公，留公北曹，杨公乃擢公为吏部验封主事。予三人者，自职事之外，稍暇，必会讲，饮食起居，日必共之，各相砥励。

译文

先生说："做人最重要的在于立志，用功多少还在其次。"就问："你认识湛原明吗？明天请来相聚，我们三人订终生共同探讨圣学的盟约。"第二天，先生派人邀请我到先生公馆，与湛公会面，一同跪拜订盟。又过几天，湛公和我商议，准备请乔白岩先生转告太宰杨邃庵先生，留先生在京师，杨先生于是提拔先生为吏部验封主事。我们三人，除了自身公务之外，稍有空闲就必定聚会讲学讨论，同吃同住，相互激励。

未几，升文选员外郎，升考功郎中，而学益不懈。士大夫之有志者，皆相率从游。如此二年，而湛公使安南，予与公又居一年。壬申冬，予以疾告归，公为文及诗送予，且托予结庐天台、雁荡之间，而共老焉。湛公又欲买地萧山、湘湖之间，结庐，与予三人共之。明年癸酉，升南京太仆寺少卿，从游者日益众。甲戌，升南京鸿胪寺卿，始专以良知之旨训学者。

译文

不久，升任文选员外郎，又升考功郎中，但学问丝毫没有松懈。士大夫有立志于圣学的都从他游学。这样过了两年，湛公出使安南，我与先生又同住了一年。壬申年冬，我因病辞官归家，先生作文赋诗相送，又托我在天台、雁荡之间的僻静地方盖几间草庐，一起养老。湛公想在萧山、湖湘之间购买田地，建造房屋，让我们三个人一起住。第二年癸酉年，先生升任南京太仆寺少卿，随他游学的人日渐增多。甲戌年，先生又升任南京鸿胪寺卿，开始专门向学者讲授致良知的学问。

乙亥，朝廷举考察之典，为疏自劾，力乞休致，以践前言，不允。八月，又上疏力以疾甚，乞养病，又不允。明年，丙子十月，升都察院左佥都御史，抚镇南、赣、汀、漳等处。先是南、赣抚镇，屡用非人，山谷凶民初为攘窃，渐至劫掠州县，肆无忌惮，远近视效。凡在虔、楚、闽、广接壤山谷，无非贼巢。小大有司，束手无策，皆谓终不可除。兵部尚书王公琼独知公，特荐而用之。又恳疏以辞，亦不允，督旨益严。公遂受命。

译文

乙亥年，朝廷开始按制度考核官员，先生上疏自我弹劾，请求退休归家，以践行我们之前的约定，没有获批。八月，又上疏陈述自己病情严重，请求回家养病，又没有批准。第二年丙子年十月，升任都察院左佥都御史，巡抚南、赣、汀、漳等地。之前南赣的巡抚，多次任用品行不正的人。那些山区的贼寇，最初还只是盗窃财物，逐渐发展到抢劫州县，无所忌惮，远近的山民都争相仿效。凡是江西、湖南、福建、广东交界的山区，都是贼寇的巢穴。各级官员束手无策，都认为难以消灭。兵部尚书王琼非常了解先生，特别推荐并且任用他。先生又恳切地上疏辞官，也没有获批，反而更紧迫地督促他去上任。先生于是接受了任命。

既至南赣，先严战御之法。时龙南贼二千余突至信丰，又纠合广东龙川、浰头诸贼酋，分队以进，势甚猖獗。公于未战之先，令兵备官调兵，断贼归路，又委官统领，前后夹击。又曰："此贼既离巢穴，利在速战。"又令乘险设伏，厚集以待，及各乡村往来路径多张疑兵，使进无所获，退无所据，不过旬日，可以坐擒。一违节制，以军法从事。先时，在官吏、书、门、皂及在门军民、阴阳占卜，皆与贼通，日在官府左右调觇，不惟言出于口，贼必先知，凡意向颜色之间，贼亦知之。公知其然，在此则示以彼，在彼则示以此，每令阴阳择日，日者占卜，或已吉而不用，或欲用而中止，每励兵蓐食，令俟期而发，兵竟不出。贼各依险自固，四路设伏，公潜令三省兵备官各率兵从径道与贼交锋，前后大战数合，擒斩首俘获无算。

译文

先生到南赣后，先部署了作战防御计划。当时龙南贼寇二千余名突然袭击信丰，又纠集广东龙川、浰头等各路贼寇，分队进攻，气焰嚣张。先生在开战之前，命令兵备官调集军队，切断贼寇退路，指挥官兵前后夹击。又说："这些贼寇已经离开了巢穴，就要速战速决。"又派兵在险要处设下埋伏，以优势兵力等待贼寇到来，又在各乡村往来路上设置疑兵，使贼寇进无所获，退无所据，不过十几天，就可以轻松擒获他们。一旦有人违反军令不听指挥，马上军法从事。之前在官府服役的小吏、文书、看门人、衙役以及在军门的军人百姓、阴阳占卜的相士，都与贼寇勾结，每天在官府的左右探视。不仅传达的军令，贼寇能提前知道，连主将脸色表情所流露出来的用兵意图，贼寇也能知道。先生了解这种情况后，就故意虚虚实实、实实虚虚来迷惑敌人。每次让阴阳先生选取出兵的时间，或者选定吉日之后也不用，或者有时准备采用而又突然中止。每每整顿兵马准备按期出兵，最终又不发兵。贼寇各自据险固守，在各个路口都设有伏兵，先生暗中命令三省兵备官各自带领军队从小道与敌人正面交战，前后大战好几个回合，擒拿斩杀的贼寇难以计数。

余党奔聚象湖山拒守。谕令佯言犒军退师，俟秋再举，密探虚实，乘贼懈弛，以护送广东布政使邵贲为名，选精兵一千五百当先，重兵四千二百继后，夜半自率数十骑至，密招前军来，令分三路，各衔枚直趋象湖山，捣其巢穴。我兵夺据隘口，贼犹不知。贼虽失险，其间骁悍犹能凌绝谷，超距如飞，复据上层峻险，四面飞打滚木礌石，以死拒敌。我兵奋勇鏖战，自辰至午，三省所发奇兵复从间道鼓噪突登，始惊溃大败。我兵乘胜追杀，擒斩俘获无算，堕崖壑而死者不可胜计。

译文

剩余贼寇逃到象湖山坚守不出。先生假装传令犒劳军队，准备退兵，等秋后再战，暗中打探贼寇虚实，趁他们戒备松懈，以护送广东布政使邵贲的名义，选一千五百名精兵开路，四千二百名士兵随后接应，半夜亲自率领几十名骑兵赶到，密令前队人马兵分三路，静默行军直奔象湖山，进攻贼寇巢穴。官兵已占领了险要关口，贼寇还没发觉。贼寇虽然丢失了险要关口，那些彪悍的贼寇还是能够跨越山谷，健步如飞，又据守山中上层险峻的位置，用滚木礌石四面打击官兵，死命抵抗。官兵奋勇作战，从早上至中午，三省所派出的奇兵，又从小路忽然呐喊登山，贼寇才开始溃败。官兵乘胜追击，擒获斩杀贼寇无数，坠落山谷摔死的贼寇也不可计数。

余党复入流恩、山冈等巢，与诸贼合势，明日复战，贼又不利，遁入广东界上。黄蜡、椁溪、大山贼酋詹师富等，恃居可塘洞山寨，聚粮守险，势甚强固。公命分兵五路攻击，与贼连战。令知府钟湘破长富村等巢三十余处，擒斩俘获益多。其胁从余党悉愿携家以听抚安。公委官招抚，复业者四千余人。又令佥事顾应祥等委官统领军兵，会同福建，克期进剿，扬言班师，出其不意，从牛皮、石岭脚等处分为三哨，鼓噪并进。贼瞻顾不暇，望风瓦解。攻破古村、柘林、白土村、赤石岩等巢，直捣箭灌。及攻破水竹、大重玩、苦宅溪、清泉溪、曰罗、南山等巢，直捣洋竹洞、三角湖等处。前后大战十余，俘获四千人有奇，牛马货物无算。

译文

剩余贼寇又逃入流恩、山冈等巢穴，和其他贼寇联合起来，第二天又与官兵作战，贼寇失利，逃入广东边界。黄蜡、樟溪、大山贼寇首领詹师富等人，凭借可塘洞山寨地势，聚集粮草，据险固守，势力非常顽固。先生命令兵分五路进行围攻，和贼寇连续作战。命知府钟湘攻破长富村等三十余处贼巢，擒拿斩杀更多贼寇。那些被胁迫落草的贼寇，都乐意带领全家接受官府招安。先生委派官吏前去招抚，恢复本业有四千多人。又命佥事顾应祥等人率兵会同福建军队，限期攻下贼巢。并且宣扬准备班师退兵，又出其不意地从牛皮、石岭脚等地，分三路呐喊进攻。贼寇四顾不暇，望风逃跑。攻下古村、柘林、白土村、赤石岩等巢穴，直捣箭灌。又攻下水竹、大重玩、苦宅溪、清泉溪、曰罗、南山等巢穴，直捣洋竹洞、三角湖等地，前后大战十多次，俘获了四千多名敌寇，缴获的牛马货物不可计数。

尝上疏申明赏罚，以励人心，因请敕便宜行事，及请令旗、令牌，不报。及是大庾、南康、上犹三县崟贼虏掠居民，广东浰头等处强池大鬓等三千余徒，突围南康县，杀损官兵，与湖广桂阳、广东乐昌等巢相联，盘踞流劫三省。时兵备等官请调三省狼达等兵，与官兵夹剿。又上疏论狼兵所过，不减于盗，转输之苦，重困于民。仍请便宜行事，期于成功，不限以时，则兵众既练，号令既明，人知激劝，事无掣肘，可以伸缩自由，相机而动，日剪月削，可使澌尽。复请添设清平县治，通盐法，以足兵食。会湖广巡抚都御史秦公金奏请夹剿，疏下，复上疏议处兵粮事宜。

译文

先生曾上疏请求朝廷奖励军功，以鼓舞人心，并请求皇上颁发令旗令牌，可以便宜行事，没有批准。此时，大庾、南康、上犹三县畲族贼寇又大肆抢掠居民财物，广东浰头等处贼寇首领池大鬓等三千多贼寇，忽然围攻南康县，杀伤官兵，又和湖广桂阳、广东乐昌等地贼寇联合呼应，盘踞一方，流动抢掠三省官民。当时兵备官和其他官员都请求调遣三省狼达兵，和官兵一同夹击贼寇。先生又上疏说，狼达兵所过之处，并不比贼寇抢劫的财物少，粮草运输又让百姓苦不堪言。仍请求皇上允许行事便宜，目的在于成功剿匪，只要不限制时间，那么军队训练充分，号令严明，人心鼓舞，办事不受牵制，就能伸缩自如，伺机而动，日削月割，逐步消灭贼寇。又请求增设清平县，征收食盐税，以保障军队粮草供应。恰好湖广巡抚、都御史秦金上奏朝廷请求夹击围剿贼寇，被批准后，先生又上疏商请调集军队粮草事宜。

六月，召知府季敩、县丞舒富等密授方略，领兵分剿，生擒贼酋陈曰能等，捣其巢，俘获贼党无算。又上疏，论三省交剿方略。先是屡请敕便宜行事，众皆笑公为迂，惟尚书王公慨然曰："朝廷此等权柄不与此等人用，又与谁用？我必与之。"故因公疏覆议。奉旨改公提督南、赣、汀、漳等处军务，赐敕书及前所请旗牌便宜行事。廷议以公前攻破长富村、象湖山、可塘洞诸处，擒斩首从贼级数多，降敕奖励，升俸一级，赏银二十两，纻丝二表里。

译文

六月，召集知府季敩、县丞舒富等人，密授作战方略，命他们率兵分头进剿，生擒贼首陈曰能等人，捣毁贼巢，俘获贼寇无数。先生再次上疏，论述三省合作进剿方略。之前先生多次请求皇上允许便宜行事，大臣都笑他迂阔不切实际，只有尚书王琼感慨道："朝廷这样的权力不给这样有才能人的用，还能给谁用？我必定要想办法给他。"于是朝廷重新审议先生的奏疏，下旨改派先生提督南、赣、汀、漳等处军务，赐给他诏书和之前请求的令旗令牌，让他可以行事便宜。经过朝廷商议，因先生之前攻下长富村、象湖山、可塘洞等处贼巢，擒获斩杀大量贼寇，于是下旨奖励，提升一级俸禄，赏给他二十两白银，二匹纻丝。

时汀漳、左溪贼酋蓝天凤与赣南、上新、稳下等硐贼酋雷鸣聪、高文辉等相结，盘踞千里，荼毒三省。公与诸从事议曰："诸巢为患虽同，事势各异。以湖广言之，则桶冈诸巢为贼之咽喉，而横水、左溪诸巢为之腹心。以江西言之，则横水、左溪诸巢为贼之腹心，而桶冈诸巢为之羽翼。今不先去横水、左溪腹心之患，而欲与湖广夹攻桶冈，进兵两寇之间，腹背受敌，势必不利。今我出其不意，进兵速击，可以得志。已破横水、左溪，移兵而临桶冈，势如破竹矣。"议既决，命指挥郑文帅兵千余，自大庾县义安入；知府唐淳帅兵千余，自大庾县聂都入；知府季敩帅兵千余，自大庾县稳下入；县丞舒富，帅兵千余，自上犹县金坑入。亲帅兵千余，自南康进屯至坪，期直捣横水，与诸军会。命副使杨璋、参议黄宏，监督各营官兵往来给饷，以促其后。

译文

当时汀漳、左溪贼寇首领蓝天凤与赣南、上新、稳下等地贼寇首领雷鸣聪、高文辉等人勾结，势力范围达千里之广，三省百姓苦受其害。先生和部下商议说："各处贼寇为害虽然一样，但形势不同。从湖广的角度来看，桶冈等巢穴是它的咽喉，横水、左溪等巢穴是它的腹心。从江西角度来看，横水、左溪等巢穴是它的腹心，桶冈等巢穴是它的羽翼。如今不先铲除横水、左溪这样的心腹大患，而想着与湖广一起夹攻桶冈，在两股贼寇之间进军，就会腹背受敌，形势必定于我不利。现在我军出其不意，进军神速，定能获胜。攻下横水、左溪之后，再调兵逼近桶冈，自然就势如破竹了。"商议已定，命指挥郑文率领一千多士兵，从大庾县义安出发；知府唐淳率领一千多士兵，从大庾县聂都出发；知府季敩率领一千多士兵，从大庾县稳下出发；县丞舒富率领一千多士兵，从上犹县金坑出发。先生亲自率领一千余士兵，从南康出发，进驻至坪，计划直捣横水，再和其他各路军马会合。派遣副使杨璋、参议黄宏监督各营官兵供给军饷，在后方督促。

是月初七日，各哨齐发。初十日，进兵至坪。会间谍诇知，各险隘皆设滚木礌石。公度此时贼已据险，势未可近。乃自率兵乘夜遂进。未至贼巢三十里止舍，使人伐木立栅，开堑设推，示以久屯之形。复遣官分帅乡兵及樵竖善登山者四百人，各与一旗，赍锐炮钩镰，使由间道攀崖壁而上，分列远近极高山顶以觇贼，张立旗帜，热茅为数千灶，度我兵至险，则举炮燃火相应。十二日黎明，公进兵至十八面隘。贼方据险迎敌，骤闻远近山顶炮声如雷，烟焰四起，我兵复呼哨分逼，铳箭齐发，贼皆惊溃失措，以为官兵尽破其巢，遂弃险退走。公预遣千户陈伟、高睿分帅壮士数十缘崖上，夺贼险，尽发其滚木礌石。我兵乘胜骤进，指挥谢昶、马廷瑞兵由间道先入，悉焚贼巢。贼退无所据，乃大败奔溃。横水既破，遂乘胜进攻左溪，擒斩首级无算，俘获男妇牛马什物不可胜算。会雾雨连日，公令休兵犒劳。

译文

这月初七，各路官兵一齐进发，初十进兵到达至坪，刚好通过侦探得知，各个险要关口都设置了滚木礌石。先生考虑到此时贼寇已经占据险要地势，不可轻易靠近。于是亲自率队连夜进军，到离贼寇巢穴三十里左右，安营下寨，派人砍伐树木，设立栅栏，开辟堑沟，设置障碍，作出要长久驻扎的样子。又派遣官吏带领乡兵与擅长爬山的百姓四百余人，每人拿一面旗帜和炮火钩镰，从小路沿着悬崖峭壁攀登上去，分别在远近的山顶上探查贼寇的动向，插设旗帜，准备茅草，估计官兵进攻险要的关口时就一起发炮点火呼应。十二日黎明，先生进军到十八面隘。贼寇正准备利用险要关口迎战，忽然远近山顶炮声如雷，烟焰四起，官兵又分队进攻，火铳弓箭一齐发射，贼寇都惊慌失措，以为官兵已经全部攻下了他们巢穴，于是放弃险要地形收缩退守。先生提前派千户陈伟、高睿各自率领几十个壮士，攀上悬崖，拿下险要地形，尽数破坏敌人设的滚木礌石，官兵乘胜追击。指挥谢昶、马廷瑞的部队从小路率先攻入，把贼寇巢穴都放火烧掉。贼寇败退后又没有地方可以据守，于是大败逃散。攻下横水之后，又乘胜进攻左溪，斩获首级无数，俘获的男女和牛马物质不可计数。恰逢连日阴雨，先生命令休整军队，犒劳士兵。

是月二十七日，官兵乘胜进攻桶冈。公复议：桶冈天险，四山壁立万仞，中盘百余里，连峰参天，深林绝谷，不睹日月。因询访乡导，贼所由入惟锁匙龙、葫萝洞、茶坑、十八磊、新地五处，皆假栈梯壑，螽悬绝壁而上；惟上章一路稍平，然深入湖广，迂回取道，半月始至。令移屯近地，休兵养锐，振扬威声，使人谕以祸福，彼必惧而请服。其或不从，乘其犹豫，袭而击之，乃可以逞。

译文

这月二十七日，官兵乘胜进攻桶冈。先生又与众人商讨：桶冈四面环山，陡峭耸立，中间一百里山峰连绵不绝，高山深谷，不见天日。通过询问向导才知道，贼寇只能从锁匙龙、葫萝洞、茶坑、十八磊、新地五个地方进入，都是凭借栈道悬梯，攀缘绝壁而上，只有经由上章的一条路稍微平坦，但是要深入湖广境内，道路迂回曲折，半个月才能达到。先生命令把营地移到靠近贼巢的地方，休整士兵，养精蓄锐，宣扬官兵威严，派人去晓之以利害，说之以祸福，他们必定心生恐惧前来投降。对那些还犹豫不决的，官兵正好趁机袭击，就可取胜。

纵所获桶冈贼钟景，縋入贼营，期以翼日早，使人于锁匙龙受降。贼方恐，集众会议。又遣县丞舒富帅数百人屯锁匙龙，促使出降。遣知府邢珣入茶坑，伍文定入西山界，唐淳入十八磊，知县张戬入葫萝洞，皆于是月晦日乘夜各至分地。遇大雨，不得进。明早，冒雨疾登。贼酋蓝天凤方就锁匙龙聚议，闻各兵已入险，皆惊愕散乱，犹驱其男妇千余人，据内隘绝险，隔水为阵以拒。我兵渡水前击，复分部左右夹攻，贼不能支，且战且却。及午，雨霁，各兵鼓奋而前，贼乃败走。桶冈诸巢悉平。

译文

先生释放从桶冈抓获的贼寇钟景，派他进入敌营去劝降，约好第二天一早在锁匙龙派人接受他们投降。贼寇因为害怕正在聚众商议，先生又派县丞舒富率领几百人驻扎在锁匙龙，督促贼寇出来投降。又派知府邢珣进驻茶坑，伍文定进驻西山界，唐淳进驻十八磊，知县张戬进驻葫芦洞，要求他们在月底三十那天，连夜赶到各自驻地。由于遇上大雨，当晚无法前进。第二天早上，士兵冒着大雨迅速登山。贼寇首领蓝天凤正在锁匙龙聚众商议，听说各路官兵都已经占据险要地势，一时惊慌散乱，还领着一千多男女老少，占据大山深处的险要地形，隔水设阵抵抗官兵。官兵渡水进击，又分兵左右夹攻，贼寇支撑不住，且战且退。中午时分，雨停了，各路官兵奋力向前，贼寇溃败逃走。盘踞桶冈的各路贼寇都被平定。

亲行相视形势，据险之隘，议以其地请建县治，控制三省诸瑶，断其往来之路。又进兵攻稳下、朱坑等巢，悉平。又以湖广二省之兵方合，虽近境之贼，悉以扫荡，而四远奔突之虞难保必无。乃留兵二千余，分屯茶寮诸隘，余兵令回近县休息，候二省夹攻尽绝，然后班师。驱卒不过万余，用费不满三万，两月之间，俘斩六千有奇，破巢八十有四，渠魁授首，噍类无遗。又疏请三县适中之处，立崇义县，移置小溪驿于大庾县城内，使督兵防遏。

先生亲自去观察地形，商议在险要的关隘处设置县治，以治理三省瑶民，阻断贼寇交通往来的道路。又进兵平定了稳下、朱坑等处贼寇。又因湖广二省的兵力刚会合，虽然邻近地方的贼寇，全都扫荡平定，但是四方远处的贼寇，并不能保证完全没有隐患，于是留下两千多士兵，分别驻扎在茶寮等各处关隘。其他士兵回到邻近州县休整，等二省兵力夹击剿灭贼寇后，再班师退兵。先生用兵不过一万余人，费用也不超过三万两白银，两个月时间，就俘虏斩获了六千多贼寇，攻下贼巢八十四个，贼首束手就擒，贼寇剿灭无遗。又上疏请求在邻近三县适中的地方，设置崇义县，把小溪驿移到大庾县城中，派兵驻防把守。

浰头贼酋池大鬓等闻横水诸巢皆破，始惧加兵，乃遣其弟池仲安等，率老弱二百余，徒赴军门投降，随众立效，意在缓兵，因窥虚实，乘间内应。公逆知其谋，乃阳许之。及进攻桶冈，使领其众截路于上新地，以远其归途。十一月，池大鬓等闻复破桶冈，益惧，为战守备。公使人赐各酋长牛酒，以察其变。贼度不可隐，诈称龙川新民卢珂等将掩袭之，是以密为之防，非虞官兵也。亦阳信其言，因复阳怒卢珂等擅兵仇杀，移檄龙川，使廉其实；且趋伐木开道，将回兵浰头，取道往征之。贼闻之，且喜且惧，卢珂、郑志高、陈英者，皆龙川旧招新民，有众三千余，为池大鬓所胁，而三人者独深忌之，乃来告变，云池大鬓僭号设官，及以伪授卢珂等金龙霸王官爵印信来首。公先已谍知其事，乃复阳怒，不信，遂械系卢珂，而使人密谕其意。珂遂遣人归集其众，待时而发。又使人往谕池大鬓，且密购其所亲信头目二十人，阴说之同部下百八十人，使自来投诉。还赣，乃张乐大享将士，下令城中散兵，使各归农，示不复用。贼众皆喜，遂弛其备。

译文

浰头贼寇首领池大鬓等人听到横水等巢穴都被攻下的消息，开始担心官兵前来围剿，于是派他弟弟池仲安等带二百多老弱残兵去投降，为官兵效力，意在缓兵之计，借此打探官兵虚实，到时候趁机里应外合。先生预知了他们的阴谋，假装接受他们投降。进攻桶冈时，先生派池仲安带领他的部下去上新地截击贼寇，就是为了让他们来回长途奔波。十一月，池大鬓等人听到官兵又攻下桶冈的消息，就更害怕，作了坚守的准备。先生派人赏赐各个首领牛和酒，并暗中观察他们的变化。贼寇考虑到难以隐瞒，诈称龙川卢珂等人要攻击他们，所以秘密地作了准备，并不是针对官兵的。先生假装相信了他们的话，并且对卢珂擅自派兵仇杀装作愤怒的样子，向卢珂传达檄文，让他们汇报真实情况。并且派兵伐木开道，从浰头返回，先去讨伐卢珂。池大鬓听闻说后，又高兴又害怕。卢珂、郑志高、陈英本是先生在龙川招抚的流寇，有三千多人，受到池大鬓的威胁，这三人都对池大鬓也非常忌惮，于是前来报告池大鬓企图叛乱的情况，说池大鬓冒用名号，自设官吏，并拿着池大鬓授给卢珂的金龙霸王官爵印信来投降自首。先生之前已侦察到这件情况，就又假装愤怒，不信他们的话，并且关押了卢珂，又暗中派人告诉卢珂等人其中的用意。卢珂于是派人纠集人马，等待时机。先生又派人去告诉池大鬓对待卢珂的惩罚，并且暗中买通了他二十个亲信头目，让他们私下劝说了自己部下一百八十人，自己去阳明先生那里投案自首。先生返回江西，于是大张旗鼓地犒劳将士，下令让城里散兵，各自回家务农，表示不用让他们再去作战了。贼寇听到这个消息都非常高兴，于是放松了戒备。

池大鬓等乃谓其众曰："若要伸，先用屈。赣州伎俩，亦须亲往勘破。"率其麾下四十人自诣赣。公使人探知池大鬓已就道，密遣人先行属县，勒兵分哨，候报而发。又使人督集卢珂等兵，俱至，令所属官寮以次设羊酒，日犒池大鬓等，以缓其归。会正旦之明日，复设犒于庭，先伏甲士，引池大鬓入，并其党悉擒之。出卢珂等所告状，讯鞫皆伏，置于狱斩之。夜使人趋发属县兵，期以初七日入巢，诸哨兵皆从各径道以入，自率帐下官兵，从龙南县令水直捣下浰大巢，与各哨兵会于三浰。先是，贼徒得池大鬓报，谓赣州兵已罢归，皆已弛备，散处各巢。至是骤闻官兵四路并进，皆惊惧，分投出御；悉其精锐千余据险设伏，并势迎敌于龙子岭。我兵聚为三冲，掎角而前，大战良久，贼败。复奋击数十合，遂克上、中、下三浰。各哨官兵遥闻三浰大巢已破，皆奋勇齐进，各贼溃败。

译文

池大鬓等人对他们的部下说：“若要伸，先用屈。赣州王阳明的阴谋，一定要亲自去观察才能看穿它。”带领部下四十余人亲自赶赴赣州。先生派人打探到池大鬓已上路，就暗中派人先赶到所属的各县，让他们整治兵马，等候命令；又派人召集卢珂等人兵马，都到位之后，命部下官员依次摆酒设宴，每日犒劳池大鬓等人，以延缓他们的归期。恰逢正月元旦第二天，又在院子里摆酒犒劳他们，预先在院子里埋伏带甲士兵，引池大鬓入座，席间把他和同党一起拿下。拿出卢珂等人告发他的状子，审讯之后都认罪，在监狱里就地斩首。夜里派人调遣所属各县兵马，约定初七攻入贼寇巢穴，各路兵马从山中小路分头出发，先生亲自率领麾下官兵，从龙南县令水直捣下浰贼巢，最后与各路兵马在三浰会合。之前贼寇得到池大鬓的消息，说赣州兵马已经回去，因此贼寇的戒备非常松懈，散处在各个巢穴中。这时忽然听说官兵四路并进，都非常惊恐害怕，分头出来抵抗，把一千多精锐部队全都调集起来，占领险要地形，设下埋伏，集合全部兵力在龙子岭迎战官兵。官兵分成三路，成犄角之势攻击，大战良久，贼寇战败。又奋力激战了好几十个回合，占领了上、中、下三浰。各路兵马远远地听说三浰大巢已经被攻破，都奋力向前，各路贼寇都四散溃败。

遂进攻九连山。于是选精锐七百余人，皆衣所得贼衣，佯若奔溃者，乘暮直冲贼所据崖下涧道而过。贼以为各巢败散之党，皆从崖下招呼。我兵亦佯应之。贼疑，不敢击。已度险，遂断其后路。次日，贼始知为我兵，并势冲敌。我兵已据险，从上下击，贼不能支。公度其必溃，预令各哨官兵四路设伏以待。贼果潜遁，邀击而悉俘之，前后擒斩首级无算，俘获男妇牛马器仗什物不可胜计。余党张仲全等二百余人，及远近村寨，一时为贼所驱，从恶未久者，势穷计迫，聚于九连谷口，呼号痛哭，诚心投降。遣邢珣验实，量加责治，籍其名数，悉安插于白沙。相视险易，经理立县设隘可以久安长治之策，留兵防守而归。赣人皆戴香遮道而迎，为立生祠，又家肖其像，而岁时祭祷。

译文

于是官兵又进兵九连山。先生挑了七百多精锐士兵，让他们都穿上缴获的贼寇衣服，装作溃败的贼寇，趁着暮色冲过贼寇所占山崖下的山涧通道。贼寇误以为他们是各巢败散的同党，都向崖下的他们招手呼应。官兵也假装回应他们，贼寇怀疑，不敢攻击。官兵度过险要关口后，阻断了他们的后路。第二天，贼寇才知道是官兵，于是集中兵力攻击官兵，但官兵已占领险要地势，上下夹击，贼寇逐渐难以支撑。先生预料贼寇必定会溃败，提前命令各路官兵，四处埋伏，以逸待劳。贼寇果然四处逃遁，官兵半路截击，把他们全部俘获。前后斩杀贼寇无数，俘获男女和收缴牛马器仗物质不可计数。余党张仲全等二百余人，远近村寨一时被贼寇胁迫，随从作恶不久的人，这时山穷水尽，齐聚在九连谷口，号叫痛哭，诚心归降。先生派知府邢珣去核实详情，酌情惩治，登记名字与人数，全都安置在白沙。先生根据地形险要程度，分别设立县治和关口，作为长治久安之策，留兵防守之后才撤兵。江西百姓都点香在路上迎接先生，为先生设立生祠。又在家中供奉先生肖像，每年按时祭祀。

上疏乞休致，不允。又以龙川诸处系山林险阻之所，盗贼屯聚之乡，当四县交界之隙，乃三省闰余之地，政教不及，人迹罕到。其间接连闽、广，反覆贼巢，动以百数。据而守之，真足控诸贼之往来，杜奸宄之潜匿。遂疏请于和平地方建设和平县治，以扼其要害。又以大贼酋龚福全、高仲仁、李斌、吴巩等，邀路劫杀军民，攻掠郡县，命三省将官剿平。上三省夹剿捷音疏。朝廷论功行赏，升右副都御史，荫子一人锦衣卫，世袭百户，写敕奖励。恳疏辞免，乞原职致仕。温旨慰留。因奏平定广东韶州府乐昌县等贼捷音，查例加升子本卫，世袭副千户。

译文

先生上疏请求辞官，没有批准。又考虑到龙川境内到处山深林茂，是盗贼聚集之地，在四县交界的地方，是三省政教风化难以企及的地方，人烟稀少。又是福建广东交界处，遍地贼巢，数以百计，如果官军据守那个地方，必定可以限制贼寇的往来，使奸邪之徒也无处隐藏。于是先生上疏请求在和平那里设立和平县治，以便扼制要害之处。又因为贼酋龚福全、高仲仁、李斌、吴玮等人，半路劫杀军人百姓，攻打抢掠郡县，先生命三省将官把他们围剿荡平。先生上疏报送三省围剿贼寇捷报。朝廷论功行赏，升任先生为右副都御史，一个儿子可以入锦衣卫，世袭锦衣卫百户，并亲写敕书，给予奖励。先生上疏恳请免除这些奖赏，请求按原来官职退休回家，皇上下旨慰问挽留。又因上奏平定广东韶州府乐昌县等地贼寇的捷报，朝廷按照惯例加封他儿子世袭副千户。

在赣虽军旅扰扰，四方从游日众，而讲学不废。褒崇象山陆子之后，以扶正学。赣人初与贼通，俗多鄙野。为立保甲十家牌法，于是作业出入皆有纪。又行乡约，教劝礼让。又亲书教诫四章，使之家喻户晓。而赣俗丕变，赣人多为良善，而问学君子亦多矣。

译文

先生在江西时，虽军务繁忙，各地跟随学习的士人却日渐增多，先生讲学从不间断。先生褒扬奖励了陆象山的子孙后代，借以匡扶圣人学说。江西百姓当初和贼寇勾结，风俗野蛮粗鄙。先生设立了保甲十家牌法，百姓出入劳作都有规矩可循。又推行乡规民约，鼓励百姓学习谦让礼节。又亲自书写了四章教诫文告，让百姓们家喻户晓。因此江西风俗大为改观，百姓大多行善知礼，向先生请教学习的读书人也多了起来。

十四年正月，再疏乞放归田里。当路忌公，欲从其请。王公琼逆知宸濠必将为变，一日，召其属主事应典曰：“我置王某于江西，与之便宜行事者，不但为溪洞诸贼而已，或有他变，若无便宜行事敕书，旗牌将何施用？”时福建有军人进贵等之变，先生曰：“此小事，不足烦王某。但假此以牵便宜敕书在彼手中，以待他变。尔可为我做一题稿来看。”稿成，具题。降敕与公曰：“福州三卫军人进贵等协众谋反，特命尔暂去彼处地方会同查议处置，参奏定夺。”

译文

十四年正月，先生再次上疏请求辞官归家，当朝掌权大臣忌恨先生，准备批准他的请求。王琼先生预料朱宸濠必定会叛乱，有一天，对他属下的主事应典说："我把王守仁安置在江西，给他便宜行事的权力，不只是为了剿灭溪洞各路贼寇，一旦有其他变故，如果没有皇上所赐便宜行事的敕书，那些令旗令牌又有什么用呢？"当时福建发生了军人进贵等人的叛乱。先生说："这是小事，本来用不着烦劳阳明先生，但是借此机会保留便宜行事的敕书在他在手，以防备其他变故。你写一篇文稿我看看。"文稿写成之后，题本上奏。下诏书给先生说："福州军人进贵等人聚众谋反，现特命你去会同当地官员商讨处置，并及时上报情况。

时濠阴谋不轨，亦已有年，一日，命安福举人刘养正往说公云："宁王尊师重道，有汤武之资，欲从公讲明正学。"公笑曰："殿下能舍去王爵否？"既而令门人冀元亨先往，与濠讲学，以探其诚否。元亨与语矛盾，濠怒，遣还，密使人杀于途，不果。公以六月初九日自赣往福建勘事。十五日，至丰城县界。典史鄞人报濠反状。继而知县顾佖具言之。公度单旅仓猝，兵力未集，难即勤王，亟欲溯流趋吉安。南风方盛，舟人闻宸濠发千余人来劫公，畏不敢发，乃以逆流无风为辞。公密祷于舟中，誓死报国。无何北风大作。舟人犹不肯行，拔剑馘其耳，遂发舟。薄暮，度势不可前，潜觅渔舟，以微服行，留麾下一人，服己冠服在舟中。濠兵果犯舟，而公不在。欲杀其代者，一人曰："何益？"遂舍之。故追不及。是夜至临江，知府戴德孺喜甚，留公入城调度。曰："临江居大江之滨，与省城相近，且当道路之冲，莫若吉安为宜。"又以三策筹之曰："濠若出上策，直趋京师，出其不意，则宗社危矣。若出中策，则趋南都，大江南北亦被其害。若出下策，但据江西省城，则勤王之事，尚易为也。"

译文

当时朱宸濠暗中谋划叛乱已不止一年。一天，派安福举人刘养正去劝说先生，说道："宁王尊师重道，有商汤、武王的资质，准备跟随先生一起讲习圣学。”先生笑说：“殿下能舍得王爷的爵位吗？”不久，先生派门人冀元亨先去给朱宸濠讲授学问，以试探他的诚意。冀元亨与他谈论，理念有冲突，朱宸濠大怒，把冀元亨送了回去。暗中又派人在半路劫杀，但没有得逞。先生六月初九从江西前往福建处理公务，十五那天到了丰城境内。典史鄞人向他汇报了朱宸濠谋反的情形，接着知县顾佖又汇报了具体情况。先生考虑到还在途中，时间仓促，兵力还没调集，难以马上勤王平叛，因此急切地想逆水乘船去吉安。当时南风盛行，船夫听说朱宸濠派一千多人来劫持先生，害怕不敢开船，借口说去吉安是逆水上行又没有顺风相助。先生在船中暗自祈祷，发誓要以死报国，很快就北风大作，船夫还不肯出发，先生拔剑削掉他的耳朵，才肯发船。到了傍晚，先生估计船不能再往前了，悄悄地找到一只小渔船，换下官服坐渔船继续前行，留一名部下穿着自己的官服坐在原先那条船上。朱宸濠派来的士兵果然截获了那条船，但是先生早已不在船上。他们准备杀掉代替先生的那人，但是其中一人说：“这样做有什么用处呢？”就放了他。因此他们最后也没赶上先生。这天晚上，先生赶至临江，知府戴德孺非常惊喜，想挽留先生进城调度军事。先生说：“临江在大江岸边，离省城近，又是交通要道，不如吉安更适合。”又告诉戴德孺三种推测，说：“朱宸濠如果走上策，出其不意，直奔京师，那么宗庙社稷就危险了；如果走中策，直奔南京，那大江南北就遭他毒手了；如果走下策，只是占据江西省城，那么勤王平叛的事情，还算容易。”

行至中途，恐其速出，乃为间谍，假奉朝廷密旨先知宁府将反，行令两广、湖、襄都御史杨旦、秦金及两京兵部，各命将出师，暗伏要害地方，以俟宁府兵至袭杀。复取优人数辈，各与数百金，以全其家，令至伏兵处所飞报窃发日期，将公文各缝置夹衣絮中。将发间，又捕捉伪大师李士实家属至舟尾，令其觇知。公即佯怒，牵之上岸处斩，已而故纵之，令其奔报。宸濠逻获优人，果于袷衣絮中搜得公文，遂疑不发。

译文

先生走到中途的时候，担心朱宸濠迅速出击，就筹划了一个间谍计，假称收到朝廷密旨，预先知道宁王将要造反，命两广、湖、襄都御史杨旦、秦金和北京南京两处兵部，各自派遣军队，埋伏在要害地方，等宁王叛军到后就立刻击杀。又找到几个优人，每人给他们几百两银子保全他们家人，派他们到军队埋伏的地方通知宁王发兵时间，把公文缝在他们衣服夹层的棉絮中。委派他们出发时，又逮捕了宁王府太师李士实家人押到船尾，让他们暗中看到这个过程。先生假装很愤怒，把他们拉到岸上处斩，过后又故意放跑他们，让他们把这个消息报告给朱宸濠。朱宸濠知道后很快就抓获了那些优人，果然在他们衣服夹层中搜出了公文，就产生疑心，没有立刻发兵出击。

十八日，至吉安。知府伍文定甚喜，军民皆遮道呼号。公入城抚慰，两上疏告变，请命将征讨，以解东南倒悬。奏至，王公琼扬言于朝曰："王某在南赣必能擒之，不久当有捷报至。但朝廷不命将出师，则无以壮其军威。"

译文

十八日，先生到达吉安，知府伍文定非常欣喜，军民也都夹道欢呼。先生入城安慰百姓，并两次上疏报告变乱，请求派兵讨伐，解救东南危机。奏折到朝廷后，王琼先生放出风声说："王阳明在南赣，肯定可以擒获朱宸濠，不久就会有捷报传来。但如果朝廷不派兵出征，那就不能为他大振军威。"

时濠畜养死士二万，招诱四方盗贼渠魁亦万数，举事之日，复驱其护卫党与并胁从之人又六七万，虐焰张炽。公以百数从卒，退保吉安，遥为牵制之图。远近军民劫于濠积威，道路以目，莫敢出声。公率知府伍文定、戴德孺、邢珣、徐琏等，调集军民兵快，召募四方报效义勇，会计应解留钱粮，支给粮赏，造作军器战船，奏留公差回任御史谢源、伍希儒分职任事，约会乡官致仕右副都御史王懋忠，养病编修邹守益，郎中曾直，评事罗侨，丁忧御史张鳌山，赴部调用佥事刘蓝，依亲进士郭持平，致仕副使刘逊，参政黄绣，闲住知府刘昭等，相与激劝忠义，晓谕祸福，调度已定，移檄远近，宣布朝廷仁德，暴濠罪恶。濠始觉为公所欺，亟欲引兵而出。公谓：急冲其锋，攻其有备，皆非计之得也；始示以自守不出之形，必俟其出，然后尾而图之。先复省城以捣其巢穴，彼闻必回兵来援，我则出兵邀而击之。此全胜之策也。濠果使人探公未出，先发兵出次南康、九江，自居省城以御公。

译文

当时朱宸濠蓄养了能够以死效力的武士二万余人，招抚的各地盗贼头目也有一万余人，叛变那天，又率领他手下的护卫党徒和胁迫随从他的人六七万一齐出动，气焰嚣张。先生只带了一百多随从士兵，退守吉安，远远地牵制他们。远近的军民迫于朱宸濠的强大势力，道路以目，不敢出声。阳明先生带领知府伍文定、戴德孺、邢珣、徐琏等人，调集军队，召集四方侠义报国人士，计算钱粮供应，制作军械战船。上奏留下完成公差即将回任的御史谢源、伍希儒，并且让他们分职担任事务，又拜访了辞官在家休养的原右副都御史王懋忠，在家养病担任编修的邹守益，郎中曾直，评事罗侨，以及在家服母丧的御史张鳌山和赴部调用佥事刘蓝，省亲进士郭持平，退休在家的副使刘逊，参政黄绣，闲居在家的知府刘昭等人，让他们一同激励忠义人士，说明利害关系，兵马调集已定，向远近各地发布檄文，宣告朝廷的恩德，历数朱宸濠罪恶。朱宸濠这时才发现被先生欺骗了，准备立刻带兵出击。先生说："与敌人的先锋交战，攻其有备，都不是上策。开始要表现出坚守不出的样子，等敌军出动后，再在敌人后方行动。先收复省城，捣坏敌人的巢穴，敌人知道后，必定回师救援，官兵就可以出兵截击。这就是获得全胜的策略。"朱宸濠果然派人打听到先生没有出击的情况，先发兵占领南康、九江，自己留在省城防御先生。

七月初二日，濠又使人探公兵果不出，乃留兵万余，属其腹心宗室及仪宾、内官，并伪都督、都指挥等官使守省城，自引兵向安庆。公知其出，遂急促各府兵，期以本月十五日会于临江樟树镇，身督伍文定等兵径下。于是知府戴德孺引兵自临江来，知府徐琏引兵自袁州来，知府邢珣引兵自赣州来，通判胡尧元、童琦引兵自瑞州来，通判谈储，推官王暐、徐文英，新澄知县李美，太和知县李楫，宁都知县王天与，万安知县王冕，亦各以兵来赴。十八日，遂至丰城，分布哨道。使伍文定攻广润门，邢珣攻顺化门，徐琏攻惠民门，戴德孺攻永和门，胡尧元、童琦攻章江门，李美攻德胜门，都指挥余恩攻进贤门，谈储、王玮、李楫、王天与、王冕等，各以其兵乘七关之衅，从旁夹击，以佐其势。又探得濠伏兵千余于新旧坟厂，以备省城之援，乃遣奉新知县刘守绪、典史徐诚领兵四百，从间道夜袭破之，以摇城中。

译文

七月初二，朱宸濠又派人打探到先生果真没有发兵，就留下一万多兵马，嘱咐他的心腹同宗，仪宾、内官和都督、都指挥等官坚守省城，亲自带兵直奔安庆。先生知道朱宸濠亲自出击后，就迅速督促各府兵马，约定本月十五日在临江樟树镇会集，亲自督促伍文定等人领兵直下。于是知府戴德孺领兵从临江赶来，知府徐琏领兵从袁州赶来，知府邢珣领兵从赣州前来，通判胡尧元、童琦领兵从瑞州赶来，通判谈储，推官王玮、徐文英，新淦知县李美，太和知县李楫，宁都知县王天与，万安知县王冕，也都纷纷领兵赶来。十八日，一齐赶到丰城，先生部署各路兵马攻城任务，命伍文定攻打广润门，邢珣攻打顺化门，徐琏攻打惠民门，戴德孺攻打永和门，胡尧元、童琦攻打章江门，李美攻打德胜门，都指挥余恩攻打进贤门，谈储、王玮、李楫、王天与、王冕等，趁其他人进攻七座城门的时候各自领兵从两侧夹击，以助声势。又打探到朱宸濠在新旧坟厂一带埋伏了一千余人，以备救援省城。于是派遣奉新知县刘守绪、典史徐诚带领四百人马，从小道夜间偷袭他们，使城中军心动摇。

十九日，登市汉誓师，且申布朝廷之威，再暴濠恶，约诸将：“一鼓而附城，再鼓而登城，三鼓不克诛其伍，四鼓不克斩其将。”誓已，莫不切齿痛心，踊跃激奋，薄暮徐发。

译文

十九日，在市汉誓师，宣告朝廷威严，历数朱宸濠罪状，与将领们约定：“第一次击鼓就要赶到城墙下，第二次击鼓就要登上城楼，第三次击鼓还没攻下，就斩杀带兵的伍长，第四次击鼓还没攻下，就斩杀带兵的将领。”誓师结束，将士们都痛心切齿，激奋不已，傍晚时分向南昌进发。

二十日黎明，各至信地。城中为备甚严，滚木、灰瓶、火炮、石弩、机毒之械，无不毕具。及我兵已破新旧坟厂，败溃之卒，皆奔告城中。城中闻我师四面骤集，莫不震骇。我师呼噪并进，梯縆而登。城中倒戈而奔，遂破。擒其居守宜春王栱樤及伪太监万锐等千余人。宫眷纵火自焚，延烧居民房屋。公令各官分道救火，抚定居民，释其胁从，封其府库。搜出原收大小衙门印信九十六颗。其胁从布政使胡廉、参政刘斐、参议许效廉、副使唐锦、佥事赖凤、都指挥王玘，皆自上江西捷音疏，仍分兵四路追蹑。

译文

二十日黎明，各自到达预定地点。城中敌军防备森严，滚木、灰瓶、火炮、石弩、机毒等各类器械无不完备。官兵攻破新旧坟厂后，溃败的士卒都奔回城中。城里驻扎的军队知道官兵已四面围困后，都非常惊慌。官兵在呐喊声中一起进攻，利用云梯绳索踊跃登城，城中守军放弃武器四散奔逃。于是攻占南昌，擒获了守城的王栱樤，以及伪太监万锐等一千多人。宁王的宫眷纵火自焚，引燃了邻近居民的房子。先生派遣官吏分头救火，然后安抚城中百姓，释放被胁迫的叛党，查封了钱粮府库。搜出原来宁王没收大小衙门印信九十六颗。被胁迫叛变的布政使胡廉、参政列斐，参议许效廉、副使唐锦、佥事赖凤、都指挥王玘，各自上疏报送了江西捷报，先生仍派兵四路追击。

是时，濠攻安庆未下，亲自督兵运土填堑，期在必克。及闻我兵至丰城，大恐，即欲回舟。李士实阻劝，以为必须径往南京，既登大宝，则江西自服。濠不应。次日遂解安庆之围，移兵泊阮子江，会议归援。

译文

这时朱宸濠还没攻下安庆，他亲自督兵运送土方填平堑壕，决心要攻下安庆。知道官兵到达丰城后，大为惊慌，打算立刻乘船赶回救援。李士实劝阻他，认为要径直奔赴南京，登上皇位后，江西自然归服。朱宸濠没有采纳他的建议。第二天就解除了对安庆城的包围，率军到达阮子江边，商讨回援南昌。

先是，兵至丰城，众议安庆被围，宜引兵直趋安庆。公以九江、南康皆以为贼所据，而南昌城中数万之众，精悍亦且万余，食货充积。我兵若抵安庆，贼必回军死斗。安庆之兵仅仅自守，必不能援我于湖中。南昌之兵，绝我粮道，而九江、南康之贼合势挠蹑，而四方之援又不可望，事难图矣。今我师骤集，先声所加，城中必已震慑，因而并力急攻，其势必下。已破南昌，贼先破胆夺气，失其本根，势必归救，则安庆之围可解，濠亦可以坐擒。果如公料。及议所以御之之策，众谓宜敛兵入城，坚壁自守，以待四方援兵。公独谓宜先出锐卒，乘其惰归，要迎掩击，一挫其锋，众将不战自溃，所谓“先人有夺人之气，攻瑕则坚者瑕”矣。是日抚州知府陈槐引兵亦至。公遣伍文定、邢瑜、徐琏、戴德孺共领精兵五百，分道并进，击其不意。濠亦先使精悍千余人从间道欲出公不意攻收省城，偶遇于某处，遂交战，我兵失利。报至。公怒甚，欲以军法斩取伍文定、邢玲、戴德孺、徐琏等首。乃自帅兵亲战。或以敌锋方交，若即斩其首，兵无统领而乱，俟各奋励，以图后效。明日各帅兵奋死以战，大败之。又遣余恩以兵四百往来湖上，诱致贼兵。陈槐、胡尧元、童琦、谈储、王暐、徐文英、李美、李楫、王冕、王轼、刘守绪、刘源清等各领百余，四面张疑设伏，候伍文定等兵交，然后四起合击。

译文

在这之前，先生率兵赶到丰城后，众人认为安庆被围，应该率兵直奔安庆解围。先生认为九江、南康都被叛军占领，南昌城中有数万人马，精锐部队也有一万余人，而且粮草充足。官兵如果直奔安庆，叛军必定会回过头来与我们死战。安庆的兵马又只够自己防守，必定不能出来援助我们。南昌叛军又会乘机阻断我军粮道，九江、南康叛军也会合力骚扰我们，我们又没有各地赶来的援兵，事情就难办了。如果我军突然会集，先声夺人，城中叛军必定惊慌失措，我们并力猛攻，一定能够攻下城来。南昌攻下之后，叛军必定胆战心惊，锐气受挫，由于失了老巢根据地，必定要赶回救援，安庆的围困就可以解除了，朱宸濠也可以轻而易举地擒获了。果然如先生所料。在商议御敌计策时，众人以为应当把军队收入城中，坚守待援。唯独先生认为应该先出击精锐部队，趁敌人回来疲惫时，猛力进攻，挫其锋芒，敌人将不战自败，这正是兵法所谓的“先人有夺人之气，攻瑕则坚者瑕”。这天抚州知府陈槐也率兵赶到。先生派伍文定、邢珣、徐琏、戴德孺共同领兵五百，分道并进，攻其不意。朱宸濠也派一千多精兵从小道想出其不意收复南昌，两军偶然相遇，经过激烈交锋，官兵失利。消息传来之后，先生大怒，要把伍文定、邢珅、戴德孺、徐琏等人按军法斩首，然后亲自带兵去作战。大家认为刚刚交战，就把将领斩首，军队没有统领必定混乱，应给他们机会再次奋力杀敌，以观后效。第二天，他们各自率兵决一死战，大败敌军。又派余恩领四百士兵，在湖上来来往往，引诱贼兵攻击。派陈槐、胡尧元、童琦、谈储、王暐、徐文英、李美、李楫、王冕、王轼、刘守绪、刘源清等人，各自率领一百多士兵，四面埋伏，等伍文定等人与敌兵一交战，就四面夹击敌人。

分布既定，大赈城中军民。虑宗室郡王将军或为内应生变，亲慰谕之，以安其心，出给告示，凡协从皆不问，虽尝受贼官爵，能逃归者皆免死，能斩贼徒归降者，皆给赏。使内外居民及乡导人等，四路传布，以解散其党。

译文

部署妥当之后，先生大力救济城中军人百姓。考虑那些宗室、郡王、将军，有些人可能里应外合引发叛乱，就亲自前去安抚，借以稳定人心；发布告示说，凡是被胁迫跟随叛军的人都不问罪，即便曾经接受过叛贼官爵的人，只要能逃回来，都免除死罪。能斩杀叛兵前来归降的，都给与奖赏。派城内外居民和乡村百姓，四处传播，以瓦解敌军。

二十三日，濠先锋已至樵舍，风帆蔽江，前后数十里。公乃分督各兵乘夜趋进：使伍文定以正兵当其前，余恩继其后，邢珣引兵绕出贼背，徐琏、戴德孺张两翼以分其势。

译文

二十三日，朱宸濠先锋已赶至樵舍，船上风帆遮江蔽日，前后数十里。先生催促各路兵马，趁着夜色迅速推进：派伍文定从正面抵抗敌军，余恩紧随其后，邢珣带兵绕到叛贼身后，徐琏、戴德孺从两翼分散敌人兵力。

二十四日早，贼兵鼓噪乘风而前，逼黄家渡，其气骄甚。伍文定、余恩之兵，佯北以致之。贼争进趋利，前后不相及。邢珣之兵从后横击，直贯其中，贼败走。伍文定、余恩督兵乘之。徐琏、戴德孺合势夹攻，呼噪并起。贼不知所为，遂大溃，奔走十余里。擒斩二千余级，落水死者以万数。贼势大沮，引兵退保八字脑，众稍遁散。濠震惧，身自激励将士，赏其当先者以千金，被伤者银百两。尽发九江、南康守城之兵以益师。是日，建昌知府曾玙引兵至。公以九江不破则湖兵终不敢越九江以援我；南康不复则我兵亦不能逾南康以蹑贼。乃遣知府陈槐领兵四百，合饶州知府林城之兵，乘间以攻九江；知府曾玙领兵四百，合广信知府周朝佐之兵，乘间以取南康。

译文

二十四日早上，叛贼呐喊着趁风进攻，直逼黄家渡，气焰非常嚣张。伍文定、余恩的军队，佯装败逃诱惑叛军，叛军争相冒进以求立功获赏，首尾不相顾，邢珣率兵从后截击，从中间冲散叛军，叛军败逃。伍文定、余恩领兵追杀，徐琏、戴德孺从两翼夹击，呼喊着一起进攻，叛军不知所措，四处逃跑，官兵追杀了十几里地。斩首二千余人，落水而死的一万余人，叛军势力大为削弱，朱宸濠领兵退守八字脑。叛军中有人开始逃散，朱宸濠十分担心，于是亲自激励将士，奋勇向前的奖励一千两银子，受伤的一百两银子，把九江、南康守城的军队都调来增加兵力。这天，建昌知府曾玙率兵赶到。先生认为，如果不攻下九江，那么湖南军队就不敢越过九江前来支援；如果不收复南康，那么官兵也不可以跨过南康追杀叛贼。于是派知府陈槐领兵四百，会合饶州知府林城兵马，趁机攻击九江；派知府曾玙领兵四百，会合广信知府周朝佐兵马，乘机夺下南康。

二十五日，贼复并力盛气挑战。时风势不便，我兵少却，死者数十人。

公急令人斩取先却者。知府伍文定等，立于铳炮之间，火燎其须，不敢退，奋督各兵殊死并进。炮及宁王舟。宁王退走，遂大败。擒斩二千余级，溺水死者不计其数。贼复退兵保樵舍，连舟为方阵，尽出其金银以赏士。公乃夜督伍文定等，为火攻之具。邢珣击其左，徐琏、戴德孺出其右，余恩等各官分兵四伏，期火发而合。

译文

二十五日，叛军又盛气前来挑战。当时风势不利，官兵稍有退却，战死几十人。先生急命斩杀率先逃跑的人。知府伍文定等人，站立在铳炮之间，炮火引燃了胡须，都不敢退，奋力督军，殊死拼搏。炮火打到宁王坐船，宁王退后，于是叛军大败。斩首了二千余人，溺水而死的不计其数。叛军退保樵舍，把船串连起来，结成方阵，把全部金银都拿出来犒赏将士。先生派伍文定等人连夜赶制火攻器械。安排邢珣率兵从左边进攻，徐琏、戴德孺率兵从右方袭击，余恩等各路官兵四面埋伏，约定火攻一开始就合力出击。

二十六日，宁王方朝群臣，拘集所执三司各官，责其间以不致死力、坐观成败者，将引出斩之。争论未决，而我兵已奋击，四面而集，火及宁王副舟，众遂奔散。宁王与妃嫔泣别，妃嫔宫人皆赴水死。我兵遂执宁王，并其世子、郡王、将军、仪宾及伪太师、国师李士实、刘养正，元帅、参赞、尚书、都督、指挥、千百户等官数百余人，被执胁从官太监王宏，御史王金，主事金山，按察使杨璋，佥事王畴、潘鹏，参政程果，布政使梁辰，都指挥郑文、马骥、白昂等，擒斩贼党三千余级，落水死者约三万余。弃其衣甲器仗财物，与浮尸积聚，横亘若洲。余贼数百艘，四散逃溃。公复遣官分路追剿，毋令逸入他境为患。二十七日，及之于樵舍，大破之；于吴城又破之，擒斩复千余级，落水死者殆尽。濠既擒，众执见公，呼曰：“王先生，我欲尽削护卫所有，请降为庶民可乎？”对曰：“有国法在。”遂令送至囚所。

译文

二十六日，宁王正与群臣举行朝会，召集官员，准备惩处作战时不够尽力的人，拉出去斩首。争论还没结束，官兵已奋力进攻，四面合击，火攻烧到宁王副船，众人四散奔逃。宁王与妃嫔哭泣诀别，妃嫔宫人都投水而死。官兵擒获了宁王和他的世子、郡王、将军、仪宾，以及伪太师、国师李士实、刘养正，元帅、参赞、尚书、都督、指挥等数几百人，擒获的还有被叛军胁迫的官吏太监王宏，御史王金，主事金山，按察使杨璋，佥事王畴、潘鹏，参政程果，布政使梁辰，都指挥翔文、马骥、白昂等人，斩首叛贼三千多人，落水而死的三万多人。丢掉的衣甲器仗财物，与浮尸堆积在一起，像水中沙洲一样。剩下的叛军分乘几百艘战船，四散奔逃。先生又派官兵分路追杀，避免逃到其他地方，成为祸患。二十七日，追到樵舍，大败叛军；追到吴城，又大败叛军，斩首一千余人，剩下的差不多都落水而死。朱宸濠被擒之后，众人押他去见先生，他大喊道："王先生，我想抛弃一切护卫和财物，请让我当一个老百姓，行吗？"先生说："有国法在。"于是派人把他押到囚所。

公既擒濠，欲令人献俘，虑有余党沿途窃发，欲亲解赴阙。因在吉安上疏乞命将出师，朝廷差安边伯许泰为总督军务，充总兵官，平虏伯江彬为提督等官，左都督刘翚为总兵官。太监张忠为提督军务，张永为提督，赞画机密军务，并体勘濠反逆事情，及查理库藏宫眷等事，太监魏彬为提督等官，兵部侍郎王宪为督理粮饷，往江西征讨。至中途闻捷报，计欲夺功，乃密请上亲征。上遂自称为总督军务、威武大将军、总兵官、后军都督府、太师镇国公，往江西亲征。廷臣力谏不听，有被杖而死者。

译文

先生擒获朱宸濠后，准备派人押送朝廷献俘，担心剩余贼党在途中劫走，计划亲自押解。因此在吉安上疏请求朝廷调兵平叛，朝廷派遣安边伯许泰为总督军务，任总兵官，平虏伯江彬任提督官，左都督刘翚任总兵官，太监张忠任提督军务，张永任提督，谋划机密军务，并调查朱宸濠叛乱情况，以及清查处理库藏、官眷等事，太监魏彬任提督官，兵部侍郎王宪负责督办粮饷，前往江西讨伐叛军。行军途中，捷报已经传来，但为了争夺功劳，就秘密地请皇上亲自出征。皇上于是自称总督军务、威武大将军、总兵官、后军都督府、太师镇国公，亲征江西。朝廷大臣竭力劝谏，皇上不听，有人甚至被仗责而死。

江彬、许泰、刘翚、张忠、张永、魏彬等先领兵由大江至，入居城中，人马填溢衢巷，至不可行。乃倡言诬公始同濠谋反，因见天兵猝临征讨，始擒濠以脱罪，欲并擒公为己功。公于官军，慰劳有加，病者为之医药，死者为之棺敛，间自行抚，众心皆悦。初见彬辈，皆设席于傍，令公坐。公乃佯为不知，遂坐上席；转傍席于下，以坐彬辈。彬辈衔之，出语诮公。公以常行交际事体谕之，左右皆为公解，遂无言。公非争一坐也，恐一受节制，则事机皆将听彼，而不可为矣。

译文

江彬、许泰、刘翚、张忠、张永、魏彬等人率先领兵从长江赶至南昌，进入城中，人马拥塞大街小巷，水泄不通。他们就大肆诬陷先生当初与朱宸濠一起谋反，因看到朝廷大军突然前来讨伐，才擒获朱宸濠以洗脱罪名，准备把先生也逮捕起来当作自己的功劳。先生对朝廷派来的官军，悉心慰问安抚，有病的送给医药，死亡的给予棺木入殓，因此官兵们非常高兴。先生初次见到魏彬等人，他们把先生的席位安放在边上让先生坐，先生装作不知道，自然地坐在首席。反而把魏彬等人的席位安排在下面。魏彬等人因此怀恨在心，言语之间讽刺先生。先生只是平常心对待他们，左右的人都为先生讲好话，他们才无话可说。先生并不是为了争一个座位，只是担心一旦受到节制，什么事情都得听从他们，事情就不好办了。

又欲置濠湖中，待驾至列阵擒之，然后奏凯论功。公竟发南昌，数遣人追至广信，不听。戴星趋玉山，度草萍，上疏力止。以为："濠睥睨神器，阴谋久蓄，招纳叛亡，探辇毂之动静，日无停迹，广置奸细，臣下之奏白，百不一通。发谋之始，逆料大驾必将亲征，先于沿途伏有奸党，为博浪，荆轲之谋。今逆不旋踵，遂以成擒，法宜解赴阙下，式昭天讨。欲付部下各官押解，恐旧所潜布，乘隙窃发，或致意外之虞，臣死有余憾。况平贼献俘固国家常典，亦臣子职分。臣谨于九月十一日亲自量带官军，将濠并宫眷逆贼情重人犯督解赴阙。”

译文

他们又准备把朱宸濠放到鄱阳湖中，等皇上驾到，再列阵擒拿，然后高奏凯歌论功行赏。最终，先生亲自率兵押解朱宸濠从南昌出发，他们多次派人追至广信，先生并没听从他们。先生连夜通过玉山、草萍，并上疏极力劝止皇上亲征。他认为：“朱宸濠企图篡夺皇位，图谋已久，他招纳叛亡之徒，打探皇上车驾动静，各方安插奸细，从没停歇过，我多次劝告他，他一点也不能接受。他起兵叛乱时，预料皇上必定御驾亲征，已在沿途埋伏奸党，企图像张良在博浪沙派人袭击秦始皇、荆轲刺秦王一样刺杀皇上。现在叛贼转眼之间已被擒获，理应把叛贼押至朝廷，以表明这是上天对他的惩治。本来想把他交给部下官员押解，但是担心先前潜藏的叛贼余党，趁机劫取，可能出现意外，如果那样，臣就死有余憾了。况且平定叛乱，押解俘虏，献给朝廷是国家常法，也是为臣本分，臣谨在九月十一日，带领部分官军，亲自把朱宸濠和他的宫眷，与情节严重的叛贼一同押解至朝廷。”

行至广信，闻报，疏上不听。既抵杭，谓张永曰：“西民久遭濠毒，经大乱，继旱灾，困苦既极，必逃聚山谷为乱。奸党群应，土崩之势成矣。然后兴兵平之，不已难乎？”永深然之，徐曰：“吾此出，为君侧群小，欲调护而默辅之，非掩功也。但将顺天意，犹可挽回万一。苟逆之，徒激群小之怒，何救于大事？”公始深信，以濠付之。复上捷音，以为：“宸濠不轨之谋，已逾一纪。今旬月之间遂克坚城，俘擒元恶，是皆钦差总督威德，指示方略所致。”以此归功总督军门，以止上江西之行，称病净慈寺。

译文

走到广信，得知皇上没有听从。抵达杭州之后，先生对张永说：“江西百姓长期遭朱宸濠荼毒，经过此次战乱，又遭遇旱灾，极其困苦，必定逃到山中，聚众为乱。再加上奸党呼应，国家社稷土崩瓦解之势就要成形了。到那时候再兴兵平叛，不就更难了吗？”张永非常认同先生观点，慢慢地说：“我这次随从皇上出征，只是担心皇上身边那群小人作乱，想着陪在皇上左右暗中辅佐，并不是要争夺功劳。只有顺着皇上的心意，或者可以有挽回的余地。如果逆着皇上的心意，只是激怒了那群奸佞小人，对国家大事也于事无补啊？”先生这才信任张永，将朱宸濠交给他。又上疏报告获胜消息，说：“朱宸濠阴谋篡位已有十几年了，现在一月之内，就攻下城池，擒拿贼首，都是因为钦差大臣督军有方，指导有力，才得以成功。”先生意在把功劳归于总督军门，以阻止皇上到江西亲征。之后先生就称病在净慈寺修养。

张永在上前备言公尽心为国之忠之功，及彬等欲加害之意。既而彬等果诬公无君欲叛，上不信。又言此既不信，试召之，必不来，则可知其无君矣。上乃召公。公即奔南京龙江关，将进见。忠等皆失意，又从中阻之，使不见。公乃以纶巾野服，入九华山。永闻知，又力言于上曰：“王守仁实忠臣，今闻众欲争功，欲并弃其官，入山修道。”由是上益信公之忠。

译文

张永在皇上面前详细地讲述了先生尽心报国的忠心和功劳，以及魏彬等人加害先生的意图。不久魏彬等人果然诬告先生目无君主，想要叛乱，皇上没有相信。他们又说，皇上如果不信，可以召见他，他肯定不敢来，就可以知道他目无君主了。皇上于是召见先生，先生立刻奔赴南京龙江关，准备觐见皇上。张忠等人都没料想到，又从中阻挠，使皇上不召见先生。先生于是戴着纶巾，穿着百姓衣服，进九华山修道去了。张永听闻这个消息，又竭力向皇上进言：“王守仁确实是一个忠臣，现在听说众人想与他争夺功劳，他想连官职也辞去，入山修道。”因此皇上更加相信先生的忠心。

公复还江西视事，西人皆家肖公像，岁时报祀，犹夫赣焉。

译文

先生又回到江西处理军政事务，江西百姓都在家中张贴先生画像，每年按时祭拜，和南赣的百姓一样。

十五年闰八月，四乞省葬，节奉旨：“王守仁奉命巡视福建，行至丰城，一闻宸濠反叛，忠愤激烈，即便倡率所在官司，起集义兵，合谋剿杀，气节可嘉。已有旨着督兵讨贼，兼巡抚江西地方。所奏省亲事情，待贼平之日来说。”故复领巡抚事。江西兵残之余，宗室人民凋敝之甚，官府衙门、居民房屋烧毁殆尽。公为之赈恤，绥劳抚定，奏免租税。又将城中没官房屋，及濠违制宫室，与革毁一应衙门。皆修改为公廨。濠占夺民间田地、山塘、房屋，遵奉诏书，给还原主管业。其余照依时估变卖，价银入官，先尽拨补南、新二县兑军，淮安京军折银粮米，及王府禄米，余羡收贮布政司，用备缓急。

译文

正德十五年闰八月，先生四次请求回家祭拜祖先，然后接到圣旨说：“王守仁奉命巡视福建，行到丰城，一听说朱宸濠叛乱，忠心愤慨，立刻带领所部兵马，召集义兵，奋勇杀敌，气节可嘉。已下旨派守仁率兵讨伐叛贼，兼任江西巡抚。所奏的省亲一事，等叛贼平定后再说。”因此先生又担任巡抚一职。江西战乱之余，民生凋敝，官府衙门和居民房屋几乎都被烧光；先生尽力体恤救济，尽量安抚慰问，并上疏请求免去租税。又把南昌城中没收入官的房屋、朱宸濠违规建造的宫殿和已遭受毁坏原来的衙门，修复之后都作为官署。朱宸濠所强占的民间田地、山塘、房屋，按照诏书规定，都退还原主。其他财产按照当时价格，变卖充官，先尽量拨给南、新二县当作军饷。驻守淮安的京军，把军饷折成粮米，供给他们。宁王府剩余的粮食，由布政司执掌，以备将来之需。

是年□月，上晏驾。今上皇帝登极，特降玺书曰：“尔昔能剿平乱贼，安靖地方。朝廷新政之初，特兹召用。敕至，尔可驰驿来京，毋或稽迟。”于二十日，公驰驿起程。为辅臣所忌，潜讽科道建言，以为朝廷新政，武宗国丧，资费浩繁，不宜行宴赏之事。行至中途而返。道经钱塘，上疏恳乞便道归省。制曰：“可。”

译文

这年□月，武宗驾崩。当今皇上继位，特降敕书说：“念你之前平定贼寇，安靖地方，如今朝廷施政之初，特召你任用。接到诏书，立刻赴京，不可拖延。”二十日，先生迅速起程。辅臣忌恨他，暗中指使监察御史上奏，认为朝廷刚开始施政，武宗国丧，需要消耗大量钱财，不宜实施封赏宴饮事宜。”于是先生走到半路就返回了。经过钱塘，上疏请求顺路回家省亲。朝廷下旨说：“可以。”

升南京兵部尚书，参赞机务。又具疏辞免，慰旨益勤。本年十二月内，该部题为捷音事，议封公伯爵，给与诰券，子孙世世承袭赐敕，遣官奖劳慰谕，锡以银币，犒以羊酒。乃封公新建伯，奉天翊卫推诚宣力守正文臣，特进光禄大夫柱国，兼南京兵部尚书，参赞机务，岁支禄米一千石。三代并妻，一体追赠。

译文

后来升任南京兵部尚书，参赞机务。先生又上疏辞官，朝廷劝慰他安心任职。本年十二月，吏部上奏，因先生平定叛贼的功劳，建议赐封先生为伯爵，赐给诰券，让子孙后代都能继承，并派人前去慰问，赏给银两和羊酒。于是赐封先生为新建伯，奉天翊卫推诚宣力守正文臣，特进光禄大夫柱国，兼任南京兵部尚书，参赞机务，每年供给禄米一千石。对先生前三代祖宗和他们的妻子，同时追赠。

累疏辞免，欲朝廷普恩赏于报效诸臣。又极言举人冀元亨因说宸濠，反为奸党构陷狱中，以忠受祸，为贼报仇，抱冤赍恨，愿尽削己官，移报元亨，以赎此痛。先是，元亨在狱，又为移咨六部，申理其冤。及元亨死，又为移文湖广两司，优恤其家属。

译文

先生多次上疏辞官，希望朝廷恩赐其他报效国家的大臣。又极力陈述举人冀元亨由于劝止朱宸濠叛乱，却遭遇奸佞小人诬陷，被捕在狱，因忠受祸，含冤抱恨，这简直是替叛贼报仇。宁愿自己削官免职，换回元亨平安无事，以解缓内心悲痛。此前，冀元亨被关押时，先生曾多次向六部呈送咨文，申诉他的冤屈。翼元亨去世后，又向湖广两司呈递移文，要求从优抚恤他的家人。

元年，丁父海日翁忧，四方来游，其门益众。科道官迎当路意，以伪学举劾。服阕，辅臣忌公才高望重，六载不召。御史石金等交章论荐。礼部尚书席公书为疏，特荐公及石淙杨公曰：“生在臣前，见一人曰杨一清；生在臣后，见一人曰王守仁。”皆不报。

译文

嘉靖元年，先生为父亲海日翁丁忧服丧，各地前来跟从他学习的人日益增多。御史为了迎合当权者的意图，弹劾先生学说为伪学。服丧期满后，辅臣妒忌先生才高望重，六年都没召用他。御史石金等人多次上奏推荐。礼部尚书席书先生上奏特意推荐先生和石淙杨一清先生说：“比我年长的，只有杨一清一人；比我年少的，只有王守仁一人。”都没有批准。

丁亥，田州土知府岑猛之乱，提督都御史姚镆不克成功。张公孚敬拉桂公萼同荐，桂公不得已，勉从荐公。得谕旨，兵部奉钦依，差官持檄，授公总制军务，督同都御史姚镆勘处彼中事情。上疏辞免，举尚书胡世宁、李承勋自代，不允。上与杨公一清曰：“若姚镆不去，王守仁决不肯来。”遂令镆致仕。又降旨督趋赴任。旨云：“卿识敏才高，忠诚体国。今两广多事，方借卿威望，抚定地方，用舒朕南顾之怀。姚镆已致仕了，卿宜星夜前去，节制诸司，调度军马，抚剿贼寇，安戢兵民，勿再迟疑推诿，以负朕望。还差官铺马裹赍文前去，敦取赴任行事，该部知道。”

译文

丁亥年，田州土知府岑猛发动叛乱，提督都御史姚镆未能平息叛乱。张孚敬拉着桂萼先生一起举荐先生，桂萼不得已，勉强随张孚敬举荐了先生。圣旨下达后，兵部奉命派官吏手持敕书，任命先生为总制军务，与都御史姚镆一同处理相关事情。先生上疏辞去任命，推荐尚书胡世宁、李承勋代替自己，没有批准。皇上对杨一清说：“如果姚镆不离开，王守仁必定不肯前去赴任。”于是命姚镆退休，又下旨督促先生赴任。圣旨说：“你才识敏锐，忠诚报国。如今两广事务繁多，正要借助你的威望平定地方叛乱，以免除我对南方局势的担忧。姚镆已退休了，你可以星夜兼程赶赴田州，节制地方各官，调度兵马，安抚剿灭贼寇，稳定民心，不要再迟疑推诿，辜负我对你的期望。还派了专人带着文书前去，督促你赶快赴任，该部门已经知道。”

予时为光禄寺少卿，具疏论江西军功，及荐公才德堪任辅弼。上喜，亲书御札，并疏付内阁议。杨公一清，忌公入阁，与之同列，乃与张公孚敬具揭帖，对曰：“王守仁才固可用，但好服古衣冠，喜谈新学，人颇以此异之。不宜入阁，但可用为兵部尚书。”桂公知，遂大怒詈予，潜进揭帖毁公，上意遂止。公遂扶病莅任，沿途涉历访诸士夫，询诸行旅，皆云：

译文

我当时是光禄寺少卿，上疏讲述先生在江西的军功，并推荐先生才德足以担任辅臣职位。皇上很高兴，亲笔写下文书，送内阁商议。杨一清忌惮先生进入内阁，与他位居同列，就与张孚敬一起写揭帖，答复皇上说：“王守仁才能固然可用，但是他喜欢穿戴古人衣冠，讨论新学，人们都觉得非常怪异，不适合选他进入内阁，但可以任用为兵部尚书。”桂公知道这事后，痛骂我一顿，暗中写揭帖向皇上诋毁先生，皇上也就断了重用先生的念头。于是先生就拖着病躯去赴任，沿途所过之地他都要拜访当地士大夫，向行旅过客打探情况，他们都说：

“岑猛父子固有可诛之罪，然所以为乱者，皆当事诸人，不能推诚抚安以致之。”上疏谢恩，极言致乱之由，平复之策。

译文

“岑猛父子固然犯了该杀头的罪，然而之所以发生变乱，都是由于当权的人不能够诚心安抚他们导致的。”先生上奏感谢皇上知遇之恩，并讲述了产生叛乱的原因，平定的策略。

十二月，杨公一清与桂公萼谋，恐事完回京，复命见上，予与张公又荐之，上必留用。又题命公兼理巡抚。奉圣旨：“王守仁暂令兼理巡抚两广等处地方，写敕与他。”咨到，又力疏辞免，举致仕都御史伍文定、刑部左侍郎梁才自代，不允。建议大约以为进兵行剿之弊十，罢兵行抚之善十，与夫二幸四毁之弊。时布政使林富，纪功御史石金，皆以为然。

译文

十二月，杨一清与桂萼谋划，担心先生平定贼寇之后，回京复命，觐见皇上，到时我与张公又极力推荐，皇上必定留先生在朝任用。就又提议任命先生兼任巡抚。圣旨说："王守仁暂时命他兼任两广巡抚。"圣旨下达，先生又上疏请求去任命，并推荐已退休前都御史伍文定，刑部左侍郎梁才代替自己，没有批准。先生上疏提出进军剿灭的十大坏处、罢兵安抚的十大好处和二幸四毁的弊端的建议。当时布政使林富，纪功御史石金，都同意他的观点。

至南宁府，乃下令尽撤调集防守之兵，数日之内，解散而归者数万有余。湖兵数千，道阻且远，不易即归，仍使分留南宁、宾州，解甲休养，待间而发。

译文

先生到南宁后，下令撤走各地调来防守的军队，几天之间，撤回去的有好几万人。湖襄的几千兵马，由于路途遥远，不容易立即赶回，仍派他们分头驻扎南宁、滨州，解甲休整，等待机会行动。

初，思、田二府目民卢苏、王受等闻公来，知无必杀之心，皆有投生之念，日夜悬望，惟恐公至之不速。既至，又见防守之兵尽撤，投生之念益坚，乃遣其头目黄富等十余人先赴军门诉告。公论以朝廷威信，及开示更生之路。明日苏、受等皆囚首自缚，各与其头目数百人投见，号哀控诉。公复论以朝廷恩德，下苏、受于军门，各杖一百。众皆合辞扣首，为之请命。乃解其缚曰："今日宥尔一死者，是朝廷好生之仁，杖尔一百者，乃吾等人臣执法之义。"于是众皆扣首悦服。

译文

当初思州、田州二府的贼寇卢苏、王受等人听说先生要来，知道先生没有一定要剿杀他们的想法，就都有投降求生的念头，日夜盼望先生，唯恐先生来得太慢。先生到了之后，又看到先生撤掉全部防守军队，投降求生的念头就更加坚定，于是派头目黄富等十多人，先赶赴军门诉说他们的想法。先生申明朝廷的威信，并指明他们的再生之路。第二天，卢苏、王受等人把自己捆绑起来，与他们几百个头目一同来求见，都哀号控诉。先生又申明了朝廷恩德，把卢苏、王受押至军门，实施杖刑一百，众人都一同磕头，请求宽恕他们。于是先生解开捆绑他们的绳子说："今天之所以饶你一命，是因为朝廷有好生之仁；执行一百杖刑，是我们作为执法大臣所以该做的。"这时大家都磕头跪拜，心悦诚服。

公随至其营，抚定余众，莫不感泣，欢呼感恩，誓以死报，杀贼立功，以赎前罪。公复谕以："朝廷惟愿生全尔等，今尔方来投生，岂忍又驱之兵刃之下。尔等逃窜日久，家业破荡，且宜速归，完尔室家，及时耕种，修复生理，至于各处盗贼，军门自有区处，不须尔等剿除。待尔等家事稍定，徐当调发。"于是又皆感泣欢呼。遂委布政林富，总兵官张祐，分投安插，督令各归复业。

译文

先生随他们去叛军营地，抚慰其他余党，无不感激流涕，欢呼感恩，誓死相报，杀贼立功，以赎前罪。先生又一次申明："朝廷希望保全你们性命，如今你们正好前来投降求生，怎么忍心又把你们驱赶到刀剑之下呢？你们在外逃窜已久，家业衰落，应该早日回家，与家人团聚，及时耕种，恢复生计。至于其他各地盗贼，我们自有处置，不需你们去剿灭，等你们家事安顿之后，再慢慢调用派遣。"这时他们又都感激流涕，欢呼雀跃。先生派布政林富、总兵官张祐，分头安排，让他们各自回家，重振家业。

既而上疏，处置平复地方以图久安，宜仍立土官以顺其情，分土目以散其党，设流官以制其势。犹以土夷之心未必尽得，而穷山僻壤或有隐情，则又备历田州、思恩村落而经理其城堡，因以所以处之之道询诸其长目，率皆以为善。又询诸父老子弟，又皆以为善。然后信其可以久行，而反覆其辞，更互其说。请田州仍立岑氏后为土官知州，以顺土夷之情；特设流官知府，以制土官之势，分设土官巡检，以散各夷之党。又以田州既设流官，宜更其府名为田宁，盖取"田石倾，田州兵；田石平，田州宁"之谣。至于思、恩，则岑浚之后已绝，不必复有土官之设矣。

译文

过后又上疏道："为了保证这些地方的长治久安，应当仍然设置土官，以顺应当地民情，土官之下设置各个头目，以分散他们的力量，设置流官，以牵制他们的势力。"先生还认为当地百姓未必都能被感化，那里又是穷山僻壤，或许还有不可知的情况。又考察了田州、思恩的村落，提出城堡经营规划的方案，并拿这些方案向当地的首领头目咨询请教，都认为非常好。又向当地父老咨询请教，也都认为非常好。然后为了让朝廷相信这些办法能够长久施行，就重复向朝廷说明，请求在田州仍立岑猛后人担任土官知州，以顺应当地民情；特地设立流官知府，以牵制土官势力。分别设立土官巡检，来分散各个地方势力。又认为田州既然已设立流官，就应当更名为田宁州，大概取自"田石倾，田州兵；田石平，田州宁"的民间谣言。至于思、恩两州，岑浚的后代已绝，没有必要再设立土官了。

又按视断藤峡诸处瑶贼，上连八寨，下通仙台、花相诸洞，连络数十余巢，盘亘三百余里，彼此犄角，结聚凭险，流劫郡县，檄参将张经会同守巡各官集议。于是命浔州卫指挥马文瑞、永顺统兵宣慰彭明辅、男彭宗舜，保靖统兵宣慰彭九霄，辰州等卫指挥彭飞等，分兵布哨，以永顺土兵进剿牛肠等贼巢，保靖土兵进剿六寺等贼巢。先是贼酋诇知公住劄南宁，寂无征剿消息，又不见调兵集粮，遂皆怠弛，不以为意。至是突遇官兵，四面攻围，仓惶失措，擒斩贼酋及党与颇多。余贼退败，复据仙女大山。我兵追围，拔大缘崖，仰攻，复大破之。乘胜攻破油笮、石壁、大陂等巢。余贼奔至断藤峡、横石江边，我兵追急，争渡溺死者无算，斩获首从，俘获男妇牛畜器械等项不可胜计。

译文

又考察断藤峡各路贼寇，北边与八寨连接，南边与仙台、花相各洞相通，几十个巢穴前后联络贯通，绵延三百余里，彼此成犄角之势，结党集聚，凭借险要地势，四处抢劫郡县。先生命参将张经会同守巡各官前来集会商议。又命浔州指挥马文瑞、永顺统兵宣慰彭明辅和他儿子彭宗舜、保靖统兵宣慰彭九霄、辰州指挥彭飞等人，率兵分头行动。又命永顺土兵进剿牛肠等地贼寇，保靖土兵进剿六寺等地贼寇。此前贼寇首领探知先生驻扎南宁，没有兴兵征剿的消息，又没见到调集兵马，运送粮草，就都放松了警惕，不以为意。这时忽然遭遇官兵四面围攻，全都张皇失措，官兵趁机斩杀大量贼寇首领和党徒。剩下的贼寇败退后，又占领仙女大山，官兵穷追猛打，攻下大缘崖，继续向上进攻，大败仙女大山贼寇。又乘胜打败了油祥、石壁、大陂等地贼寇。剩下贼寇逃到断藤峡、横石江边，由于官兵紧急追赶，贼寇争渡溺水而死的无数，斩获了贼寇首领，俘虏的男女，缴获的牲畜器械等不可胜数。

还兵浔州府住劄，复进剿仙台诸贼巢，诸军吏各率永顺、保靖壮兵争先陷阵。贼又大败，奔入永安边界立山，将险结寨。乃摘调指挥王良辅并目兵彭恺等分路并进，四面仰攻。贼败散。命林富、张祐分投密调各目兵卢苏、王受等分道进剿，前后生擒斩获并俘获男妇头畜器械殆尽。

译文

官兵回师浔州府驻守，又进剿仙台各地贼寇，将领们各自带领永顺、保靖的精壮士卒，冲锋陷阵，大败贼寇。剩下贼寇逃到永安边界的立山，占据险要地势，安营扎寨。先生又指挥王良辅和彭恺等人分路同时进发，四面包围仰攻。贼寇溃败逃散。又命林富、张祐分头暗中调遣卢苏、王受等人兵马，分道进剿，前后擒获斩杀大量贼寇，几乎俘虏缴获所有的男女牲畜和器械。

以八寨之地据其要害，欲移设卫所，控制诸蛮。复于三里设县，迭相引带。亲临视思恩府基，景定卫县规则。盖南舟卫僻在广西极边之地，非中土之人所可居者，于是移筑于周安堡，当八寨之中，以阻扼其道路之冲，则柳庆诸贼不必征剿，皆将效顺服化。思恩旧在寨城山内，尚历高山数十余里，令移于荒田地方，四野宽衍之处，开图立里，用汉法以治武缘之众，夷夏交和，公私两便。移风化县治于虞乡，为立廨宇，属之思恩。于宣化、思龙地方，添设流官县治。是皆保治安民之要。增筑守镇城堡于五屯，以壮威设险。仍选取协守诸兵及附近土寨目兵，智略忠勇官一员，重任而专责之，使之训练抚摩。令参将，兵备等官，时至其地经理而振作之，则贼势自摧。将思、田分设九土巡检司，各立土目众所信服者管之，节疏奏请定夺。奉旨：

译文

由于这八个寨子是整个山区的要害，先生计划在那里设立卫所，借以控制各地蛮夷百姓。又在三里设置县治，彼此互相呼应。先生亲自视察思恩府，制定卫所与县治的建设规划。南舟卫在广西最偏远的地方，不是中原人能住的地方，于是就把它迁到周安堡，就在八个寨子的中心地区，以控制交通要道。这样柳州庆州的各路贼寇都不需要征剿，将自然顺服归化。思恩府官署之前在寨城山内，需要跋涉几十里山路才能到达，先生将它迁徙到宽阔平坦的地方，并且划区管理，用汉人法律治理蛮夷之人，让汉人与蛮夷相处和乐，公私两便。又把凤化县治迁到虞乡，并建设官署，隶属思恩府。在宣化、思龙添设了流官县治，这些都是安定百姓的重要举措。又令在五屯修筑了守镇城堡，以壮大声威与加强防守。从守卫的官兵与土寨中的士兵当中选拔一名智略忠勇的官员，委以重任，让他训练军队，保卫地方。命参将、兵备等官吏，时常到那些地方训导与鼓励他们，那么贼寇的势力自然会被摧毁。在思恩府与田州府分别设立九土巡检司，各自选取当地百姓信任的人去管理。先生上奏讲述了自己的意见，请朝廷定夺。不久传下圣旨：

“王守仁受命提督军务，莅任未久，乃能开诚宣恩，处置得宜，致令叛夷畏服，率众归降，罢兵息民，奇功可嘉！写敕差行人赍去奖励，还赏银五十两，纻丝四表里，布政司买办羊酒送用。”九月八日，行人冯恩赍至广城。是时公已卧病月余，扶病疏谢。而病势日笃，犹力惫视事。年十五岁时，梦中尝得句云：“卷甲归来马伏波，早年兵法鬓毛皤。”莫知其谓。至是舟至乌蛮滩，舟人指曰：“此伏波庙前滩也。”公讶然登拜，如梦中所见，因诵梦中诗，叹人生行止之不偶云。

译文

“王守仁受命担任提督军务，任职不久，就能开诚布公，宣扬朝廷恩德，处置得宜，如今叛乱的夷人顺服归化，率众投降，百姓得以安宁，的确功勋卓著，值得奖励！特地写下圣旨，派人送去嘉奖，并赏白银五十两，纻丝四表里，着布政司置办羊和酒给你犒劳享用。”九月八日，使者冯恩送到广城。这时，先生已卧病一个多月，强扶病体表示感谢。先生病情日渐加重，但仍然尽力处理公务。先生十五岁时，曾在梦中作诗，其中有句诗“卷甲归来马伏波，早年兵法鬓毛皤。”当时不明白什么意思。此时船行至乌蛮滩，船夫指着乌蛮滩说“这是伏波庙前的滩”时，先生才恍然大悟，上岸参拜伏波庙，与梦中所见情形一样，吟诵梦中所作诗句，感慨人的命运不是偶然的。

十月初十日，复上疏乞骸骨，就医养病。因荐林富自代。又一月，乃班师至大庾岭。谓布政使王公大用曰：“尔知孔明之所以付托姜维乎？”大用遂领兵拥护，为敦匠事。廿九日，至南康县，将属纩，家童问：“何所嘱？”公曰：“他无所念，平生学问，方才见得数分，未能与吾党共成之，为可恨耳！”遂逝。舁至南安府公馆而敛。柩经南、赣，虽深山穷谷，男女老弱，皆缟素，匍匐哀迎，若丧考妣。凡所过江西地方，行道之人，无不流涕者。

译文

十月初十日，又上奏请求辞官回家，就医养病。并举荐林富代替自己。又过一个月，才班师至大庾岭，先生对布政使王大用说：“你知道为什么孔明把蜀中大事托付给姜维吗？”王大用就领兵护卫先生，并且督促工匠准备棺木。二十九日，到达南康，先生临终时，家童问：“先生有什么要嘱咐吗？”先生说：“其他没什么挂念，只是我平生学问，才有所悟，还没能和朋友们一起完成，这才是最大的遗憾啊！”于是先生溘然长逝。先生的遗体抬到南安府公馆后才装殓。灵柩经过南赣地区，即便是深山穷谷的地方，男女老幼都身穿白色孝服，跪地匍匐迎接，好像父母死了一样。经过江西各地时，沿途过路人，没有不痛哭流涕的。

讣至，桂公萼欲因公乞养病疏参驳害公，令该司匿不举，乃参其擅离职役，及处置广西思、田、八寨恩威倒置，又诋其擒濠军功冒滥，乞命多官会议。先此张公孚敬见公所处岑猛诸子及卢苏、王受得宜，征剿八寨有方，奏至甚喜，极口称叹谓予知人之明。又述在南京时与言惓惓欲公之意曰："我今日方知王公之不可及！即荐于朝，取来作辅，共成天下之治。"桂公、杨公闻之，皆不乐，及嗾锦衣卫都指挥聂能迁诬奏公用金银百万，托余送与张公，故荐公于两广。余疏辩其诬，奉旨："黄绾学行才识，众所共知，王守仁功高望隆，舆论推重。聂能迁这厮捏词妄奏，伤害正类，都察院便照前旨严加审问，务要追究与他代做奏词并帮助奸恶人犯来说。黄绾安心供职，不必引嫌辞避。"下能迁于狱，杖之死。时予为詹事，桂公、杨公计欲害公，恐予在朝，适南礼侍缺，即推予补之。明年春，上将出郊，桂公密具揭帖奏云云。上遂允命多官会议，削公世袭公爵，并朝廷常行恤典赠谥，至今人以为恨。

译文

先生逝世的消息传到朝廷，桂萼本想利用先生请求养病的疏文，上奏皇上诬陷先生，让官吏故意隐瞒消息，不让皇上知道，并弹劾先生擅离职守，以及在处理广西思、田、八寨贼寇时恩威倒置，又诽谤先生擒拿朱宸濠时，滥冒军功，请皇上让众官商议。此前，张孚敬看到先生处置岑猛、卢苏、王受等人叛乱的事情恰当得宜，征剿八寨时也非常有策略，得到消息后也非常高兴，极口赞赏我懂得知人善任。张公又提到与阳明先生在南京时的谈话，有意要重用先生，并说："我现在才知道阳明先生是别人比不过的，应当马上把他推荐到朝廷担任辅臣，与我一齐治理天下。"桂萼、杨一清知道后，都不乐意，于是唆使锦衣卫都指挥聂能迁上奏诬陷先生用金银一百万两，托我送给张公，因此张公先生推荐先生为两广巡抚。我上疏辩白，皇上传下圣旨说："黄绾的学问德行，众所周知。王守仁功高望重，受到舆论的推重。聂能迁这厮，捏造事实胡乱上报，陷害忠良，着都察院按照先前所发的圣旨，严加审问，务必要追究给他代做奏词并从中作恶的奸佞小人。黄绾安心供职，不必引嫌辞避。"把聂能迁逮捕下狱，用杖刑处死。当时我担任詹事，桂萼与杨一清计划诬陷先生，担心我在朝廷，难以得逞，刚好南京礼部侍郎空缺，就举荐我去补缺。第二年春天，皇上将举行郊祭，桂萼秘密地写了揭帖上报皇上，陷害先生。于是皇上批准让百官聚会商议，免掉了先生的世袭伯爵与按惯例赠送的谥号，至今人们对此仍感到愤愤不平。

公生而天资绝伦，读书过目成诵。少喜任侠，长好词章、仙、释，既而以斯道为己任，以圣人为必可学而至。实心改过，以去己之疵；奋不顾身，以当天下之难。上欲以其学辅吾君，下以其学淑吾民，惓惓欲人同归于善，欲以仁覆天下苍生。人有宿怨深仇，皆置不较。虽处富贵，常有烟霞物表之思，视弃千金犹如土芥，藜羹珍鼎，锦衣缊袍，大厦穷庐，视之如一。真所谓天生豪杰，挺然特立于世，求之近古，诚所未有者也。

译文

先生天资聪颖过人，读书过目成诵。年少时喜好任侠尚义，长大之后，喜好词章之学和仙释之道，过后把成就圣人之道作为己任，认为圣人境界通过学习必定可以达到。先生实心改过，去除身上缺点，奋不顾身，共赴天下患难。向上，先生想用自己的学识辅助皇上，向下，想用自己的学识教化百姓，念念不忘希望人们归于正道，想用仁爱之心待天下苍生。别人对他有宿怨深仇，他都放在一边不作计较。即便身处富贵，也常怀隐逸山林之思。视千金如土芥，把布衣蔬食和锦衣玉食，穷庐草房和高楼大厦，都一样看待。真是天生豪杰，特立独行于世，是近古以来所没有的。

配诸氏，参议养和公讳某女，不育。抚养族子曰正宪。诸氏卒，继张氏，举一子正亿。适予女仅二周而公卒，遂鞠于余。以恩荫授国子生。孙男曰：承勋、承学，□□□□；孙女五。

译文

原配诸氏，是参议诸养和的女儿，不育。过继了族人的孩子，取名正宪。诸氏去世之后，娶了继室张氏，生一子，取名正亿。先生离世时正亿才两岁，我把女儿许配给他，就由我来抚养。以恩荫被授为国子生。孙子叫承勋、承学，□□□□；有孙女五个。

所著有《阳明集》《居夷集》《抚夷节略》《五经臆说》《大学古本旁注》及门人所记《传习录》。所纂则言诵而习者可知其造诣矣。

译文

先生著作有《阳明集》《居夷集》《抚夷节略》《五经臆说》《大学古本旁注》，和弟子记录的《传习录》。那些用心读书的人，能够从书中了解到先生在学术上的成就。

濠之变盖非一日，其蒸淫奸暴，腥秽彰闻，贼杀善类，剥害细民，招亡纳叛，诱致剧贼，召募四方骁勇，力能拔树排关者，万有余徒。又使其党王春等分赍金银数百万，造奇巧器玩，贿结内外大小臣僚。至有奏保其仁孝者，有复其护卫者，有备其官僚者，有为潜布腹心于各镇及畿内各要地，复阴置奸徒于沧州、淮扬、山东、河南之间。起事之日，号称一十八万，从之东下者，实八九万。非公忠义智勇，誓不与贼俱生，奚旬月之间，遂得克复坚城，俘擒元恶，以成宗社无疆之休哉？不特此也，南、赣等处，贼巢蟠居三省，积数十年，如池大鬓之俦，皆勇力机智绝人者，非先计除之，则宸濠一呼，风从乌合，其为天下祸，当何如也？且八寨为害，积几百年，思、田扰攘，亦既数年。一旦除而安之，文武并用，处置经画，皆久远之图。惜当路忌之既深，而南北臣又皆承望风旨，反肆弹劾。虽平日雅好公者，方公成功时，亦心害其能，考察之岁，承辅臣意，有功如邢珣、徐琏、陈槐、谢源等皆黜之，则国典之所以议功议能者安在哉！

译文

朱宸濠图谋叛乱，决非一日，他奸淫贪暴，无恶不作，谋害忠良，欺压百姓；招募亡命之徒和山中大盗，所招纳的各地骁勇之士，力能拔树排关之人一万余名。又派遣同党王春等人用几百万银两，制作珍奇古玩，分头贿赂勾结朝廷内外的大小官僚。以至于有人上奏保荐他仁孝双全，有人甘愿做他的护卫，有人甘愿做他的属官，有人为他在关键地区甚至京畿要地安插心腹，又暗中在沧州、淮扬、山东、河南一带安排奸恶小人。发动叛乱时，号称十八万兵马，随他向东进发的，实际有八九万。如果不是先生忠义智勇，发誓不与叛贼共存亡，怎能在一两个月之内攻克坚固城池，擒获元凶，使宗庙社稷长保安定呢？不仅这件事，南、赣等地，贼寇巢穴盘踞广东、广西、湖湘三省之间数几十年，像池大鬓那样的，都是勇力机智独绝的人，如果没有先用计除掉他们，那么只要朱宸濠一反叛，肯定都会投奔过去，那对天下的祸害，又会怎样呢？况且八寨贼寇危害百姓将近百年，思恩府、田州府的叛乱纷扰，也已多年。先生文武并用，很快就平定了叛乱，对那些地方的经营规划，都是经过深思远虑的。可惜掌权辅臣忌恨先生，南北进谏的大臣，又望风附和，大肆弹劾先生。即便那些平时欣赏先生的人，在先生平叛成功时也嫉妒先生的才干，在考察官吏时，按照辅臣的意图，把邢珣、徐琏、陈槐、谢源这些有大功劳的人都罢免不用，那国家典章制度评定功劳和能力的作用又在哪里呢？

予以女许公之子，盖悯其孤而抚之。汪公鋐因予诤张公大同之征，当别其善恶，不当玉石俱焚，张公怒，汪迎其意，劾予回护属官邹守益，难居大臣，调予边方参政。赖圣明复职。汪又为疏论公伪学，及指予皆为党邪不忠。予又为疏明诤大同之心，又明公学术之忠国，及予所以悯子许婚携抚，皆非得已。疏上，亦赖圣明拔之陷阱，因察公与守益之无辜。於乎！公既困屈，没齿尚尤不免，则公与予平生所期何如，而皆仅止此者，岂非天与命也？悲夫！

译文

我把女儿许配给先生的儿子正亿，是因为怜悯他年少丧父而想要抚养他。汪鋐由于我曾反对张公对大同的征伐，应该分别善恶，不应一概而论，玉石俱焚，张公大怒，汪鋐迎合张公心意，弹劾我回护属官邹守益，难居大臣之位，调我去边疆担任参政。幸好圣上英明，恢复先生官职。汪鋐又上疏说先生的学问是伪学，并指责我是伪学邪党，不忠于皇上。我又上疏说明之前我反对征讨大同的本意，又表明先生的学问是忠君报国的，以及我将女儿许配给先生儿子是为了抚养他，这些都是不得已才这样的。上疏后，幸亏皇上圣明释放邹守益，因此得知先生和邹守益是无罪的。唉！先生一生困顿，去世之后还不能免于被诋毁，那么先生和我平生所期望的又将怎样呢？最多也就到这个地步了，这难道不是天命吗？真是可悲啊！

子正宪、正亿，将以是年仲冬十一日奉公柩葬于洪溪之高村，为次其世行功爵。及所以致谤者，乞铭于宗工，幸怜而属笔焉，以备他日太史氏之择。谨状。

译文

先生儿子正宪、正亿，准备在今年十一月十一日，把先生安葬在洪溪高村，为了记载先生生平、功爵和被诋毁的缘由，请文学之士撰写铭文，所幸叫我执笔，我就写下这些，以备日后史官选择采摘！很谨慎地写下这篇行状。

祭文

亲友祭文（九篇）

石潭汪俊礼部尚书

惟公豪杰之才，经纶之业，习坎心亨，穷标峻揭。勋名既懋，德誉亦隆，阳明之称，走卒儿童。维吾兄弟，投分最早，坐或达旦，何幽不讨。忽谪万里，执手赠言，誓将结茅，待子云烟。公兹东来，曰予无乐，乐见故人，来践旧约。旗旐央央，流水弥弥，公私皇皇，或卧或起。乃重订约，其待予归，归将从容，山遨水嬉。公既奏凯，吾治吾馆。忽闻讣音，乃以丧返。呜呼！公有大劳，国史辉煌。公有心学，传者四方。公何以没，吾何以伤？交情未竟，公进此觞。呜呼哀哉！

译文

先生以英雄豪杰的才华，成就经纶天地的大业；潜心探究学问，创立继承千年绝学的学识。功勋昭著，道德文章也显名天下。阳明先生的称呼，连贩夫走卒和稚子儿童都熟悉。我们兄弟，最早缘分相投，曾经通宵达旦地讨论，无所不谈。先生突然被贬万里之远，临别执手，赠言告别，发誓在山中结茅居住，在云烟深处等待先生归来。先生归来之后，说自己没有其他乐趣，只是想见见以前的朋友，并实现往日的约定。旌旗烈烈，流水潺潺。公私繁忙，时而南山归卧，时而东山再起。于是再订盟约，待我归来。归来时必定心境从容，在山水之间嬉戏遨游。先生平定贼寇胜利之后，我正在书院讲授学问。忽然听到先生逝世的消息，回来的就已经是先生的灵柩了。先生为国立了非常大的功劳，这在国史中有辉煌的记录。先生提倡了精深博大的心学，传播到四方各地。先生为何如此早逝？我为何如此悲伤？交情未了，先生请饮了这杯酒吧！呜呼哀哉！

北原熊浃吏部尚书南昌人

於乎！公有安危，朝廷重轻。公有进退，世道升降。公有存亡，圣学晦明。公之生也，士如寐觉，民如醉醒。吏振循良之化，将知仁义之兵。寇贼奸宄，逆节不敢以复萌。譬如祥麟威凤，一见于海岳，群鸟百兽，率快睹以飞鸣。公之死也，士迷向往，民坏长城。吏肆贪残之虐，将无纪律之冯。不逞余孽，四方啸聚而横行。譬如山崩梁折，物害民殃，徒奔走而无宁。在昔江藩不轨，荷义举兵，谈笑而清。今几何年，元恶大憝，已湮没而无形。旷恩厚德，尚尔如生。方公之归也，幸其鳣堂载启，木铎扬声，斯文未丧，庶几有兴。其再出也，意其入秉钧衡，辅成圣德，岂期仗钺，不得一日立乎朝廷！翛然长逝，岂厌世浊之不可撄？抑天不憖遗，俾我民之失典刑。虽然，可尽者，公五十七年之身；其不可尽者，与天地相为终始之令名。豫章为公过化之地，浃等遥瞻灵榇，匍匐往迎。岂无昭假，以慰微诚。此又不得以天下哀而夺吾党私公之情。呜呼哀哉！

译文

呜呼！先生的安危，对朝廷来说举足轻重。先生的进退，关系到世道的兴盛和衰落。先生的存亡，涉及到圣学的昌明和没落。先生在世时，使士子学人如梦初觉，黎民百姓如醉初醒，官吏懂得坚守本分，将领懂得仁义用兵。贼寇乱党，不敢再生非分之想。先生如同麒麟和凤凰，一旦出现在高山深海之上，百兽群鸟都为了亲眼看到而飞奔鸣叫。先生逝世后，士人失去了方向，百姓失去了保障。官吏大肆贪虐残暴，似乎没有法纪准绳。叛贼余孽，又在各地啸聚山林横行霸道。如同泰山崩殂，梁柱折坏，百姓受殃，四处奔走却永不安宁。当年朱宸濠叛乱，先生高举义旗，兴兵平叛，谈笑之间，扫清叛贼；现在才过了多久，那些元凶首恶，早已灰飞烟灭。但是先生的大恩厚德，还永远存留在人们心中。先生平叛回家之后，重兴讲坛，弟子盈门，圣学传承，大有希望。先生再次出去做官时，想必定会执掌朝廷大权，辅佐皇上成就圣人功德，哪能想到先生戎马一生，却没有一天在朝廷中贡献力量！先生与世长辞，难道是厌弃世间浑浊而不愿久留吗？还是上天迁怒我们，使百姓失去贤哲吗？即便如此，逝去的只是先生五十七年的生命，永不磨灭的是先生与天地长存的名望。豫章是先生做官教化过的地方，我们远远看到先生的灵柩，匍匐迎接。难道没有祈祷祝告来表达我们的诚心吗？但又不能因为天下所有人共同的悲伤而掩盖我们的私交之情。呜呼哀哉！

诚斋汪鋐兵部尚书

惟公擅华国之文，奋匡君之节，怀希圣之心，彰伐叛之烈。一代之英，万夫之杰，追韩、范以驱驰，兼朱、程而教设。夫何梁木忽倾，台星俄折？章水咽而不流，楚云愁而四结。岂物理之乘除有数，抑造化之无常者不可以臆决？鋐叨继公后，亦惟遵公之辙。辱公深知，大惧累公之哲。不敢以公所不屑者而自屑也。旅榇摇摇，泻椒浆以荐洁。陈词未竟，自贻无穷之咽。

译文

先生有妙绝天下的文采，匡扶君主的理想；心怀成圣成贤的志向，建立征讨叛贼的功绩。真是一代英雄，万人中的豪杰。追寻韩愈、范仲淹的遗风而驰骋文坛，承袭朱熹、二程的学说而设立教化。为何梁木突然倾倒，巨星突然陨落？章水呜咽而断流，楚云悲愁而汇集。难道是万事万物都有定数，还是造化无常不是人心所能臆断呢？我跟随先生，也遵循先生的教诲。有幸先生对我有深刻的了解，但又担心拖累先生的圣哲。我不敢把先生所不在乎的东西，自己却看重。先生的灵柩沿途历经波折，只能用酒浆来祭奠您了。忧心不能尽诉，自己呜咽不止。

胡东皋四川廉使

呜呼哀哉！公其可死乎？母太夫人，孰为之养？茕茕遗孤，孰为之抚而成之乎？其大者，圣明尧、舜，方倚公为皋、夔；四方未甚迪乱，正倚公神武之功以镇定之，而公其忍死乎？又其大者，圣学不明，几千百年于兹，赖公良知之学以昭揭之，虽其妙契独得，亦天之有意于斯世斯人，故属公以先知先觉之责。公之门人满天下，固不无如颜、如闵、如参、如赐者出于其间，足以继往开来，永公之传于不朽；然公不及亲见其道之大明、大行于天下，公其忍死矣乎？呜呼哀哉！虽然，功在社稷，道在人心，文章在遗书。母老子幼，而有二仲之贤为可恃。且死王事，公复何憾？予又安得戚戚于生死之间乎？独相去万里，不得执手永诀，亲视含禭，为可恨耳！兹以兵事就道，临风一奠，以寄吾哀，而万一之私，曷其有涯也邪？

译文

呜呼哀哉！先生怎么能就此离去了呢？母亲太夫人，谁来赡养？遗孤幼子，谁来养育成人？从大的方面来说，像尧舜一样圣明的皇上，正正需要先生的辅佐来实现像皋夔一样的功业；各地的叛乱还没有完全平定，正需要先生的神武之功来平息，先生难道就这样忍心离去吗？从更大的方面说，千百年来圣学还没有昌明，正需要先生的良知之学来发扬；虽然先生心神妙契，独自领悟，但也是上天眷顾，，把先知先觉的重任托付给您。先生门生满天下，固然会有些像颜回、闵子骞、子贡、曾子那样的人才出自门下，能够继往开来，让先生的学说传承不朽；但先生还没来得及亲眼看到您的学问昌明盛行于天下，先生忍心就这样离去吗？呜呼哀哉！虽然如此，先生功劳在社稷之中，道德学问在人心之中，文章在遗留的书稿中。您母亲年老、儿子又小，幸好有二位贤良的弟弟可以照顾他们。先生为国事而死，又有什么遗憾的呢？我又怎能为先生的离去而戚戚于心呢？只是远隔万里，不能握手诀别，亲自看到先生离去，实在遗憾！我因军务即将出发，只能临风祭奠，寄托哀思，可心中的怀念之情哪有边际呢？

徐玺

呜呼！先生有汲长孺之直，而辞不至于戆；有张晋公之忠，而谋不至于疏；有朱晦庵、陆象山之读书穷理、颖悟直截，而存心致知，不至于偏废。方其夷江左之大难也，浩然归志，自谓得所欲矣。及闻百粤之乱也，应召而起，履险若夷，功以时建，大彰德威。中道而殒，舆榇以归。呜呼！先生而止于斯耶？吾子曰爱，受教门下，先生爱重，匪特亲故，先十年而卒，先生哭之恸。孰谓吾今之哭先生，犹先生之哭吾子也！呜呼痛哉！寿夭天也，生顺死安，吾岂为先生憾！然朝廷失重臣，斯文失宗主，幼子失所怙。呜呼痛哉！敬陈薄奠，聊寄痛哀。魂兮耿耿，览兹永怀。

译文

呜呼！先生像汲长孺一样正直，但言辞又不过于刚直；像张晋公一样忠心，但谋略却毫不生疏；像朱晦庵、陆象山那样能够读书穷理，聪颖有悟性，但在存心养性和致良知方面，又不至于偏废。当您平定江西叛乱之后，浩然退隐山林，觉得终于得到了想要的生活。一听到粤西叛乱，又被起用出来平叛，历经艰险却如履平地，建功立业而彰显威德。返回途中溘然长逝，最终以灵柩归乡。呜呼！先生就这样离世了吗？我的儿子徐爱，受教于先生，先生关心看重他，不只是因为有亲戚关系；可惜他十年前就去世了，先生为此非常悲恸。我今天为先生恸哭，就像先生为我儿子恸哭一样！呜呼痛哉！死生自有命，生则顺应，死则安心，我难道是为先生感到遗憾吗？但是朝廷失去了重臣，圣学失去了宗师，幼子失去了依靠。呜呼痛哉！恭敬地置备微薄祭品，聊以寄托哀痛之情；先生英魂还在，会理解我永远怀念的心情！

储良材巡按御史

呜呼！先生勋业文章，声光荣遇，夫人能知之，亦能道之，夫复何言！客岁云暮，柩临南浦；良材等载奠载奔，小大莫处。想其道玉山，历草萍，东望会稽，先生故里也，摇摇旅魂，庶其宁止。呜呼！异土之殒，数也；首丘之敦，仁也。数以任其适然，仁以归于至当。君子也，尚何言哉？

译文

呜呼！先生的功勋文章，道德声望，人们都知道，也都在传颂，我还有什么可说的呢？岁末的傍晚，先生灵柩达到南浦；我们一边祭奠一边奔忙，片刻未曾停歇。想像先生的灵柩将要路过玉山，历经草萍，向会稽而去，会稽是先生的故乡呀。路途遥远，英魂终于可以安息了。呜呼！先生客死异乡，这是天命；最终魂归故里，这是仁心。天命决定的，就应该顺其自然；仁心驱动的，就应该安排妥当。先生是真君子，还有什么可说的？

储良材

呜呼！濂、洛云逝，斯道攸印。公启绝学，允协于中。钥蔽发蒙，我知孔良。允文允武，绥我四方。四方既同，公归江东。童冠二三，春风融融。岑寇匪茹，跳梁三纪。维公来止，载櫜弓矢。南夷底绩，公既弥留。人百其哀，况我同俦。小人靡悱，君子曷宗？羞我黄流，为天下恸。呜呼哀哉！

译文

呜呼！自从濂溪先生与二程逝世，心学才开始发扬。先生开启绝学，印证心中真实的体会。开启被蒙蔽的内心，彰显良知。先生文武双全，平定四方。四方安定，回到江东。二三弟子，如沐春风。敌寇岑猛，叛乱已数十年。先生兵马一到，战乱马上平息。平定南蛮后，先生已经病危。逝世后，天下共悲，何况作为朋友的我呢。普通老百姓心有所感但是无法表达出来，君子又应该效法谁呢？一杯薄酒作为祭奠，为天下失掉这样一位宗师而悲恸。呜呼哀哉！

王尧封右副都御史

呜呼！先生以纯粹之资，刚毅之气，通达之才，雄浑之文，心得之学，今焉已哉！方其抗逆竖也，而奸党息；歼叛宗也，而天下安；化瑶、僮也，而边夷格。帝念厥勋，爵位载锡，声光洋洋，簪缨奕奕，今焉已哉！方令圣明在上，励精唐、虞之治，天奚夺之速，而顾不想憖遗，以共弼厥成耶？呜呼！天宇茫茫，至难谌也。寒螿唧唧于月砌，鸾凤沦没于岑丘，蕙兰靡靡于蔓草，赍葹蕃盛于道周。慨物运之不齐，于天道乎奚尤？於乎先生，其已焉哉！尧封等竞陈词兮酌醴，灵仿佛兮淹留。

译文

呜呼！先生凭借纯粹的天资，刚毅的气节，通达的才能，雄浑的文章，独到的学识卓然独立，如今都已成过去！他抗争权奸小人，奸党就消停了；平息宸濠叛乱，天下就安宁了；教化蛮夷之族，民风就淳厚了。皇上念他的功德，赐封他爵位与厚禄；当时声誉日隆，喜气洋洋的样子，现在都已成过去！如今皇上圣明，准备像唐、虞一样励精图治，上天为什么这么快就夺走了先生呢？为什么不留下先生这样的元老，一起辅佐皇上共成大业呢？呜呼！天命茫茫，难以揣测。寒蝉在月下哀鸣，鸾凤在岑丘沉没，蕙兰在蔓草中零落，杂草在路边丛生。万物的命运本就如此参差不齐，又何须怨天尤人呢？呜呼！先生，一切都已消逝，我等吟诵诗文，斟满酒杯祭拜先生，先生的英灵好像为我们而停留。

王畤

呜呼！先生排奸触忌，忠则烈矣；蒙难考贞，节则甘矣；戡乱靖戎，功则懋矣；修辞立教，文则崇矣；抝谦下士，德则允矣；明诚合一，道则章矣。忠足以名世，而孤忠谀簸弄之党；节足以名世，而夺循资固宠之习；功足以名世，而基社稷无疆之休；文足以名世，而洗杜撰凿空之陋；德足以名世，而动凌高厉空之志；道足以名世，而破支离偏曲之学。然则先生之生也，虽谓其随之以存；先生之死也，孰谓其随之以灭？如有作者，其不可及已夫！呜呼先生！

译文

呜呼！先生排斥奸党而遭遇忌恨，真是忠心刚烈；遭受冤屈却坚贞不移，真是气节高尚；平定叛乱，安抚边疆，真是功勋卓著；著书讲学，倡导教化，真是文名远播；礼贤下士，真是德行高超；明诚合一，真是道行彰著。忠心足以显名当世，使那些挑拨是非的人为之羞愧；气节足以显名当世，能够改变世上居功争宠的风气；功劳足以显名当世，能够永保社稷的安定；文章足以显名当世，能够一洗杜撰虚浮的文风；德行足以显名当世，让那些志大才疏的人物感到惭愧；学问足以显名当世，让那些支离偏曲的学说不攻自破。先生在世时，这些都随先生而存在，先生逝世了，谁敢说这些就随先生而离去吗？就算有所作为的人，也赶不上先生啊。呜呼先生！

有司祭文（三篇）

吉安府知府张汉等

於乎！先生弘毅刚大，履险涉崎，忠孝文武，为学者师。任崇正黜邪之责而功同孟氏；合知行动静之一而道传子思。问罪兴师，堂堂豫章之阵；而怀来安辑，正正百粤之旗。方南仲奏春风之凯，而武侯星殒；乃龙蛇遘康成之梦，而学者兴悲。"六经"之迷途谁指？明堂之梁栋谁支？谁作万里之长城？谁窥一贯之藩篱？岂非天夺朝廷之杨绾与吾党之濂溪？汉等晚生末学，敬仰光休。知庐陵望邑，为先生过化旧邦，而流风余韵，为先生之山斗门墙。溯姚江而源流滚滚，瞻五岭而云树苍苍。讣闻螺浦，悲伤旁皇。徒使吾党德铏道范之望，付之于无何有之乡！有奠椒浆，有泪淋浪，临风载拜，先生其来尝。

译文

呜呼！先生您宏博刚毅，备尝艰辛，忠君孝亲，文武双全，是士人学者的导师。您以弘扬正气、遏制邪心为己任，功绩有如孟子。您倡导知行合一，动静有常，学问传承于子思。在江西兴兵讨贼，军威大振；在广西安抚叛乱，部伍整齐。当您像南仲一样凯旋时，却像诸葛武侯一样将星陨落了！龙蛇传梦大限将至，士子学人顿感悲伤。唉！"六经"的疑惑谁来指点？社稷明堂又由谁来支撑？谁能作国家的万里长城，谁能体会孔子一贯之道的精神？难道是上苍夺走朝廷的栋梁、学者的导师吗？我等晚生后学，敬仰先生的道德文章。知道庐陵是先生曾经为官教化过的地方，先生虽然离去，但是您教化的影响，却永远存在。远眺姚江，江水滔滔不绝；遥望五岭，云树苍苍不辨。噩耗传来，悲伤彷徨。我们道德文章的宗师，就这样归于虚无了。薄酒一杯，涕泣连连，临风长拜，望先生来尝。

南昌府儒学教授廖廷臣等

惟公以心会道，倡学东南；以义兴师，讨平逆藩。天子曰都，爰锡公爵。四方景之，泰山乔岳。公方东归，江汉龙飞。冀公凭翼，道与时熙。固天下之延颈，实我公之优为。讵意百粤群丑，弄兵潢池。佥曰平之，匪公弗宜。拜命南征，蛮方丕叙。经略弥年，委身劳瘁。连章乞归，公疾乃革。天不憖遗，斯文之厄。呜呼！公之功业，似若未竟；公之道德，曷系存亡。盖功虽以存而建，道不以死而弗彰。公无憾矣！

译文

先生用心领会大道，在东南弘扬学问；兴仁义之师，平定朱宸濠叛乱。天子大加赞赏，加官晋爵，四方民众像泰山一样景仰先生。先生从东方凯旋时，江汉上龙蛇飞舞，期望您来驾驭，使您的学说在当代兴盛。百姓们翘首而望，这全是先生功劳卓越，利在当时，泽被后世。不料广西蛮夷叛乱，再起兵刀，朝臣都说征伐安抚，除了先生没人合适。先生受命南征，蛮夷马上安定。先生在广西经营规划数年，身心疲惫。屡次上书乞归未获恩准，病情加重。上天不把先生留下，这圣学的损失。呜呼！您的功业似乎还没完成；但是您的道德文章，又怎会磨灭消亡？虽然功劳事业只在您在世的时候才能建立，道德文章却不会因为您的离去而不彰显。您可以死而无憾了！

玉山知县吕应阳

呜呼哀哉！铜柱标伏波之勋，岘碑堕羊公之泪。呜呼哀哉！明堂遗栋石之思，稽山还英灵之气。呜呼哀哉！边陲罢锁钥之防，章缝夺蓍龟之恃。歼我哲人，岂其躬瘁？应阳等窃尝淑公绪论，恨未登其庭也。来吏兹土，闻诸异时，逆藩拂经，丕曰是膺，伊豪杰之奋义，实夫子之先声。不然，虽竭西江之水，未足以洗数年之兵。是则公之泽在天下，而西人再造于公，世世德也。灵輀何来，载疑载惊！今也号咷，昔也欢迎。我奠我奔，愿百其身。公乘白云，厥鉴孔神，而阳耿耿于平日者，犹未能尽鸣也。

译文

呜呼！铜柱铭刻着伏波将军的功勋，岘碑使羊公为之落泪。呜呼哀哉！明堂中留下了对国家柱石的思念，稽山之下先生英灵归来。呜呼！边疆失去了防护，圣学失去了宗师。是上天要使我贤哲殒命，不仅仅是因为他鞠躬尽瘁。我们曾经跟随先生学习，可惜在学问上未能登堂入室。到这里上任时，听说当年宁王叛乱，先生声讨他的罪行，豪杰们奋义兴师，都是因为先生率先倡议。否则，就算用尽西江水也洗不清连年的兵刀血迹。因此先生恩泽在天下，对江西人来说有如再造之功，世世代代当铭记先生功德。灵车驶来，我又疑又惊。以往都是夹道迎接，现在却是号啕大哭。我奔跑过去祭奠，如果能让先生复生，我愿死一百次去换取。先生已乘白云飞升，光芒照耀寰宇。我想念先生平日音容笑貌，还不能说尽呀！

门人祭文（十五篇）

顾应祥应良

呜呼夫子！天其悯俗学之卑陋，而生此真儒耶？何栽培之独厚也？其眷圣上之中兴，而生此贤佐邪？又何遽夺而使之不寿也？呜呼夫子！今不可作矣！斯道斯民，真不幸矣，夫复何言！夫复何言！尤所私痛者，妙道精义不可复闻，霁月光风不可复见矣。将使末学怅怅，可受而不可传邪。呜呼哀哉！敬陈远奠，封寄潺湲。盛德大业，言莫能名；至痛深悲，辞莫能宣！

译文

呜呼先生！上天怜悯俗学的卑微浅陋，才降生了先生这样的鸿儒吗？为何他的资质根基如此得天独厚呢？难道是上天眷顾皇朝的中兴，才生就先生这样力挽狂澜的人吗？但为何又这么快把他带走，不让他长寿呢？呜呼！先生永远地躺下了，我们的圣学、我们的百姓，真是不幸啊！还能说什么呢，还能说什么呢？私下里我尤其痛心的，是妙道精义再也听不到了；霁月光风再也见不到了。使我等末学惆怅无奈，先生的学问只可身教不可言传吗。呜呼！恭敬地祭奠您，怀念之情随流水远去。您的盛德伟业，言语难以形容。我的无限悲痛，言语也难以表达。

黄宗明

自道术为天下裂，而人不知其有己，忘内逐外，夸多斗靡，搜罗训诂，立世赤帜。孔孟既远，濂、洛亦逝。岂无豪杰，如草庐氏，觉彼暮年，精力随弊；金溪之学，为世大忌。惟我夫子，丰神凛异，少也雄杰，出入亦几。

鬼神通思，精识径诣，泛扫支离，收功一致。哀我人斯，开关启闭，良知之说，直截简易。无俟推求，无不该具。顺我良知，行罔或悖。逆瑾扇惑，言官尽系，公触危机，从容就理。谪官蛮貊，艰难罔踬。汀、赣贼起，公握兵符，犷狡既殄，老稚歌呼。藩王称乱，海内忧虞。夫子倡义，一鼓献俘。岑氏构祸，东南驿骚，五六年间，财耗兵逃。公抚循之，鞭笞其豪。事适机宜，畏威怀德，出其死力，裹粮灭贼。八寨奇功，神武难名。十年命将，手提重兵。人曰劳止，驰驱靡宁，先生再至，寂无军声。讲学其间，朝夕靡停；运筹决策，贼以计平。出入两广，瘴疠伤生；积成疾疢，中道殒倾。

译文

自从天下学问分立，各执一词，莫衷一是，人们已忘记自己本心，放弃对自我的认知而去追逐外在的字句，夸耀口耳之学，搜罗各种经书注疏，标新立异。孔孟之道已随岁月远去，濂溪、伊洛之学也少见流传。难道就没有真才实学的人了吗？有草庐氏那样精思入理，可惜晚年精力不济；金溪先生独树一帜，可惜为世人所不容。只有阳明先生，神采奕奕，天生异禀，少年时就展示出雄杰之气，涉猎广博，融会贯通。思通鬼神，直指宗旨，收拾末学的支离残破，使学术归于一统。怜悯我们凡夫俗子，开启我们的智慧，创立良知学说，直截了当。不需向外推求，良知无不备具，顺从良知，行为自然不会悖乱。奸贼刘瑾蛊惑人心，谏官都被下狱问罪。您不顾自身安危从容淡定地进行反驳。因此被贬到南蛮荒芜之地，历尽艰辛。汀、赣叛贼蜂起，您率军平叛，安定之后，百姓欢呼。藩王叛乱，国人忧愁，您举起义旗，一鼓作气，破城俘敌。岑猛谋反制造祸端，东南地区动荡不安，五六年内，军费消耗，士卒逃亡。您安抚叛贼，平定了叛乱，只是对贼首施以鞭刑，处理恰当，蛮夷既畏惧您的威严又感戴您的恩德，愿出死力，竞相杀贼。在八寨您多次立功，用兵如神，难以形容。多年作战，调兵遣将，军旅劳顿，人们都希望您停下来休息，您却继续驰骋疆场。先生再入边地，当地已无杀伐之声。您又在征讨期间讲学，日夜不停；神机妙算，贼寇中计被荡平。出入两广，身患重病，积劳成疾，中年去世。

於乎痛哉！夫子之教，如揭日月；人方瞻仰，斯文遽绝。夫子之忠，功在社稷；身死未几，谗谤交集。世路险巇，人言易讹。命也如何，忧患实多。某自服膺，十有余年，奔走畏途，旧学就捐。孤负教育，谁执其愆？今兹矢心，昕日勉旃，启夕跽奠，号呼旻天。明发赴官，敢附告焉。呜呼哀哉！

译文

呜呼！太悲痛了！先生的教诲，好像指示日月一样明白了当；正当人们景仰您时，您却逝世了。先生的忠心和功绩，彪炳史册，但尸骨未寒，流言蜚语便已丛生。世道险恶，人心难测。先生命途多舛，忧愁繁多！我自从服膺先生，向先生请教学习，已十余年。每日奔走在险恶的世路之上，所学之道已差不多都忘记了。辜负了先生的教诲，这究竟要怨谁呢？现在我要下定决心，每天勉励自己学习。晚上出来祭奠您，我仰天痛哭。明早我要出发赶赴任所，特此报告先生。呜呼哀哉！

魏良器

呜呼先生！遽止于斯邪！振千年之绝学，发吾人之良知，靡用志以安排，曷思索而议拟？自知柔而知刚，自知显而知微。挽人心于根本，洗末学之支离。真韩子所谓功不在禹下，障百川而东之。使天假先生以年，大明此道，斯世殆将皞皞而熙熙。於乎！曾谓先生而遽止于斯邪？壬癸甲乙之岁，坐春风于会稽，先生携某于阳明之麓，放舟于若耶之溪，徘徊晨夕，以砭其愚而指其迷。已而已而，今不可得而复矣！呜呼！天果有意于斯道耶？何啬我先生之期颐？天果无意于斯道耶？则二三子在焉，苟不忘先生之教，其传犹或可期。洋洋如在之灵，尚其阴骘而默相之。於乎！章江之水，其流汤汤，既羞我殽，爰荐我觞，睹灵輀之既驾，怆予衷之皇皇！

译文

呜呼，先生！您就这样溘然长逝了！重振千年绝学，启发我辈良知；您不需特意用心安排，也不需要刻意思索讨论，就能从显知微，从柔知刚。

从根本上挽回人心，一扫末学的支离破碎。正如韩愈所说的功绩不在大禹之下，像引导百川东流归海一样。如果上天让先生长寿，昌明心学，太平盛世就指日可待了。呜呼！谁想到先生就这样溘然长逝了？回忆壬癸甲乙年，在会稽山畔，弟子们如沐浴春风，您带着我们畅游阳明山麓，泛舟若耶溪中，在晨曦晚霞中，谆谆教诲，指点迷津。不说也罢，不说也罢，如今再也没有这样的机会了！呜呼！上天真的有意弘扬先生的学问吗？可为什么又不使先生长寿呢？上天真的无意弘扬先生的学问吗？但是我们弟子们不忘先生的谆谆教导，或许可以把先生的学问发扬光大。希望您在天之灵，暗中护佑和监督我们吧！呜乎！章江之水，浩浩荡荡；摆上供品和薄酒，请先生品尝，看到灵车慢慢启动，我心悲痛彷徨。

应典

维公学承千圣之传，道阐诸儒之秘。立言垂训，体本良知，功归格致。修齐治平，一言以蔽。将刊末学之支离，司二教之同异，总摄万殊，归之一致。进以觉夫当时，退以淑诸来裔。彼忠谏之动朝廷，勋业之铭鼎彝，文章之被金石，世之君子或以为难，在公则为余事耳。方奉命以南征，为朝野之毗倚。胡天命之不延，乃一朝而云瘗。典等受教有年，卒业无恃；恸候江干，泪无从止。呜呼！公虽已矣，神其在天，文未坠地，庶几有传。握椒兰以荐心，指江流而誓焉。惟逊志以无负，庶歆格乎斯筵！

译文

先生的学问道德，继承了千古圣贤的真传，阐释了诸儒学问的奥秘。讲学教授，以良知为本体，格物为妙用，修身齐家治国平天下，“致良知”三字就全部囊括了。矫正末学的支离破碎，辨析儒释二教的异同。整理各种学说，引导天下学术归于一致。进可以觉悟当世学人，退可以惠及后世苍生。忠心进谏震惊朝廷，功勋卓著铭刻鼎彝，文章学问流传后世。这些对当世的君子来说，或许是非常困难的，但对先生来说，不过是闲暇余事。您奉命南征时，朝野倚重。为何天命不长，而一朝离世？我们受您教导已有多年，现在没有依靠难以完成学业。江边痛哭，泪流不止。呜呼！先生虽已逝世，但神灵在天，精气长存，道统不会因此失传。手持香草聊表寸心，手指江水对天发誓。我们一定会继承您的遗愿，完成您未竟的事业。略备祭品，先生一定来品尝啊！

栾惠等

呜呼！乾坤孕秀，哲人降生。睿智间出，忠孝天成。多才多艺，天纵其能。精一之学，尧、舜是承。良知垂教，如梦得醒。四方风动，豪杰奋兴。云集鱼贯，日萃讲庭。岂其徒学，为国柱石。忠鲠立朝，不避权逆。窜逐夷方，优游自适。世态浮华，无能损益。玉蕴山辉，珠沉光溢。宸濠倡乱，人心惶惶；祸自萧墙，谁敢为敌？惟师威武，一鼓褫魄。功业既著，谗口交棘。师乃休休，退而自食，荣辱毁誉，弗留于臆。惟道不明，心焉则戚，与二三子，讲学是力。风月为朋，山水成癖，点瑟回琴，歌永其侧。天王圣明，旂常纪绩。西丑陆梁，日费千仓，凯功未奏，主忧宁忘？奉诏徂征，应时翱翔。既负重委，文德丕扬。先声按抚，弓矢斯张。丑类来归，缉缉洋洋。曰今已后，弗复敢攘。师乃识曰：兵加不轨，不杀投降；尔归王化，我岂尔戕？归完尔室，干乃农桑。亦有八寨，盗贼丛积。一罹其毒，朝不谋夕。开国以来，屡征弗获，选将用兵，曾何休息？贻祸非小，实伤国脉。窥望窃发，其机已迫。师轸民忧，不计失得，询谋佥同，便宜行策，神机应变，旬日剿贼。巢穴既空，疮痍荡涤，招抚流移，复其田宅。长虑永图，扶病区画。相彼夷方，随俗因革。爰立土官，分地授职。犬牙相制，世守疆域。保甲既严，部伍既饬，统于流官。庶无间隙，爰修文教，俾肆儒籍，变化夷族，实为美则。似兹哲人，邦其有光。苍生父母，后学梯航。宜应福祉，享寿无疆。胡天不悯，俾没瘴乡。王事忠矣，遗孤谁将？斯道之责，孰能担当？呜呼已矣！朝野悲伤。知夫子者，和气春阳；昧夫子者，如刺如铓。呜呼！道大难容，古今之常。爰有公论，孰为泯藏？惠等闻讣惊悼，涕泣沾裳；匪天丧师，二三子殃。百拜荐奠，聊泄悲肠。灵其不昧，庶几鉴尝!

译文

呜呼!天地钟灵毓秀,伟大哲人降生。睿智时常展现,忠孝本于天成。多才多艺,天赋异禀。精一的学问,继承尧舜。良知之说教诲众人,如梦初醒。四方为之惊动,豪杰为之振奋。如云集鱼贯一般,每日聚集到先生的讲庭。岂止讲授学问,先生还是国家柱石。忠心耿直,不畏权贵。贬到蛮荒之地,仍然优游自在。世态浮躁华靡,对先生毫无损益。先生品德高尚,风骨潇洒,如玉在山、如珠在水,光彩四溢。宸濠叛乱,人心恐慌,祸起萧墙之内,谁敢挺身而出。只有先生威武刚正,一鼓作气,旗开得胜。功劳卓著,小人却交口诋毁。于是先生归隐田园,清静自处,荣辱浮沉,毫不留意。只是圣学尚未昌明,深感忧虑。于是和几个门人弟子,潜心讲学论道,以风月为朋,游山玩水,自娱自乐。弟子们或鼓瑟或抚琴,在先生身旁吟咏歌唱。皇上英明,按照国家常典,奖励了先生的功劳。广西蛮夷叛乱猖獗,耗费国家粮草无数,叛乱未平,皇帝忧心,于是先生奉诏出征,应运出山,施展才华。既然身负重任,就应以德服人。因此先行安抚,然后出兵,于是蛮夷归顺,浩浩荡荡。他们都说:“从今而后,不敢再生事端。”先生安抚道:“武力讨伐只针对不守法度的人,不杀投降的人。你们已经归顺,我怎能再杀害你们?回家团聚,打理农活去吧!”还有八寨地方,盗贼非常张狂,一旦遭受他们祸害,就会朝夕不保。建国以来,虽然屡次征伐却未曾平定,调兵遣将,从未停歇。为祸不小,危害国家命脉。暗中找作乱的时机,情况十分危急。先生体谅百姓忧愁,不计个人得失,商议已定,便宜行事,神机应变,旬日之内剿杀寇贼。荡平贼巢,安定地方,安抚流民,复兴田宅。您从长计议,抱病奔走,根据蛮夷民情,随俗改革。设置土官,分区管理,犬牙交错,相互牵制,世代守护疆域。保甲制度严明,军队规划整齐,流官全权负责。土官流官合作管理,天衣无缝。于是振兴文化教育,宣扬儒家经典,同化蛮夷之族,成就经典范例。像您这样的贤哲,是国家的荣耀,黎民的父母,后学进步的阶梯。理应福禄无边,寿考无疆。为何天不遂人愿,使您客死瘴疠之地?您已为国尽忠,但是遗孤谁来抚养?圣学的责任,谁来担当?

呜乎！朝廷内外无限悲哀。熟知先生的人，都知道您像春风一样和煦；忌恨先生的人，却看您如针刺麦芒一样难受。唉！大道难容，古今如此。但是非自有公论，先生的光辉谁能够掩藏呢。我们听到噩耗，震惊哀悼，涕泣满裳，这不但是上天要带走先生，也是我们弟子的损失呀！拜了又拜，聊表悲伤。先生英灵有知，一定要来品尝。

王良知

呜呼已矣！自夫子没而乾坤无粹气矣，山岳无英灵矣，国家无柱石矣，弟子无依归矣。呜呼已矣！讵谓广南之役遂为永诀矣乎！夫子以道殉身，以身殉国，超然于寿夭之间，则亦何憾？而二三子之悲伤，则固无以自赎于今日也。呜呼哀哉！薄奠一觞，摛词伸忱，神其不昧，庶几来歆！

译文

呜呼！自从先生离世，天地间就没有了精气，山岳就失去了灵气，国家丧失了柱石，弟子失去了归依。呜呼！谁能想到广南之战就成了永别？夫子以道殉身，以身殉国，已经超越生死，死又有什么遗憾呢！但弟子们的悲伤，却无法释怀于今日。呜呼痛哉！薄酒一杯，略抒胸臆。先生神灵有知，请来品尝吧！

薛侃翁万达

呜呼！世有一长一善，皆足以自章明。而吾夫子学继往圣，功在生民，顾不能安于有位，以大其与人为善之心。岂非浅近易知而精微难悟，劣己者容而胜己者难为让耶？且自精一之传岐而为二，学者沦无滞有，见小遗大，茫无所入。吾夫子发明良知之说，真切简易，广大悉备。漫讦者疑其约，而不知随遇功成，无施不可，非枯寂也。拘曲者疑其泛，而不知方员无滞，动出规矩，非率略也。袭古者疑其背经，考之孔、孟，质诸周、程盖无一字一意之弗合。尚同者疑其立异，然即乎人情，通乎物理，未尝有一事一言之或迂，是大有功于世教圣门之宗旨也。盖其求之也，备尝艰难，故其得之也，资之深若渊泉之莫测，应之妙若鬼神之不可知。教之有序，若时雨之施，弗先弗后，而言易入，若春风煦物，一沾一长。其平居收敛，若山林之叟，了无闻识；其发大论，临大难，断大事，则沛然若河海之倾，确然若蓍龟之信而莫知其以也。世之议夫子者，非晏婴之知，则彭更之疑；非互乡之惑，则子路之不悦；非沮溺荷蒉之讥，则武叔、淳于髡之诋，用是纷纭，非夫子之不幸，世之不幸也已。侃也不肖，久立门墙而无闻。顷年以来，知切淬励。夫子逝矣，慨依归之无从，虑身世之弗立，郁郁如痴，奄奄在告，盖一年于兹矣。方将矢证同志，期奉遗训，尚赖在天之灵昭鉴启牖，使斯道大明于天下，传之来世，以永芘于无穷。是固夫子未尽之志也。灵輀将驾，薄奠一觞，衷怀耿耿，天高地长。於乎哀哉！

译文

呜呼！世人只要有一点长处善处，都足以发扬光大。但是先生学问承袭以往圣贤，功业惠及生民百姓，却不能安稳地处在朝廷高位，去光大他与人为善之心。难道不是浅显的容易学习但精髓的难以领悟吗？难道不是人们对不如自己的可以包容，对胜过自己的却不能谦让吗？自从“惟精惟一，允执厥中”之学分为两派，学者要么沦无滞有，要么见小遗大，茫茫然学问不知从何入手。先生阐发良知的学说，真切简易，广大具备。喜欢烦琐的人质疑它过于简约，却不知道它可以随遇功成，无处不能用，并非枯寂。拘泥浅陋的人质疑它过于泛滥，却不知道它可以方圆无滞，没有超出规矩之外，并非粗疏。食古不化的人质疑它违背经典，然而与孔、孟、周、程一验证，却没有一字一意相违背。同于流俗的人质疑它标新立异，但是它合乎人之常情和物之常理，却没有一事一言是迂腐的。这对儒教圣门有深远的好处。先生探索学问时，备尝艰辛，学有所悟之后，理解之深像深渊一样难以测量，应用之妙像鬼神之难以揣测。先生的教导先后有序，像时雨浇灌，不早不晚，恰到好处。言语又浅近易懂，像春风拂物，滋润万物成长。先生平时非常谦逊，好像山中老叟一样懵懂无知；但是当他发表高论，面临大难、处理大事，又像河水决堤一样气势宏大，果断干练，像蓍龟占卜一样准确可信，却不知道他怎么做到的。世上评价先生的人，不是像晏婴一样聪明，就是像彭更那样猜疑；不是像互乡门人那样疑惑，就是像子路那样不高兴；不是像沮溺荷蒉那样讥讽，就是像武叔、淳于髡那样诋毁，议论纷纷，莫衷一是。这不是先生的不幸，而是世人的不幸。我辈不肖，随从先生学习多年，但是没学到什么东西，近年来，才懂得努力。先生离世了，我感叹以后没有谁可以依赖了，想到学问修养不足以自立，郁郁寡欢，休假在家已经一年多了。正想邀志同道合之人立下盟誓，谨奉您的教训，望先生在天之灵，启发后学，使您的学问在天下发扬光大，传于将来，以永远保护人民，这是先生未完成的志向。灵车即将启动，捧上一杯薄酒，我沉痛的心情，有如天高地长。呜呼哀哉！

应大桂

呜呼！人知有先生之道，而或未尽得先生之教；人阴荷先生之功，而或未尽白先生之忠。己卯之变，吾不知其何如也，而谤固以随；交广之难，吾不知其何如也，而死竟以俱。呜呼！外吾教者斯仇，晦吾忠者斯妒，岂瘴疠之足尤，实气运之不扶。虎豹委于空山，豺狼号于当路。风雨嗟其何及？家园惨而谁顾？吾念先生之悟道也，以良知为扃钥！其收功也以格致为实际。体常秘于玄默，用实粲于经济。桂等犹及见先生之面，复密迩先生之居，虽未稔于耳提口授之下，或少得于神交契悟之余。方有待于卒业，而先生竟以若斯。痛先觉之早逝，怅末学其何依？幸门墙之无恙，或斯文之在兹。

译文

呜呼！人们听说过先生的学问，但未必都能得到先生的教导。人们暗中都受过先生的恩惠，但未必都明白先生的忠心。己卯年的变故，我不知道什么原因导致的，但是毁谤随之而来。交广之难，我不知道什么原因导致的，但是死亡也随之而来了。呜呼！排挤我们学派的以您为敌，掩盖我们忠心的又妒忌您；；难道只是瘴气和疾病的原因吗，实际是命运不济呀！贤人被弃置不用，小人却当权执政。风雨骤至而未作准备，家园破落而无人修整。先生悟道，以良知之说为钥匙，获得成效，以格致之说为实际。本体常常潜藏于玄远静默，妙用实则彰显于经世济民。我们曾面见过先生，又和先生居住的地方相隔不远，虽然没有得到过耳提面命的教诲，但偶尔也有心神交契的领悟。正期盼着完成学业，先生竟这样离去了。痛惜先觉者早早离去！叹息后学者谁可依赖！幸好门人弟子还在，或许您的学问传承就在我们身上。

刘魁

呜呼！夫子已矣，后学失所宗矣，生民失所望矣，吾道一脉之传，将复付之谁矣？虽然，人心有觉，德音未亡；俨门墙之在望，顾堂室之非遥。去意见之私而必于向往，扫安排之障而果于先登，是在二三子，后死者不得辞其责矣。归葬有日，筑室无期。临风遣使，有泪涟沛。嗟何及矣！矢志靡他，庶其慰矣！

译文

呜呼！先生离去，后生学者失去宗师了，黎民百姓失去了民望，我们心学一派的传承，托付给谁呢？即便如此，人心已经有所觉悟，您的德行威望并没消亡。俨然可以窥见先生学问的门径，登堂入室，未来可期。要除去私心杂念，必定要反思以往之非；要去除有为安排的障碍，必定要当机立断，捷足先登。这必定要由我们弟子来承担，不能推辞！先生即将归葬，入土时间未定，临风抒怀，涕泪涟涟。叹息悲哀！我的志向不会改变，先生您就宽心吧！

万潮

呜呼！古所谓豪杰之才，圣贤之学，社稷之臣，非先生其人耶？曩哭先生之柩于钱塘之浒，今拜先生之墓于兰亭之阳。吾道终天之恸，其何能已耶？潮早岁受知，不徒文字，循循善诱，孔孟我师。剖障决藩，直指本体，良知是致，一以贯之。谨服膺以周旋，若饮渴而食饥。悟大道之易简，信精一而无私。顾虽有觉而即在，实惟念兹而在兹。夙夜战兢，深惧无以奉扬先生之教，惟先生在天之灵，阴启予而终成兮！

译文

呜呼！古人所说，圣贤学问和社稷大臣，不就是先生吗？之前已在钱塘江畔先生的灵前痛哭，今天又来兰亭南面先生的坟前拜谒。我们整天的悲伤何能停止呢！我早年受先生教导，不只是文句词章，先生像孔孟一样循循善诱，解释疑惑，直指本体，良知之说，一以贯之。我恭敬地跟随学习，如同渴饮甘泉，饥食美味。领悟大道简易，体会精一无私。虽然能随时体察良知在心，但也要念念不忘，坚持不懈。夙兴夜寐，战战兢兢，唯恐不能弘扬先生的学说，希望先生在天之灵，暗中启发我终有所成。

张津等

惟我夫子，德本诚明，才兼文武。以践履为实，而厌俗学之支离。以广大为心，而陋专门之训诂。功夫启易简之规，指授辟良知之户。惟所立之甚高，故随在而有补。以之讲道，则化洽时雨之施；以之立朝，则仪渐鸿羽之楚；以之承诏奏，则右尹祈招之诗；以献君谟，则宣公独对之语。至于名振华夷，勋迈今古。季札观鲁，方陈南籥之仪。山甫徂齐，复正东方之虏。元恶之首既歼，丑类之俦咸抚。此则勇夫悍士，犹以为难，而夫子独谈笑于指顾。夫何中山之功甫就，俄盈谤箧之书。武侯之恨有余，辄动英雄之忾。一老不遗，万民何憷？天轴西驰，江声东吐，草正芳兮鸩鸣，日未斜兮鹏舞；叫台城兮云悲，抚钟阜兮烟锁。吁嗟夫子兮，固无所憾，而辱倚门墙者，不能不为终身之苦！学未传心，言徒在耳，忍观绝笔之铭，式奠临棺之祖。怅吾道之已穷，盖不知涕洒长空之雨。呜呼哀哉！

译文

先生道德本于诚明，文武双全，以践行为重，厌弃俗学支离破碎。格局广大，以拘泥于训诂为鄙陋。学问功夫注重从浅显处入手，指点传授开辟良知奥秘。理论从高处立足，所以随时都注重补益。用来讲道，如同时雨化育草木；用来施政，有威仪而能不以高位自累；用来应对召问，则强于尹祈招的诗赋；用来为君主筹谋策划，可媲美于宣公的言语。先生名震华夷，功劳冠绝古今。季札出使鲁国，才列出南籥的仪式；仲山甫来到齐国，解放东方的奴役。歼灭首恶，乱党一同招抚。如此功业，勇士强将都难以做到，而您却在谈笑之间完成。何以刚完成攻下中山国那样大的功劳，谗言诽谤就蜂拥而至？诸葛武侯的出师未捷身先死的遗憾尚在，不禁感慨长使英雄泪满襟。先生驾鹤西去，百姓何其痛楚！天宇西倾，江水东流，青草芬芳鹈鴂哀鸣，日未西斜大鹏飞舞；台城之云悲泣，钟阜之烟低回。呜呼先生！您固然没有遗憾了，但门下弟子，却不能不终身悲苦。您的学术我们还没有得到心传，您的教导还在我们耳畔回响。不忍看您的绝笔铭文，祭奠在您棺椁前。大道衰微，临风惆怅，不禁涕泪磅礴？呜呼哀哉！

王时柯等

呜呼！天惟纯佑，材生文武。学本诚明，道宗邹鲁，羽翼程朱，颉颃申甫。早掇巍科，筮仕天部。始谪龙场，直言忤主。九死不回，孤忠自许。继迁庐陵，人思召父。再擢鸿胪，荐登枢府。专阃分符，衣绣持斧。机密虑周，战胜攻取，芟夷洞寇，四民安堵。蠢兹逆藩，束身就虏。勤在王家，爵封南浦。瑶、僮相攻，赖公柔抚。茕独无告，赖公哺乳。民昔干戈，今豆且俎；民昔呻吟，今歌且舞。式遏寇攘，孰敢予侮？忧无西顾，殿有南土。丽日祥云，和风甘雨。山斗仰瞻，凤凰快睹。厥德斯懋，厥施斯普。人怀至今，公竟作古。意公神灵，翱翔天宇；在帝左右，为帝夹辅；降为河岳，庙食簋簠。柯等亲炙至教，恩沾肺腑。忆昔请益，期以振旅。云胡背弃？使我心苦。敬奠一觞，痛深谈虎。

译文

呜呼！上天护佑先生，生就文武全才。学问以诚明为根本，道德以孔孟为宗旨。发扬程朱的学说，功劳与申伯和仲山甫不相上下。早年科举高中，担任朝廷大臣，由于忠谏直言，被贬贵州龙场。怀九死不回之心，忠心耿耿。升任庐陵县令，人们以您为召父。再次起用，升任鸿胪，进入内阁。秉公执法，刚正严肃。持节统军，征伐平叛。计划周密，攻城略地。平定蛮夷叛乱，百姓安居乐业。宁王愚笨，束手就擒。建功立业，为国分忧，受封南浦。瑶、僮二族叛乱，有赖先生安抚。鳏寡孤独无依无靠的百姓，仰赖先生照顾。之前战乱纷纷，如今安居乐业。之前痛苦呻吟，如今载歌载舞。遏制匪寇侵扰，谁敢欺侮百姓？国家没有西顾之忧，才稳固南边疆土。祥云丽日，雨顺风调。像高山一样让人们敬爱景仰，像凤凰一样让人们一睹为快。功德无量，恩惠普施，人们心中感念至今，先生竟然溘然长逝！您的神灵翱翔天宇，也许在天帝身旁，成为辅佐。也许降为河岳之神，受到人们的朝拜祭奠。我辈后学，亲得先生教导，铭诸肺腑。回忆先生的教导，期盼振兴我们的学派。怎奈先生弃我们而去，让我们心中悲苦。谨献一杯薄酒，望先生来品尝。痛哉！

邹守益

圣学绵绵，嘻其微矣。贸然末俗，纷交驰矣。矧兹寡陋，莫知所之矣。谓考究遗经，可自得矣。旁搜远勘，亦孔之疲矣。将摹仿而效，千古可期矣。外貌或似，精神非矣；不遇□□。孰醒我迷矣？良知匪外铄，自秉彝矣。戒慎恐惧，通昼夜而知矣。酬酢万化，□我规规矣。声应气求，四方其随矣。譬彼昏曀，庆□□矣，霜雾忽乘之，众安归矣？将民之无禄，罹此灾矣？百世之恸，岂独予私矣？

译文

圣学绵绵若存，可惜太微弱了。孤陋末俗，驰骋纷纭。所以孤陋之人，不知何去何从。有人认为只要探究经典，可以有得。旁征博引，疲劳至极。有人认为可以仿效古人，就算年代久远也可以有得。但就算模仿得再相似，但是精神面貌已经不同了。如果不是先生，谁来给我指导迷津？良知不是外在给予的，是心中的自然禀性。谨慎恐惧，通过昼夜的规律就可明白；屈伸变化，心中自有准则。声应气求，四方跟随，解开人们的迷惑，赐予人民福祉。但是不幸先生一朝离去，百姓们找什么做依靠啊？或许是百姓没有福气，才失去先生。百年伤恸，难道只有我一个人吗？

叶溥

呜呼先生！乾坤间气。呜呼先生！夷夏重名。谓孔、孟学必可成也，谓周、召功必可立也，故以心觉天下，不罔以生也，以身翰天下，力尽而毙也。竟虚天子之注，日深吾党之思。将造物者忌功抑忌德也？何遽止此而不究所志也？呜呼先生！繄谁无福？

译文

呜呼先生！天地清气孕育。呜呼先生！夷夏各方扬名。您认为只要用心学习就可以成为孔孟那样的圣人，只要努力就一定能建立周公召公那样的功绩，所以倡导心学使天下人觉悟，不枉此生。又竭尽全力保卫社稷，鞠躬尽瘁死而后已。您的学说，改变了钦定的传统，日渐加深了学人的思考。造物者嫉妒您的功业还是嫉妒您的德行？为什么突然带走先生不让他完成他的志向？呜乎，这到底是谁没有福气呢？

阳克慎

呜呼！天胡夺我先生之速耶？有濂溪之学而能自强，有武侯之忠而能自将，有子仪之功而能自忘，有良平之智而能自藏。真所谓文武兼资，乾坤间气，领袖后学，柱石明堂者也？天胡夺之速耶？抚灵輀兮涕泗淋浪，泰山颓兮莫知向往。絜酒为仪兮荐此衷肠，神尚不昧兮来格洋洋！

译文

呜呼！为什么上天这么快地把先生夺走呢？您有濂溪先生的学问又能自立自强，有武侯诸葛的忠诚又能带兵作战，有郭子仪一样的功劳却能不居功自傲，善于忘记，有张良、陈平的智慧但能低调行事，不显山露水。真所谓文武兼备，是天地间的清气所孕育，是后学的领袖，朝廷的柱石。上天怎么这么快就夺走先生了呢？手扶着灵车，泪流满面，泰山颓倾，不知何去何从。聊备一杯薄酒，以表自己衷肠。先生有灵，请来品尝。

师服问

钱德洪

夫子既没于南安，宽、畿奔丧广信，拟所服于竹峰邵子。邵子曰："昔者孔子没，子贡若丧父而无服，制也。"宽、畿曰："然。然则今日若有间也，夫子没于道路，执丧者弗从。宽也父母在，麻衣布绖弗敢有加焉，畿请服斩以从。至越则释。麻衣布绖，终葬则释。宽居越则绖，归姚则否，何如？"邵子日："亦宜。"于是畿也服斩以行。

译文

夫子在南安去世，我和王畿奔丧到广信。就服丧的级别去请教邵子。邵子说："当年孔子死后，子贡像父亲死了一样但不穿丧服，这是定制。"我和王畿说："确实如此，但这次情况不同。先生在途中去世，该服丧的人都不在身边。我父母还健在，穿麻衣丧服就可以了。王畿父母已经去世，就穿斩衰的丧服，到浙江就换下，再穿麻衣丧服，直到先生下葬。我在浙江就穿麻衣丧服，回到余姚就不穿，怎么样？"邵子说："也可以。"最后，王畿穿斩衰的丧服跟随灵柩。

讣告同门

钱德洪

去年季冬十九日，宽畿西渡钱塘，将北趋殿对。二十二日，有人自广来，传夫子以病告，将还庾岭。闻之且喜且疑，即日舟迎至兰溪。传言夫子已逝，相顾骇怖，不知所出。且相慰曰：“天为吾道，必无此事。”兼程夜抵龙游驿，驿吏曰：“信矣。于十一月二十九日午时，终于江西之南安。”闻之昏殒愤绝，不知所答。及旦，反风，且雨，舟弗能前，望南而哭。天乎！何至此极邪？吾生如偃草棘薪，何益于世，胡不使我百身以赎，而顾萎吾夫子邪？日夜痛哭，病不能兴。除夕至常山。又相与自解曰：“命也已矣，天实为之，奈之何哉？”

译文

去年十二月十九日，我和王畿渡过钱塘江，准备北上参加殿试；二十二日，有人从广西来，传言说先生因病上疏请求告病还乡，快到大庾岭了。我听说后既高兴又担心，当天就乘船去兰溪迎接。又传言说先生已经去世，我们两人相顾失色，不知所措。只好互相安慰：“上天支持我们，肯定没有这回事。”日夜兼程到达龙游驿，驿吏说：“消息已证实，先生于十一月二十九日午时，在江西南安逝世。”我们听到这个消息，悲痛欲绝，不知道说些什么。第二天早上，遭遇逆风暴雨，船不能前行，我们朝着南方哭泣。苍天啊！为何如此残酷呢？我就像野外的荆棘杂草，对社会有什么价值？为何不让我代替先生去死，怎么反而带走先生呢？日夜悲痛哭泣，身体衰弱得不能起床。除夕，到达常山，又互相安慰说：“这也是命啊，是老天的安排，又有何办法呢？”

斯道晦冥几千百年，而昭明灵觉之体终古不磨，至吾夫子始尽发其秘。同志相承，日孚以博，乃有今日，亦云兆矣。天子圣明，注眷日殷，在朝诸老，又更相引汲，使其得遂同心，则其未尽之志，当更展矣。今若此，天意若将何哉？或者三代以降，气数薄蚀，天道之秘既以其人而发泄之，又旋而扑灭之乎？溯观孔、孟，已莫不然。夫孔孟之不得身行其学者，上无君也。今有君矣，而夫子又若此，果何谓邪？

译文

大道沦丧，将近千百年了，但是昭明灵觉的心之本体始终不能磨灭；到先生这里，才揭示其中的宗旨奥秘。志同道合的人一起继承探讨，日渐博大精深，才有了今天这样昌明的情形，也可能说是圣学重振的预兆。如今天子圣明，而且越来越关注圣学的发展，在朝廷元老又相互倡导，那么先生之前未完成的志向，应该能够实现了。但如今这个情形，天意又是什么呢？可能三代之后，气数衰微，天道良知的宗旨被先生阐释发扬之后，又旋即要扑灭它吗？追溯到孔子和孟子的时代，没有不是这种情况的。孔子和孟子没有能够亲自推行他们的学术，是由于没有圣明的国君；现在有圣明的君主，但先生又这样早早离开了我们，这是为什么呢？

前年秋，夫子将有广行，宽畿各以所见未一，惧远离之无正也，因夜侍天泉桥而请质焉。夫子两是之，且进之以相益之义。冬初，追送于严滩，请益，夫子又为究极之说。由是退与四方同志，更相切磨，一年之别，颇得所省。冀是见复得遂请益也，何遽有是邪？呜呼！别次严滩，逾年而闻讣，复于是焉，云何一日判手，遂为终身永诀已乎！

译文

前年秋天，先生准备去广西，我和王畿各自的体悟和见解参差不齐，担心先生离开之后，没人能来指正。于是，夜里侍奉在天泉桥向先生请教。先生对我们两人的见解都很认可，并建议我们要多互相切磋启发。初冬，我又送先生至严滩，向先生求教，先生又给我讲了探索天道本体的学术思想。于是回去之后和各地志同道合的人互相切磋激励，一年后，颇有收获。本希望再看到先生向他求教，哪想到出现这样的情况呢？呜呼！自从严滩别离之后，才过一年就听到先生逝世的消息，没想到这一次分别，竟然成了永别！

已乎！夫子勤劳王家，殉身以道。古固有勤事而野死者，则亦何憾？特吾二三子，不能以为生耳。向使吾人懵然无闻，如梦如醉以生于世，则亦已矣；闻道及此，而遽使我止此焉，吾何以生为哉？人生不闻道，犹不生也。闻道而未见其止，犹不闻也。夫子教我发我，引我翼我，循循拳拳而不倦者几十年，而吾所闻止此，是夫子之没，亦吾没也，吾何以生为哉？呜呼！命也已矣，天实为之，奈之何哉？

译文

唉！先生为国效力，以身殉道。自古以来就有因勤于政事而死在荒野的人，又有什么遗憾呢？只是我们几个门人弟子，不知道怎么活下去了。如果我们一开始就浑浑噩噩、如梦如醉地活着，也就罢了。但学习大道到了现在，却突然让我停滞不前，要我怎么活下去呢？人活着如果不学习大道，就像没有活过一样；学习大道却没能到达最高境界，就像没学习过一样；先生教诲我，启发我，引导我，守护我，勤勤恳恳、永无疲倦地坚持了几十年，但我的学习现在就戛然而止了，先生去世了，我的心也死了，我活着还有什么意义呢？呜呼！这就是命啊，是上天的安排，又能怎么办呢？

所幸四方同志，信道日众，夫子遗书之存，“五经”有删正，“四书”有傍注，传习有录，文有文录，诗有诗录，政事有政事录，亦足恃矣。是夫子虽没，其心在宇宙，其言在遗书，百世以俟圣人，断断乎知其不可易也。明发逾玉山，水陆兼程，以寻吾夫子游魂。收其遗书，归襄大事于稽山之麓，与其弟侄子姓，及我书院同志，筑室于场，相勉不懈，以冀成吾夫子之志！尚望我四方同志爰念根本之地，勿为遐遗，乃大慰也。

译文

庆幸的是，四方各地志同道合的人越来越多。先生遗留的书稿中，有对“五经”有删改校正，对“四书”有旁注，传习有录，文有文录，诗有诗录，政事有政事录，这些都足够依赖和凭借。先生虽然离世了，但是他的心在宇宙之中，他的学说在书稿之中，即使将来的圣人出现，也知道先生的学问思想是不能改变的。明天出发翻越玉山，水陆兼程，去寻找先生的魂魄。搜集他遗留的书稿；再回到会稽山麓，共同完成先生的事业，与先生的弟弟、侄子和书院的同道，在书院建造房屋，相互勉励，以期继承发扬先生的遗志！希望我们四方各地的同道记住书院这个根本之地，不要就此彼此疏远，这就是最大的宽慰了。

昔者孔子之道不能身见于行，没乃光于万世者，亦以其门人子弟相守不变耳。三年之外，门人治任将归，入揖子贡，相向失声，是非儿女之情也。三年之聚，亦以精其学也。子贡反，筑室独居三年，则益粹于进矣。凡我同志，远者、仕者，虽不必居三年，其亦肯间相一聚，以庶几相期于成乎？

译文

当年孔子的学说在他生前没有被实行，逝世之后，才受到万世的景仰，也是因为他的门人弟子坚持与承袭的结果。为孔子守丧三年以后，门人整理行装准备回去，都进去向子贡作揖告别，彼此放声痛哭，这并不是儿女长情。三年的守丧，学问上也有很大长进。子贡回去后，建了一座屋舍独居三年，学问更加精深了。凡是我们志同道合的人，因为有的路途遥远，有的官职在身，虽然不一定为先生守丧而独居三年，但是间或相聚一次，对我们各自学问的进步不也有好处吗？

逾月之外，丧事少舒，将遣人遍采夫子遗言及朋友私录，以续成书。凡我同志，幸于夫子片纸只语备录以示。嗣是而后，每三年则复遣人，一以裒吾夫子之教言，不至漫逸，一以验朋友之进，足为吾不肖者私淑也。

译文

一个月后，忙完先生的丧事，准备派人四处寻访先生遗留的书稿文字和朋友们私自记载的先生言论，编辑成书。凡是我们志同道合的人，希望把先生的片言只语抄录下来交给我们。之后，每三年派人整理一次，一是为了使先生的教诲不至散漫遗失，二是为了朋友之间互相验证学问的进步，可以让我这样不努力的人跟着学习有所收获。

荒悖恍惚，不知所云。水陆茫茫，预以陈告。惟吾同志，怜念怜念！

译文

浑浑噩噩，恍恍惚惚，不知道说了些什么，朋友们天各一方，水陆茫茫，提前告知大家，希望志同道合的人们，可以体恤我们的用心。

遇丧于贵溪书哀感

钱德洪

嘉靖戊子八月，夫子既定思、田、宾、浔之乱，疾作。二十六日，旋师广州。十一月己亥，疾亟，乃疏请骸骨。二十一日，逾大庾岭，方伯王君大用，密遣人备棺后载。二十九日，疾将革，问侍者曰："至南康几何？"对曰："距三邮。"曰："恐不及矣。"侍者曰："王方伯以寿木随，弗敢告。"夫子时尚衣冠，倚童子危坐，乃张目曰："渠能是念邪？"须臾气息，次南安之青田。实十一月二十九日丁卯午时也。是日赣州兵备张君思聪，太守王君世芳，节推陆君府奔自赣，节推周君积奔自南安，皆弗及诀，哭之恸。明日，张敦匠事，饰附设披积，请沐浴于南野驿，亲进含玉；陆同殓襚。又明日，南赣巡抚汪公鋐来莅丧纪，士民拥途哀号，汪为之挥涕慰劳。十二月二十日，丧至南昌，有司分道而迎，巡按御史储君良材，提学副使赵君渊哭，士民皆哭声载于道。乃挽丧留于南浦，请改岁而行，以尽士民之哀。

译文

嘉靖戊子年八月，先生平定了思恩府、田州府、宾州、浔阳的叛乱之后，病倒了，二十六日，回师到广州。十一月己亥日，病情加重，先生就上疏请求退休回家。二十一日，经过大庾岭，布政使王大用暗中派人带着棺材随行；二十九日，病危，先生问侍者说："离南康还有多远？"侍者回答说："还有三个邮亭的距离。"先生说："恐怕到不了那了。"侍者说："王方伯派人带着寿材跟随着我们，只是不敢告诉您。"先生当时还穿着官服，戴着官帽，正靠着童子坐在那儿，听到这话之后睁开眼睛说："他怎么会有这个安排？"过一会儿，先生就没有了呼吸，当时正停驻在南安县的青田，时间是十一月二十九日丁卯午时。这一天，赣州兵备张思聪，太守王世芳以及节推陆府从江西赶回来，节推周积从南安赶回来，都没赶上最后的告别，伤心恸哭。第二天，张思聪敦促工匠打造棺柩。为先生在南野驿沐浴，亲手把含玉放在先生口中。过后和陆府一起给先生装殓。第三天，南赣巡抚汪鋐亲自来主持丧事。百姓沿途哀号恸哭，汪公流着眼泪安抚他们。十二月二十日，灵柩到达南昌，官员们分立道路两边迎接，巡按御史储良材、提学副使赵渊都失声痛哭，百姓也都哭声载道。他们就都挽留先生的灵柩停在南浦，等年后再继续前行，以便百姓祭奠、哀悼。

赵日至，三踊哭，有问之，曰："吾岂为乃公哭邪？"己丑，改岁六日，将发舟，北风厉甚。储焚香虔祝于柩曰："公弗行，岂为士民留邪？公党有子嗣门人，亦望公久矣。"即时反风，不四日，直抵信州。鸣呼！夫子没而诸大夫之周旋者至矣。是固夫子盛德所感，亦诸大夫好德之诚也。二三子弗身承其劳，闻其事，能弗以为思乎？详述之，用以告吾同门者。

译文

赵渊每日都到先生灵柩前痛哭，有人问，他就说："我难道在哭你的父亲吗？"己丑年正月六日，将要开船出发时，突然北风大作。储良材点香虔诚地向先生的灵柩说："先生不愿前行，难道是为这里的老百姓留下来吗？您的儿子和门生在家乡也期盼着您回去啊。"立即变成了南风，不到四天，就到达信州。鸣呼！先生丧事的办理，各位士大夫都非常尽心尽力，这固然是因为先生德高望重所致，也是各位士大夫诚心好德。我们这些没能亲自办理先生丧事的门生弟子，知道这些事后，能不心存感激吗？详尽地记录这些事情，让各位同门知道。

书稽山感别卷

钱德洪

人有异常之恩于我者，君子感乎？异常之恩，不可恩也；不可恩，不可感也。是故稽额再拜，颂言烦悉，报之微也；适馆受飧，左右以贶，惠之微也。其遭也无自，其合也不媒，其聚弗亲，其离弗违，无致而至，莫知其以，此恩之至也，感之极也。今夫龙兴而云从，云非恩乎龙而从也，嘘吸为变，莫之致也。计功量者，孰为恩，孰为感，悉悉而数之，则薄矣。吾于赣城杨君竹溪之于夫子何以异？吾固不能忘情于恩感，固亦无以为恩感也。

译文

别人对自己有非同一般的恩德，君子会感恩他吗？由于是非同一般的恩德，就不能把它当作平常的恩德，由于不能把它当作平常的恩典，就不能用一般的形式来感恩。所以一般的磕头拜谢，感激之词，只是非常微小的回报；饭食的招待，财物的赠送，也是非常微小的回馈。不期而遇，不谋而合，聚在一起，也不过分亲近，分开以后，也不至于疏远，还不知道为什么，这就是最大的恩德，也是最真心的感恩。龙兴而云从，并不是由于云接受了龙的恩泽而随从它，龙在呼吸之间云就已经千变万化，并没有特别去吸引它。那些善于计算的人，哪些是恩惠，哪些是回报的感谢，都能清楚地计算出来，那么做，不免有些薄情。我对赣城杨竹溪先生一路护送先生灵柩的感恩之心也是这样的。我忘不了先生的恩德，但又不知道怎么才能感恩。

昔者夫子奉命南征，以不杀之仁，绥思、田之顽民。维时荷戈持戟之士，其孙谋吴略，勇力拔众者，为不少矣。及成功之日，乃皆一时归散，环视诸庭，依依不忍去。若左广之武和斋，吉水之龙北山，赣之刘易斋及君者，乃皆退然若弗胜衣之士，是四君者岂有意而相遭邪？必其所存有以近吾夫子不杀之仁，故不谋而自合。至夫子待命北巡，忽为南安之变也，君皇皇然亲含襚，扶舆榇，行则与蒸徒共揖，止则与二三同门麻衣布绖并就哭位。是固何自而然哉？夫仁，人心也，通幽明，忘物我，不以生而亲，不以死而忘，无致而致，虽四君亦莫之知也。四君且莫之知，吾又得而恩感乎哉？故我欲稽颡再拜，颂言烦悉，以报其情，而其情终不可报。吾欲适馆受飧，左右以赆，以惠其去，而其去终不可惠。故相率归于无言。噫！无言之感，洞彻千古，吾亦无如之何也已。虽然，君去而能益笃吾夫子不杀之仁，则吾之无言者尚有无穷之言也。因其去，吾复能已于言乎？是为书。

译文

之前先生奉命到南方讨伐贼寇，用不滥杀的仁慈之心，安抚了思恩州和田州叛乱的顽民。当时，荷戈持戟的武士当中，有孙子吴起那样的策略，勇气超群的人，实在不少。平定贼寇胜利时，他们都要各自回去，这时环视四周，留恋不舍，像左广的武和斋，吉水的龙北山，江西的刘易斋和您，都心情怅然，不忍离开。这四个君子，难道是故意要随从先生吗？必定是在他们的心中有与先生不杀人的仁爱之心相通的地方，因此不谋而合。在先生等着命令向北巡视时，突然有了南安的变故，您亲手给先生装殓，并且扶灵柩前行，在船行走时，就与船夫一起摇橹，停留时，就与几个同门身着麻衣，在先生灵位之前痛哭。您是为了什么才这样做呢？仁，就是人心，能够通于幽明，忘记物我的区别，不因为人活着时才亲近，逝世后就忘记，不刻意追求才能达到的境界，虽然您四位也不知道怎么就达到了这种仁义的境界。您四位都不知道，我又怎么知道如何感恩呢？因此我想叩头拜谢，书写感激言辞来报答恩德，却终究报答不了。我想用酒食好好招待您四位，赠送礼物以表达感恩之情，然而终究不足以表达。因此我的感恩之心无以言表。唉！这种无以言表的感恩足以洞彻千古，我也不知如何是好。即便这样，您四位的离去更肯定了先生的不滥杀的仁爱之心，那么我的无以言表之情包含无穷无尽的感恩之情。您四位即将离开，我能什么都不说吗？因此写了这些。

谢江广诸当道书

钱德洪

冬暮，宽、畿渡钱塘，将趋北上。适广中有人至，报父师阳明先生以病告，沿途待命，将逾庾岭矣。即具舟南迎，至兰溪，忽闻南安之变。慌怖三问三疑，奔至龙驿，传果实矣。天乎！何至此极邪？吾师以王事驰驱，尽心亶力，今果勤事而野死矣乎？在吾师以身许国，死复何憾？独不肖二三子，哀恨之私。有不能一日解诸怀耳。夫自讲学四十余年，从之游者遍海内，没乃无一人亲含襚，殓手足，以供二三子之职，哀恨何堪！

译文

冬末，我和王畿渡过钱塘江，准备北上京师。恰逢有人从广东来，说阳明先生因病上疏请求告病还乡，正在返回的途中边走边等待皇上的批复，快要翻过大庾岭了。我们立即准备船只去南方去迎接，到兰溪时，突然听到先生在南安逝世的消息，惊慌之下，多次打探又多次怀疑。奔至龙驿时，传闻果然证实了。苍天啊！为什么这么残酷呢？先生为国事四处奔波，尽心竭力，现在果然因勤于政事而客死他乡了！对先师来说是以身许国，死而无憾。只有我们这几个不肖弟子，心中满怀遗憾悲伤，哪有一天能够心情舒畅啊。先生讲学四十多年来，随从他研学的人遍及海内，去世时竟没有一个门人在身边亲手给他装殓，以尽作为门生的责任，这种哀痛与悔恨怎么让人承受得了呢？

宽、畿北面有年矣，教我抚我，诱我翼我，实有罔极之恩，而今若此，无涯之戚谁则任之？兼程至贵溪，始得凭哭其棺。间乃询之厮吏，始知临终之地，长途空寂，前后弗及，幸我大人先生，有预事之谋，载棺相随，使永诀之晨，得以时殓襁。是虽子嗣门人，亲临其事，当无逾此。诚死生而骨肉者也，恩孰大焉！夫吾师有罔极之恩，而没则贻我以无涯之戚；今赖大人得少慰焉，是大人之恩于二三子，实有无涯之感矣。夫野死而无悔者，夫子之忠也；无归而殡者，大人之仁也。斯二者，固皆天下之公义，而区区之恩怨不与焉。特吾二三子儿女之情，至此皆不能已于无言耳。剖心刻骨，有言莫尽。《诗》云："中心藏之，何日忘之。"荒悖布情不悉，惟怜而终教之！

译文

我和王畿拜先生为老师已经多了年，先生教导我，宽慰我，引导我，守护我，实在是有无边的恩情。但现在先生就这样地离我们远去了，这种无尽的悲哀谁能承受呢？我日夜兼程赶至贵溪，才得以扶着先生的棺材痛哭。期间询问现身身边的小吏，才得知先生逝世时的地方，偏僻荒芜，前后都无村落相连接，幸好王大用先生有预料事情变化的谋略，带了一具棺木追随，才让先生离世的当天早上，就可以及时地入殓。王大用先生的这种做法，即便是那些先师的门徒弟子面对当时的情形，也不会做得更完美。的确是在生死交关之时的骨肉深情，谁的恩情能有如此深呢？先师对我有无法报答的大恩，先师逝世之后给我留下无穷无尽的悲伤；现在幸亏王大用先生的帮助，才让我得以稍微的安慰，王大用先生对于我们几个门人的恩情的确难以用言语表达。先生客死他乡却毫不遗憾，是因为先生对皇上的忠心耿耿；先生客死他乡却在装殓等事上受到稳妥安排，这是因为王大用先生的仁爱之心。这两个方面，本是天下公义，是我们的有限的感恩之心所没法比的。只是由于我们几个门人对先生儿女情长的哀伤和感念，到这无法控制自己保持沉默。铭心刻骨的感恩之情，语言永远难以表达。《诗经》中说："中心藏之，何日忘之。"没法把自己的所有想法全表达出来，只希望先生们能不断地教导我！

再谢汪诚斋书

钱德洪

父师之丧颇德庇，于二月四日奠于堂矣。感公之私，与日俱积。乃弟乃子颇能承袭遗规，弗至逾礼。四方同门亦日来奔，颇具执事。是皆先生倡厚德于前，故子弟门人知激劝于后，不敢以薄自处，重获罪于大君子之门也。所谕父师军中羡余银两，责其官赍送嗣子，是执事哀死之情，推及遗孤，此恩此德，非特其子弟知感，在门人小子，佩刻亦殊深矣。但父师嗣子，方及四龄，未有知识；亲弟守俭、守文、守章，继子正宪欲代之言，顾其中有愿言而不敢尽者。生辈恃在旧爱，敢代为之言，惟执事其终听焉！

译文

先师后事的安排，颇受您庇护，二月四日我们在灵堂祭拜了先师。对先生的感激之情与日俱增。先生的弟弟和儿子，已经能够遵照丧葬礼仪，不至于逾越礼节。各地的同门弟子也每日前来帮忙，办事的人员已经足够。这都是因为您用心安排先生后事，所以门生弟子相互勉励用心办理先生后事，不敢妄自菲薄，致使有辱先师门风。您所告知的关于先师在军中剩余的银两，已派人送给了先生的儿子。这是您把对先师的哀痛之情，推及到遗孤身上，您的恩德，不只是先师的子弟感恩，我们门人弟子也铭记在心。但先师的儿子刚到四岁，还不懂事理，先师的亲弟弟守俭、守文、守文和继子正宪，都想替他表达，但有些话他们想说又不敢说的；我们几个门人辈自恃是先生生前宠爱的弟子，斗胆替他说话，希望您能耐心听完。

父师两广事宜，间尝询之幕士矣，颇有能悉其概者。谓奏凯之日，礼有太平筵宴及庆贺赂送之仪，水夫门子供具中，有情不得却与例不必却者，收贮赏功，所谓之羡余，以作公赏之费。成功之后，将归，乃总其赏功正数，所给公帑不过一万余两，皆发梧州矣。正数之外，有此羡余，仍命并发梧州。从者又以沿途待命，恐迟留日久，尚有不时之需，姑携附以行，俟随地遣发。不意未至南安，罹此凶变。病革之晨，亲命仆隶检遗书，治行箧，命赏功官劳其勤劳而归羡余于公。此实父师之治命也。当事者，既匿其情不以告夫先生，而先生又切哀死之情，笃遗孤之爱，案官吏之请，从合得之议。谓大臣驱驰王事，身殒边陲，痛有余哀，礼当厚报。况物出羡余，受之不为伤义，故直以事断而不疑其为私，其恩可谓厚矣。特弟子登受之余，尚不免于惶惑。盖以父师既有成命，前日之归是，则今日之受非矣。苟不度义而私受之恐拂死者之情，终无以白于地下也。且子弟之事亲，平时一言，罔敢逾越，况军旅之事，易箦之言，顾忍违忘而私受乎？夫可以与者大人之赐，可以无取者父师之心。取之惟恐违死者之命，而重生者之罪，则又其子弟衷由之情，用是不避呵叱，谨勒手状，代为先生布。并原银五百三十二两，托参随州判龙光原义男添贵送复台下，伏望验发公帑，使存殁之心，可以质诸天地鬼神，是则先生无穷之赐，幽明共戴之恩也。不胜冒犯殒悼之至！

译文

先师在两广时的相关事宜，我们曾经询问过非常熟悉情况的幕僚，他们说平叛胜利时，有太平筵宴和庆贺赠送的礼金。水夫和门子的报告中说，有情理上不得推辞的和按惯例不必推辞的礼金，就收下用作奖励军功，就是所说的羡余银两，用作奖励的费用。平叛胜利之后，先生准备回去，就统计了能够用于奖励军功的费用，就是国家所给予的银两，不过有一万多两，都发送到梧州去了。国家所给的银两之外，就是这笔羡余银两，先生仍命一同发送梧州。随从人员考虑回来时要沿途等待朝廷批复，担心拖延时间长，会有意想不到的花费，暂时先带着这部分银子随行，等收到朝廷批复后可以随地发送。没想到还没到南安，先师就逝世了。逝世那天早晨，亲自命人整理相关文书，收拾所带东西，并命令赏功官把羡余归送给您。这的确是先师生前的真实想法。处理这事的人隐瞒情况没告诉您，您又对先生的逝世深感悲痛，对遗孤爱护体贴，按照官吏的请求与众人的商讨。认为大臣为国事四处奔波，最后又死在边陲之地，的确令人心痛，理应得到厚报。并且银两属于羡余，接受并不伤大义，因此直接按事情本身判断，而不怀疑其中有私心，您的恩德已经很深厚了。只是先师的弟弟与儿子接受羡余银两时，不免内心惶惑。由于已有先师成命在先，现在就不能接受这笔羡余；如果不考虑公义私自接受了这笔钱，恐怕违背死者的心愿，最终无法向死者交待。况且先师的儿子与弟弟非常孝顺和敬重先师，平时的话都不敢违背，何况这又是军中事务，临终遗言，怎能忍心违背而私自接受呢？把羡余银两送给先师儿子和弟弟，是大人您的恩赐，不接受，是先师的心愿。接受了恐怕会违背死者的心愿，加重生者的罪过。这些都是先师儿子和弟弟的由衷之情，因此宁愿冒着被呵斥的风险，特地写下这封信向您交代。和先前的银子五百三十二两一起，托参随州判龙光原的义子龙添贵送回您那里，请您验收，让死者和生者都可以无愧于天地鬼神，就是您最大的恩赐了，死者和生者都对您感恩戴德。的确是太冒犯您对先师的哀悼之情。

再谢储谷泉书

钱德洪

宽、畿不率，弗祐于天，遽夺吾师之速；黄发乳口，失所保哺，皇皇然无所归。时闻凶讣，又恨未及相随，以趋曳杖之歌。天丧斯文，后死者终弗与闻矣乎！既而奔丧贵溪，痛哭之余，水浆不入于口，奄奄气息，若无复可生于人世矣。间乃询其后事，乃知诸君子殚心瘁力，送死无憾，而先生左右维持之力居多，愚以为相知之情至此，亦云足矣。及凡所经历，舟未入境，而执事之戒命已先哭奠虔愨，虽有司好德之同，而激动之机不无所自，哀感何言？仆且私告曰，公虑吾主君家事也云云。曰公虑吾主君勋业未著云云。已而朋友又私相语曰：公恸吾夫子者，悼其教未明于天下也云云。生辈矍然而起曰："有是哉？何公信爱之至，有如此也？"

译文

我和王畿命运不济，没有受到上天的庇佑，这么快就夺走了我们的老师；就像小孩失去了父母爱护和哺育，内心惶惶不安，不知所措。当时听到先师逝世的消息，恨自己没有跟随先生，在临终时没有服侍先生。上天真要毁灭文脉道统的话，后死的人最终也听不到先生的教诲了。当时奔丧到贵溪，扶柩痛哭，水米不沾，气息奄奄，好像失去活下去的希望。期间了解到先生后事的安排，得知各位先生尽心竭力，没有遗憾之处，况且您操劳维持最为辛苦；我认为您与先生的知己之情到达如此地步，也是足够了。沿途所经之地，先生的船还没入境，您已准备好丧事的一切用度，虔诚地在先生灵前痛哭，虽然与尊崇先师德行的官员一样，但都是有发自内心的真情实感，悲伤的情感还用说吗？我在私下对别人说，储公是考虑先生家事的。又说，储公顾虑的是先生功业还没有彰显。后来朋友们私下交流也说："储公为先生恸哭，是因为哀悼先师的学说还没推行于天下。"我们几个门人激奋地站起来说："是这样吗？为和储公对先生信任和厚爱到这种地步！"

噫！天下之爱吾夫子者有矣，叹之而已矣。信我夫子者有矣，感之而已矣。孰有如吾执事精神心思，周旋曲折，实以见之行事者乎！必其平日相孚默契，有甚不得已者藏于其中，是未可声音笑貌为也。吾侪小人自失所恃，遽恐吾道终底于厄塞，不知天下大君子有如先生者出于其间，斯道虽重，主盟得人，吾何以惧乎哉？孟子曰："然而无有乎尔，则亦无有乎尔。"今兹有乎尔矣，今兹有乎尔矣。于是自衢以下，顺流而归，慷慨激亢，无复为儿女之情。是先生不言之教，起我跛躄于颠跻之中，吾当何以为报哉？

译文

唉！天下敬爱先生的人很多，但只是叹息罢了。相信先师的人也有，但只是感慨罢了。哪有像您这样用心考虑、费尽周折，又在处理事情上表现出来的呢？肯定是您平时与先生相交默契，有些苦衷藏在心中，难以在音容笑貌上表露出来。我们这些小辈，刚失去先生的指导照顾，担心先生的学说被诋毁而窘迫艰难；却不没料到有谷泉先生您这样的大君子出现，继承先生的学问虽然任重道远，但是有您来主持开展，我们还有什么可担心的呢？孟子说："然而无有乎尔，则亦无有乎尔。"现在是有了啊，现在是有了啊！于是自从过了衢州以后，顺流而归，途中心情慷慨激昂，不再因儿女情长而悲伤。这是您的不言之教，让我们从困顿当中振作起来，我应该怎样回报呢？

二月四日。已妥灵于堂，乃弟乃子，颇知自植；四方同门，又日来至，丧事聊此议处，不复敢远婴先生之怀矣。萧尚贤事略具汪公别纸，并奉请教！小厮辈以小嫌构辞，致烦案牍。在先生宽仁之下，当必有处。然是人亦无足过责者，夫子用之。所谓略其全体之陋，以用其一肢之能，故其报死之情，亦如是而已矣。今欲望之大过，是又若以其一肢之得，而复责其全体之失也，难矣。恃在推爱，妄敢喋喋，荒悖不恭，万罪万罪！

译文

二月四日，已把先生灵位安放在灵堂，先师的弟弟与儿子，非常懂得自立；各方的同门弟子，又每日前来，丧事就靠他们商讨处理，不敢再让您牵挂了。有关萧尚贤的事情在给汪公书信中有说明，也请您多多指导。一些小辈因为一些小事导致言语上的纠纷，给您增添了书信往来的麻烦，先生仁德宽厚，必定会处置妥当。但一般人对他也不能要求过高。先师经常说，可以忽略一个人整体的粗浅鄙陋，而发挥他某一方面的长处，那他以死相报的心情，也就是像这样的。现在对他期望过高，这就像拿他某一方面的长处，来指责他整体粗浅鄙陋的不足一样，这样就很难了。仗着您对我的关爱，才敢喋喋不休乱说了这么多，有荒唐悖乱和不恭敬的地方，请您多多恕罪。

丧纪

程辉

我师绪山先生，编次《阳明夫子家乘》成，辉受而读之，作而叹曰："嗟乎！天道报施善人，抑何其不可测邪？方夫子之生也，苦心妙悟，以续如线之道脉矣，乃伪学之谤不能弭；倡义兴师，以歼谋畔之独夫矣，乃君侧之恶不能去；开诚布公，不烦一旅，以格数百年负固之党矣，乃当轴之忌不能回，使其身一日立乎朝廷之上。何其与世之落落也？及其没也，哭者尽哀，祭者尽诚，至今有吊其墓，谒其祠，拜其家庙，为之太息流涕而不置者，又何其得众之鼎鼎也？窃惑焉。"

译文

我老师绪山先生，编完了《阳明夫子家乘》，我捧读之后，不禁站起来感慨道："唉！上天回报善人，却有这样让人难以揣摩？先生在世时，苦心孤诣，领悟大道，延续了即将中断的道统，但有关伪学的诽谤却不能消停；

高举义旗，兴兵讨贼，剿灭了阴谋叛乱的元凶，但君王身旁的小人却不能除去；开诚布公，不动干戈，平定了盘踞数百年的叛贼，但当权者心怀忌恨，不愿回心转意，导致先生最终也没回到朝廷，使得先生如此落落寡合。等到先生逝世后，痛哭的人极尽悲伤，祭奠的人极尽真诚，至今还有人去墓地凭吊，拜谒先生的祠庙和家庙，长叹痛哭而不顾，为什么又会得到这么多人的怀念呢？不禁心生困惑。

先生进而教之曰："是不可以观天人负胜之机矣乎？夫子之所不能者，时之艰也，人之胜也；其所能者，德之孚也，天之定也。而又何惑哉？吾方裒祭文之不能尽录者，属子以终事焉。盖文固有略者矣，将人之祭于地与就其家而祭焉者，皆其实德所感，而人情之所不能已者，顾可略而不书乎？子其揭日月为序，凡显而公卿，微而庶人，有举必书，庶乎定者可考而见，且使我后之人知夫子有不待生而存，不随死而灭者，良在此而不在彼也。"辉避席曰："敬闻命矣。"作《丧纪》。

译文

绪山先生过来教导我说："这样不正可以看出天人之间的互相关系吗？先生所不能够改变的是时势的艰难，这是人力不能办到的；他能有所作为的是德行的修养，这是上天决定的。又有什么好困惑的呢？我正准备编辑整理那些难以全部的收录祭文，现在安排你来完成。祭文本来就有省略的地方，但人们去他的墓地和故居祭拜，都是因为被先生仁德所感动，是人情所不能控制的，这些怎能省略不记录呢？你按时间先后顺序，上至公卿，下至平民，凡是祭拜过先生的都记录下来，这些都可以通过考证发现；并且使将来的人们，知道先生的精神并不依赖生命的存在而存在，也不因为生命的灭亡而灭亡，就是体现在人们对先生的哀悼，而不是在其他方面。"我立刻站起来说："弟子非常愿意做这件事。"于是写作《丧纪》。

夫子以戊子仲冬之丁卯，卒于南安府青龙铺，舆止南野驿。越四日，为季冬庚午，门人广东布政王大用，推官周积，举人刘邦采，实敦后事。副使张思聪率属吏，知府王世芳，同知何瑶，大庾知县叶章，府学训导杨登玉、王圭、陈守道、庠生张绂、李节、王辂、王辅等，哭奠乃殓。殓已，署上犹县事经历许同朝，崇义知县祝澍，南康教谕管辅，训导刘森，庠生刘爵等，千户刘环、俞春、周祥，门人知府王銮、阳克慎，乡约王秉言，各就位哭奠。

译文

先生于戊子年十一月丁卯日，在南安府青龙铺逝世，灵柩停放在南野驿；四天后，十二月庚午日，门生广东布政使王大用、推官周积、举人刘邦采安排办理后事。副使张思聪带领属下官吏，知府王世芳，同知何瑶，大庾知县叶章，府学训导杨登玉、王圭、陈守道，庠生张绒、李节、王辂、王辅等人哭奠后，给先生入殓。入殓结束后，代理上犹县经历许同朝，崇义知县祝澍，南康教谕管辅，训导刘森，庠生刘爵等人，千户刘环、俞春、周祥，门生知府王銮、阳克慎，乡约王秉言，各自到先生的灵位前哭奠。

壬申，榇抵赣州府水西驿。提督都御史汪鋐，同知何瑶，推官陆府，检校唐本，乡宦宋元，指挥钱堂，知事郭钺，千百户何涌江、马昂、吴伦、谭景受、卜福、严述、王宁、王宪、潘钰、余洪、毕祥、杨守、武昌。千户所指挥陈伟，门人郎中刘寅，都指挥同知余恩，庠生易绍宣、李乔崇、李挺、李宪、何进隆、何进德、曾廷珂、曾廷琏、黄谱、黎教、王槐密、王振朝、刘凤月、刘天锡、刘瞬、彭遇贵、谢天表，谢天眷、桂士元、桂薰、袁泰、张镗、汪梅、周兰、宋金、雷锐、雷兑、应辰、钟振、俞鹗、汤伟、杜相、黄鳌，各就位哭奠，张思聪、周积又各特举焉。

译文

壬申日，灵柩到达赣州府水西驿。提督都御史汪鋐，同知何瑶，推官陆府，检校唐本，乡宦朱元，指挥钱堂，知事郭钺，千百户何涌江、马昂、吴伦、谭景受、卜福、严述、王宁、王宪、潘钮、余洪、毕祥、杨守、武昌，千户所指挥陈伟，门生郎中刘寅，都指挥、同知余恩，庠生易绍宣、李乔崇、李挺、李宪、何进隆、何进德、曾廷珂、曾廷琏、黄谱、黎教、王槐密、王振朝、刘凤月、刘天锡、刘瞬、彭遇贵、谢天表、谢天眷、桂士元、桂薰、袁泰、张镗、汪梅、周兰、朱金、雷锐、雷兑、应辰、钟振、俞鹗、汤伟、杜相、黄鍪，各到阳明先生的灵前哭奠，张思聪、周积又各自到先生灵前祭奠。

丁丑，榇抵吉安府螺川驿。佥事陈璧，知府张汉，同知张烈，通判蒋英、林春泽，建官周在，庐陵知县常序，署泰和县事知事汪仲，县丞刘纶，主簿庄伯瑶，典史李江，教谕林文焯，训导金玥、张旦，吉水县丞杨伯谦，主簿辛仲实，万安主簿杨廷兰，信丰指挥同知林节，乡宦尚书罗钦顺，副使罗钦德，副都御史罗钦忠，门人御史王时柯，庠生萧宠、萧荣、王舜鹏、袁登应、罗炯、谢廷昭、周文甫、王惠迪、刘德、蓝瑜、龙潢、龙渐，幕吏龙光，各就位哭奠。

译文

丁丑日，灵柩到达吉安府螺川驿。佥事陈璧，知府张汉，同知张烈，通判蒋英、林春泽，建官周在，庐陵知县常序，署泰和县事、知事汪仲，县丞刘纶，主簿庄伯瑶，典史李江，教谕林文焯，训导金玥、张旦，吉水县丞杨伯谦，主簿辛仲实，万安主簿杨廷兰，信丰指挥、同知林节，乡宦、尚书罗钦顺，副使罗钦德，副都御史罗钦忠，门人、御史王时柯、庠生萧宠、萧荣、王舜鹏，袁登应、罗炯、谢廷昭、周文甫、王惠迪、刘德、蓝瑜、龙潢、龙渐，幕吏龙光，各自到先生灵前哭奠。

戊子，榇抵临江府蒲滩驿。同知宇宾，通判休元，推官俞振强，靖江知县陈府，新澄县丞唐和，主簿王纶，教谕向钦，训导从介，各就位哭奠。

译文

戊子日，灵柩到达临江府蒲难驿，同知宇宾，通判休元，推官俞振强，靖江知县陈府，新泼县承唐和，主簿王纶，教谕向钦，训导从介，各自至先生灵前哭奠。

辛卯，榇抵南昌府南浦驿。建安府镇国将军宸洪，太监黎鉴，御史储良材，参政叶溥、李绯，参议钟云瑞，副使赵渊，佥事陈璧、王玮、吴瀚、陈端甫，都指挥佥事刘玺、王宁、崔昂，府学教授廖廷臣，训导范昌期、张琚、谭倬、廖金，新建县学教论刘环，训导梁子钟、何乐，南昌县学训导邢宽，庠生崔嵩、陶潮、刘伯盛、舒泰、武进、邹鋧，乡宦副都御史熊浃，布政胡训，副使刘伯秀，知府张元春，御史涂相，郎中张钦，主事张鳌，进士熊汲，检校张默，通判万奎、闵鲁，知县余琪、聂仪、杨璋、甘柏、胡大化，举人丁夔，门人裘衍、张良才、张召、魏良器、魏价、万世芳、邹宾、齐升、周麟、黄钟、钟文奎、艾铎，安仁县桂宸、桂宫、桂容、桂轨、孙铱、孙钧，吉安府曾伟器，报效生员陈文荣，承差刘昂，乡民萧华、李延祥、程玉石、陈本道、高显彰、刘珏、杨文、严洪、徐桤、杜秉文、王钦，各就位哭奠，叶溥、赵渊、王晔、张元春、齐升，又各特举焉。

译文

辛卯日，灵柩到达南昌府南浦驿，建安府镇国将军宸洪、太监黎鉴、御史储良材、参政叶溥、李绯，参议钟云瑞，副使赵渊，佥事陈壁、王晔、吴瀚、陈端甫，都指挥、佥事刘玺、王宁、崔昂，府学教授廖廷臣，训导范昌期、张琚、谭倬、廖金，新建县学教谕刘环，训导梁子钟、何乐，南昌县学训导邢宽，庠生崔嵩、陶潮、刘伯盛、舒泰、武进、邹鋧，乡宦、副都御史熊浃，市政胡训，副使刘伯秀，知府张元春，御史涂相，郎中张钦，主事张鳌，进士熊汲，检校张默，通判万奎、闵鲁，知县余琪、聂仪、杨璋、甘柏、胡大化，举人丁夔，门人裘衍、张良才、张召、魏良器、魏价、万世芳、邹宾、齐升、周麟、黄钟、钟文奎、艾铎，安仁县的任宸、桂官、桂容、桂轨、孙铱，孙钧，吉安府的曾伟器，报效生员陈文荣，承差刘昂，乡民萧华、李延祥、程玉石、陈本道、高显彰、刘珏、杨文、严洪、徐桤、杜秉文、王钦，各自到先生的灵位前哭奠，叶溥、赵渊、王晔、张元春、齐升又各自进行了祭奠。

岁己丑，正月庚子，榇发南昌府，自储大夫以下，凡百有位，越百姓里居，市儿巷妇，哭而送者载道。风迅不可帆，又不可缆而前也。储大夫抚之曰："先生岂有怀邪？越中子弟门人，泣而迎者，延首跂足而徯至者，盖有日矣。"须臾反风，若或使之，遂行。丙午，余干县主簿陈瑢，教谕林秀，训导赵珊、傅谘，万年县主簿龙光、相安，仁和县主簿邹鉼，训导周铎、黄选，庠生桂舆，蒲田县廖大璧，贵溪知县方克，主簿钱珊，典史冯璁，教谕谢炯，庠生邱民节、宋廷豸、叶可久、叶可大、许文明，铅山主簿戚镗，乡官大学士费宏，尚书汪俊，各就位哭奠。此前绪山、龙溪二先生，将赴廷对，闻先生将还，逆之严滩。忽得讣音，相向恸哭。疑于服制，作《师服问》，厥既成服，兼程趋广信，讣告同门。会先生嗣子正宪至自越，至是同遇先生之榇于贵溪，哭之几绝。书《遇丧哀感》以寄怀云。

译文

己丑年正月庚子日，灵柩从南昌府出发，来送别的，储大夫之下还有一百多位，城乡的百姓都来送别，一时哭声载道。由于风太大，船既不能张开风帆，又不可以用缆绳拖拽前行。储大夫抚摸着先生的棺木说："先生难道有什么放不下的吗？故乡的弟子门生，正哭着等您呢！他们翘首盼望了许多天啊。"不一会，风向变反，好像有人在操控一样，船于是就出发了。丙午日，余干县主簿陈瑢，教谕林秀，训导赵珊、傅谘，万年县主簿龙光、相安，仁和县主簿邹鉼，训导周铎、黄选、庠生桂舆，蒲田县廖大璧，贵溪知县方克，主簿钱珊，典史冯璁，教谕谢炯，庠生邱民节、宋廷豸、叶可久、叶司大、许文明，铅山主簿戚镗，乡官大学士费宏，尚书汪俊，各自至先生灵前哭奠。此前，绪山、龙溪二位先生准备赴京参加殿试，听说先生将要返回，就赶至严滩去迎接。忽然听说先生去世，他们相向恸哭，因不清楚服先师丧的规定，就写下了《师服问》，明白之后，就日夜兼程赶至广信，并把先师逝世的消息告诉先生其他弟子，恰逢先生儿子正宪也从浙江赶到，这时一起在贵溪赶上了先生的灵柩，他们都痛哭欲绝，写了《遇丧哀感》来寄托自己的悲伤。

癸丑，榇抵广信府葛阳驿。知府赵烨，同知卢元恺，通判曾大有、龙绸，举人刘伟，玉山知县吕应阳，教谕霍重，庠生郑世迁、李材、程松、叶廷秀、徐森，常山县丞殷学夔，各就位哭奠。储良材又檄吕应阳而特举焉。夫子弟守俭、守文，门人栾惠、黄洪、李洪、范引年、柴凤，会榇于玉山。

译文

癸丑日，灵柩到达广信府葛阳驿。知府赵烨，同知卢元恺，通判曾大有、龙纲，举人刘伟，玉山知县吕应阳，教谕霍重，庠生郑世迁、李材、程松、叶廷秀、徐森，常山县丞殷学夔，各自至先生的灵前哭奠，储良材又写信给吕应阳约定一块来祭奠阳明先生。先生弟弟守俭、守文，门人栾惠、黄洪、李洪、范引年，柴凤，在玉山赶上先生的灵柩。

辛酉，榇抵衢州府上杭驿。同知杨文奎，通判简阅，推官李翔，西安知县林钟，门人栾惠、黄昀、何伦、王修、林文琼、徐沛、蒋兰，金华府通判高凤，兰溪县主簿高禹，教谕朱骥，训导胡弈、范辉，门人应典，严州府推官程淳，桐庐县主簿屠继祖，各就位哭奠。

译文

辛酉日，灵柩到达衢州府上杭驿，同知杨文奎，通判简阅，推官李翔，西安知县林钟，门人栾惠、黄昫、何伦、王修、林文琼、徐沛、蒋兰，金华府高凤，兰溪县主簿高禹，教谕朱骥，训导胡弈、范辉，门人应典，严州府推官程淳，桐庐县主簿屠继祖，各自至先生的灵前哭奠。

丁卯，榇抵杭州府浙江驿。布政潘旦、刘节，参政胡缵宗、叶宽，参议万廷彩、庞浩，按察使叶溥，副使傅钥、万潮、党以平、何鳌、汪金，佥事孙元、巴思明、梁世骠、江良材、林茂竹，都指挥使刘宗伟，都指挥佥事李节、刘翱、孙仁、王佐，杭州府推官刘望之，府学教授陶贺，仁和县主簿曹官，富阳县主簿李珍，教谕黄宁，训导程大有、王裕，莆人知县黄铭介，子黄中，百户施经，各就位哭奠。

译文

丁卯日，灵柩到达杭州府浙江驿，布政潘旦、刘节，参政胡缵宗、叶宽，参议万廷彩、庞浩，按察使叶溥，副使傅钥、万潮、党以平、何鳌、汪金，佥事孙元、巴思明、梁世骠、江良材、林茂竹，都指挥使刘宗伟，都指挥、佥事李节、刘翱、孙仁、王佐，杭州府推官刘望之，府学教授陶贺，仁和县主簿曹官，富阳县主簿李珍，教谕黄宁，训导程大有、王裕，莆人知县黄铭介和他的儿子黄中，百户施经，各自至先生的灵前哭奠。

庚午，榇抵越城，奠于明堂。御史陈世辅、王化，分守庞浩，绍兴知府洪珠，同知孔庭训，通判陆远、洪皙，推官喻希礼，府学训导舒哲、陈箴、林文斌、曾升，会稽知县王文儒，教谕张概，训导詹诏，山阴知县杨行中，教谕林斌，训导王升，广西布政李寅，参政沈良佐，参议汪必东，按察使钱宏，副使李中、翁素、张羽廷、伍箕，佥事张邦信、王世爵，都指挥佥事高松，金华府同知刘业，友人侍郎湛若水，副都御史刘节，门人侍郎黄绾，给事中毛宪，员外郎王臣，主事石简、陆澄，按察使顾应祥，副使郭持平、萧璆、应良，知州王直、刘魁，训导周桐、周衢，教授周冲、陈栖、陈焞、陈炼、李敬、应佐，监丞周仲、周浩、周甸，辨印生钱君泽，私淑门人知县戚贤，武林驿丞何图，赣州卫指挥同知刘镗，指挥佥事杨基，广州府右卫指挥佥事武銮，南昌卫指挥佥事赵升，广州府前卫舍人孙绍英，各就位哭奠。洪珠、栾惠，又各特举焉。刘镗、杨基、武栾、龙光，咸以营护至越。时将告归，绪山先生书《稽山感别卷》赠之，因寓书江、广诸当道，盖德其虔于襄大事也。

译文

庚午日，灵柩到达越城，在明堂设奠，御史陈世辅、王化，分守庞浩，绍兴知府洪珠，同知孔庭训，通判陆远、洪皙，推官喻希礼，府学训导舒哲、陈箴、林文斌、曾升，会稽知县王文儒，教谕张概，训导詹诏，山阴知县杨行中，教谕林斌，训导升，广西布政李寅，参政沈良佐，参议汪必东，按察使钱宏，副使李中、翁素、张羽廷、伍箕，佥事张邦信、王世爵、都指挥、佥事高松，金华府同知刘业，友人、侍郎湛若水，副都御史刘节，门人侍郎黄绾，给事中毛宪，员外郎王臣，主事石简、陆澄，按察使顾应祥，副使郭持平、萧璆、应良，知州王直、刘魁，训导周桐、周衢，教授周冲、陈栖、陈焞、陈炼、李敬、应佐，监丞周仲、周浩、周甸，辨印生钱君泽，私淑门人、知县戚贤，武林驿丞何图，赣州卫指挥、同知刘镗，指挥佥事杨基，广州府右卫指挥佥事武銮，南昌卫指挥佥事赵升，广州府前卫舍人孙绍英，各自至先生的灵前哭奠。洪珠、栾惠又各自至灵位前祭奠。刘镗、杨基、武栾、龙光，都率领人马护送至先生的故乡，在告别返回时，绪山先生写下了《稽山感别卷》赠给他们，并拜托他们给江西和广东一些官员带信，感谢他们帮助完成先生丧葬大事。

仲冬癸卯，奉夫子榇窆于越城南三十里之高村，会葬者数千人。副都御史王尧封，御史端廷赦、陈世辅、梁尚德、万潮、黄卿、万廷彩、庞浩、傅钥、党以平、汪金、区越、梁世骠、江良材、林茂竹、王臣、刘宗仁、李节、刘翱、孙仁、洪珠、孔庭训、洪皙，杭州知府娄世德，同知杨文升，通判周忠、刘坎濬，推官刘望之，运同钱澜，副使李信，叛官林同、方禾，钱塘知县王桥，会稽知县王文儒，山阴县丞应佐，余姚主簿彭英，典史刘文聪，教谕徐锐，训导谢贤、陈元，广东御史何鰌，布政邵锐，姻人大学士谢迁，尚书韩邦问，编修周文烛，御史毛凤。都御史胡东皋，参政汪惇，副使吴便、司马公轾，佥事汪克章、沈钦、司马相、韩明，知府陆宁、金椿，运同徐冕，知县宋溥、金谧、陶天祐、刘瀚、田惟立、徐玺、徐俊民、吴昊、叶信、汪侣毅、周大经、周文熯、胡瀛、陈廷华，知县王轼，乡生钱继先、王廷辅、王文轩、夏文琳、何炫、徐应、周大赉、高隆，友生尚书伍文定，侍郎杨大章、陈筐、严毅、杨霓、杨誉，知府吴叙，廉使韩廉、邵賁、徐彬、邹鹄，员外郎张璿、施信、史伯敏、王代、于震、朱梁，晚生佥事汪应轸，知府朱衮、李节，郎中胡延禄、陈良谟，主事叶良佩、田汝成、王度、王渐逵、王一和、王文训、王文锝、王文辂、王文鍑、良直、费思义，门人大学士方郁献夫，侍郎黄绾，编修欧阳德，给事中魏良弼、李逢，行人薛侃、应大桂，郎中邹守益，员外郎蓝渠，主事潘颖、黄宗明、翁万达、石简、胡经，参政万潮，副使萧鸣凤，参议王洙，博士马明衡，监丞赵显荣，助教王昆、薛侨，知县薛宗铠、周桐、孙瑛、刘本、刘樽、诸训、诸阳、诸守忠，举人诸大纲、杨汝荣、金佩、金克厚、佥事韩柱，主事顾敦复、胡冲、徐沂、徐楷、徐潞、叶错、徐霈、张津、钱羽廷、钱翱、钱祚诏、凌世华、朱箎、龚溥、龚渐，员外郎龚芝、杜应豸，县丞朱绂、周应损、秦锐、章乾、杨柱，从弟王守第，各就位哭奠。

译文

仲冬癸卯日，把将先生灵柩抬到越城南三十里的高村安葬，参加葬礼的有数千人。副都御史王尧封，御史端廷赦、陈世辅、梁尚德、万潮、黄卿、万廷彩、庞浩、傅钥、党以平、汪金、区越、梁世骠、江良材、林茂竹、王臣、刘宗仁、李节、刘翔、孙仁、洪珠、孔庭训、洪晳，杭州知府娄世德，同知杨文升，通判周忠、刘坎浚，推官刘望之，运同钱澜，副使李信，叛官林同、方禾，钱塘知县王桥，会稽知县王文儒，山阴县丞应佐，余姚主簿彭英，典史刘文聪，教谕徐锐，训导谢贤、陈元，广东御史何窗，布政邵锐，大学士谢迁，尚书韩邦问，编修周文烛，御史毛凤，都御史胡东皋，参政汪惇，副使吴便、司马公轾，佥事汪克章、沈钦、司马相、韩明，知府陆宁、金椿，运同徐冕，知县宋溥、金谧、陶天祐、刘瀚、田惟立、徐玺、徐俊民、吴昊、叶信、汪倡毂、周大经、周文燨、胡瀛、陈廷华，知县王轼，乡生钱继先、王廷辅、王文轩、夏文琳、何炫、徐应、周大赉、高隆，友生、尚书伍文定，侍郎杨大章、陈筐、严毅、杨霓、杨誉，知府吴叙，廉使韩廉、邵蕡、徐彬、邹鹄，员外郎张璿、施信、史伯敏、王代、于震、朱梁，晚生、佥事汪应轸，知府朱衮、李节，郎中胡廷禄、陈良谟，主事叶良佩、田汝成、王度、王渐逵、王一和、王文训、王文辆、王文辂、王文輹、良直、费思义，门人、大学士方献夫，侍郎黄绾，编修欧阳德，给事中魏良弼、李逢，行人薛侃、应大柱，郎中邹守益，员外郎兰渠，主事潘颖、黄宗明、翁万达、石简、胡经，参政万潮，副使萧鸣凤，参议王洙，博士马明衡，监丞赵显荣，助教王昆、薛侨，知县薛宗铠、周桐、孙瑛、刘本、刘樽、诸训、诸阳、诸守忠，举人诸大纲、杨汝荣、金佩、金克厚、佥事韩柱，主事顾敦复、胡冲、徐沂、徐楷、徐潞、叶销、徐霈、张津、钱神、钱羽廷、钱祚诏、凌世华、朱篪、龚溥、龚渐，员外郎龚芝、杜应豸，县丞朱绂、周应损、秦锐、章乾、杨柱，从弟王守第，各自到先生灵位前哭奠。

呜呼！丧纪作，则有孚惠我德者，固美而必章；而有孚惠我心者，亦盛而必传。读是编者，毋但曰雷阳寇公之竹而已也。

鸣呼！我写下这篇《袁纪》，凡是让我信服并且能提升我道德涵养的人和事，必定要加以赞美和彰显；凡是让我信服并且让我内心激励的人和事，也必定详尽地为之立传。读到这篇文章的人，千万不要以为这只是雷阳寇公之竹的虚名啊。

卷之三十八　附录七　世德纪附录

辨忠谗以定国是疏

门人陆澄刑部主事时上

臣切见巡按江西监察御史程启充、户科给事中毛玉，各论劾丁忧新建伯王守仁，似若心迹未明，功罪未当者。此论一倡，一二嫉贤妒功之徒固有和者，而在朝在市，冤愤不平。臣系守仁门生，知之最详，冤愤特甚，敢昧死一言。

译文

我见到巡按江西监察御史程启充、户科给事中毛玉，他们分别上奏弹劾正在服父丧的新建伯王守仁，他们好像别有用心，对王守仁的功罪评价得很不恰当。他们这种言论一出来，必然会有一两个嫉贤妒能的人附和，但是在朝廷的正义之人会感到含冤愤怒，心中不平。我是王守仁的学生，对他了解得非常清楚，尤其感到愤慨，因此敢冒死向皇上进言。

谨按守仁学本诚明，才兼文武，抗言时事，致忤逆瑾，杖之几死。谪居龙场，居夷处困，动心忍性，独悟道真。荷先帝收用，屡迁至于巡抚。其在南赣，四征而福建、湖广、广东、江西数十年之巨寇为之荡平。因奉敕勘事福建，道由江西至于丰城，适遇贼变，拜天转风，舟返吉安，倡义督兵，不旬月而贼灭。人但见其处变之从容，而不知其忠诚之激切；人但见其成功之迅速，而不知其谋略之渊微；人但见其遭非常之构陷，而祸莫能中，而不知其守身无毫发之可疵。当时张锐、钱宁辈以不遂卖国之计而恨之，张忠、江彬辈以不遂冒功之私而恨之，宸濠、刘吉辈以不遂篡逆之谋而恨之。凡可以杀其身而赤其族者，诛求搜剔，何所不至？使守仁而初有交好之情，中有犹豫之意，后有贪冒之为，诸人其肯隐忍而不发乎？迨皇上龙飞，而褒慰殊恩，形于诏旨。天下方快朝廷之清明，不意功罪既白，赏罚既定，乃复有此怪僻颠倒之论，欲以暧昧不明之事，而掩其显著不世之功，天理人心安在哉！

译文

王守仁的学术以内心诚敬明朗为本，他文武双全，由于上疏反对权奸，触怒了刘瑾，遭受廷杖，几乎死掉。后来他被贬官至龙场，居住在条件艰苦的蛮夷之地，动心忍性，领悟到了大道真理。幸好得到先帝任用，经过多次提拔，官至巡抚。他在南赣任职时，四次举兵征讨，福建、湖广、广东、江西几十年的巨寇被扫荡平定。由于皇帝委派，他到福建办理事务，从江西出发，走至丰城时，正遇到叛贼发生动乱，守仁在情急之下，仰拜苍天，让风向发生改变，才乘船返回吉安，在那里提倡大义、集合兵马，一个月不到就把叛贼歼灭了。人们只是看到他可以从容地处置叛乱，却不知晓他内心忠诚的急切；人们只是见到他迅速取得平叛的胜利，却不明白他的谋略之深刻；人们只是见到他遭受非同一般的陷害却没有被灾难打倒，但并不了解他洁身自好，没有丝毫过失。当时，张锐、钱宁等人因为卖国诡计没有得逞而忌恨守仁，张忠、江彬等人因没能满足他们冒领功绩的私欲而痛恨守仁，朱宸濠、刘吉等人由于图谋篡位的谋划不能实现而对守仁怀恨在心，但凡能够用来杀害他与灭他家族的方法，他们还有哪个没用过？假如守仁最初就有交好权奸的想法，过后又犹豫不定，最后为谋取个人私利而为权奸做事，那么那些人会把这些事藏在心中不说出来吗？皇帝继位之后，亲自下诏书对守仁进行奖励，天下的人都为朝廷的清明而激动振奋，没想到功绩与罪过已经清楚，奖赏与惩罚已经确定，却又有这样颠倒黑白怪异邪僻的言论，打算用一些暧昧含糊的事来遮掩守仁卓越的功勋，天理人心到底在哪儿呢！

论者之意，大略有六：一谓宸濠私书，有“王守仁亦好”一语；二谓守仁曾遣冀元亨往见宸濠；三谓守仁亦因贺宸濠生辰而来；四谓守仁起兵，由于致仕都御史王懋中、知府伍文定攀激；五谓守仁破城之时，纵兵焚掠，而杀人太多；六谓宸濠本无能为，一知县之力可擒，守仁之功不足多，而其捷本所陈，妆点过实。然究其本心，不过忌其功名而已。

译文

持怪论的人，大致有六种说法：第一种，在朱宸濠的私信当中，有“王守仁亦好”这一句话；第二种，守仁曾派冀元亨前去参拜朱宸濠；第三种，守仁也由于庆祝朱宸濠的生辰而前去拜访过朱宸濠；第四种，守仁兴兵讨伐，是由于受到了辞职回家的原都御史王懋中与知府伍文定的激励；第五种，守仁进攻城池时，纵兵烧杀抢夺，且杀人很多；第六种，朱宸濠本就没有能力，凭一个知县的力量就能够擒获他，守仁的功劳并不是非常大，但是他在他的奏本里却大加渲染，言过其实。但是探究他们的用心，不过都是忌恨守仁的功名罢了。

宸濠私书“王守仁亦好”之说，乃启充得于湖口知县章玄梅者。切惟刑部节奉钦依：“原搜簿籍，既未送官封记收掌，又事发日久，别生事端，委的真伪难辨，无凭查究，着原搜获之人尽行烧毁。钦此。”今玄梅之书从何而来？使有之，何足凭据？且出于宸濠之口，尤其不足取信者。夫豪杰用意，类非寻常可测。守仁虽有防宸濠而图之之意，使几事不密，则亦不过如孙燧、许逵之一死以报国而已，其何以成功以贻皇上今日之安哉？设使守仁略有交通宸濠之迹，而卒以灭之，其心事亦可以自白，况可以不足凭信之迹，遂疑其心而舍其讨贼之大功哉？

译文

朱宸濠的私信中有“王守仁亦好”的说法，是启充从湖口知县章玄梅那里得到的。现在刑部还有皇帝的圣旨，说：“原来搜集得来的文簿书籍，没能送交官府验封收藏，事情发生了很长时间，容易产生事端，并且真伪难辨，没有查实的证据，命令原本搜集这些东西的人全把它烧掉。钦此。”现在章玄梅所说的私信从哪里来？假如有这样的信件，又拿什么来证明它的真伪呢？况且这话是出自朱宸濠之口，更加不能让人相信。英雄豪杰的用意的确不是一般人能够预测的。守仁虽有提防并图谋歼灭朱宸濠的主意，但假如机密泄露，对他自己来说，也不过是就像孙燧、许逵一样以死报国罢了，如果是这样，那么他怎么能够成功地让皇帝现在的天下得以太平呢？假如王守仁略有与朱宸濠相通的迹象，最终王守仁平定朱宸濠的叛乱，也能够表露他的真实心理，而且难道我们可以用不值得相信的事来质疑守仁的用心，忽略他平定叛乱的功劳吗？

其遣冀元亨往见者，是守仁知宸濠素蓄逆谋，而元亨素怀忠孝，欲使启其良心，而因以探其密计尔。元亨一见，不合而归。使言合志投，当留信宿，何反逆之日，反在千里之外乎？今元亨之冤魂既伸，而守仁之心事不白，天理人心何在乎？

译文

他派冀元亨去拜访朱宸濠，是由于王守仁知道朱宸濠蓄意谋反，但是冀元亨向来有忠孝之心，因此计划派他前去启迪朱宸濠的良知，打听叛贼的秘密动向。冀元亨与其一见面就发现两人意见不合，于是就回来了。假如他们言语相合，志气相投，朱宸濠应该将他留宿，为什么冀元亨只停留一天，就从千里以外赶回来呢？现在已逝的冀元亨的冤屈得到了伸展，但守仁的心事却不能表明，天理人心在哪儿呢？

毛玉疑守仁因贺宸濠生辰，而偶尔遇变，殊不知守仁奉敕将往福建，而瑞金、会昌等县瘴气生发，不敢经行，故道出丰城。且宸濠生日在十三，而守仁十五方抵丰城，若贺生辰，何独后期而至乎？

译文

毛玉质疑守仁本是去参加朱宸濠生日祝贺的，只是偶尔碰到叛乱才改变了主意，却不知守仁是奉皇上的命令赶往福建，但是路上的瑞金、会昌等县，充满瘴气，不敢途经，因此绕道丰城。况且朱宸濠的生日在十三日，而守仁在十五日才到达丰城，假如是庆贺生日，为什么偏偏过了期限才抵达呢？

其谓守仁由王懋中等攀激起兵，尤为乖谬。守仁近丰城五里而闻变，即刻伪写两广都御史杨旦大兵将临火牌，于知县顾佖接见之时，令人诈为驿夫入递，守仁佯喜，以为大兵既至，贼必易图，当令顾佖传牌入城，以疑宸濠。又令顾佖守城，许与拨兵助守。时有报称宸濠遣贼六百追虏王都者，守仁回船而南风大逆，乃恸哭告天，而顷刻反风。守仁又恐贼兵追至，急乘渔舟脱身。此时王懋中安在？次日奔至蛇河，遇临江知府戴德孺，即议起兵。因不足恃，又奔入新淦城，欲与知县李美集兵。度不可居，复奔至吉安。见仓库充实，遂乃驻扎，传檄各处，起调军民。一面榜募忠义之士，方令伍文定以书请各乡官王懋中等盟誓勤王，而懋中又迟疑二日，乃始同盟。夫各府及万之兵，若非提督军门以便宜起调，其肯听致仕乡官而集乎？今乃颠倒其说，至谓守仁掩懋中之功，天理人心安在乎？

译文

他们说，王守仁由于王懋中等人的激励才率兵平定叛乱，这就更荒唐了。守仁在距离丰城五里时才听到变乱的消息，但他立刻就虚假地写了两广都御史杨旦大兵将临的火牌，在知县顾佖接见他时，派遣人扮作驿夫呈递进去，守仁装作很高兴的样子，认为大量的兵马已赶来，叛贼必定容易被制服，应该派顾佖把火牌传入城里，让朱宸濠疑惑。又派遣顾佖坚守城池，答应派遣兵士帮助他守卫。当时有人向守仁回报说，朱宸濠派了六百多个贼寇追赶，想俘虏他，守仁赶紧乘船往回返，但是当时南风刮得非常猛烈，船无法前行，守仁于是痛哭流涕向上天祷告，过一会儿，风向就发生了改变。守仁又担心贼兵追赶，慌忙乘着渔船离开，这时王懋中在哪儿呢？第二天，他奔走至蛇河，遇上了临江知府戴德孺，就商讨起兵平叛的事情。由于兵马不足，又奔至新淦城，计划与知县李美一同调集兵马。考虑到那儿不能长居，就又赶赴吉安。见到这个地方粮草充实，于是就驻扎在那里，传送檄文到各个地方，调动兵马。另一方面张榜募集忠义之士，派遣伍文定写信请各位回乡的官吏如王懋中等人结盟宣誓平定叛乱，但是王懋中又迟疑了两日，才加入同盟。各个府县近一万的兵马，假如不是守仁亲自谋划，用便宜行事的令牌征集，单凭一个退休回乡的乡官能调集得动吗？现在有人颠倒是非，甚至说守仁抢走了王懋中的政绩，天理人心在哪儿呢？

至于破城之时，焚者，宫中自焚，故内室毁而外宇存，官兵但救而无焚也。掠者，伍文定之兵乘胜夺贼衣资，众兵不然也。杀人者，知县刘守绪所领奉新之兵，以守仁号令“闭门者生，迎敌者死”，故杀迎敌者百余人。及守仁至，斩官兵杀掠者四十六人，遂无犯者矣。且省城之人，各受宸濠银二两、米一石，与之拒守，是贼也，杀之何罪？又宫为贼巢，财皆贼赃，焚之掠之，亦何罪哉？今舍其大功而摘其小过，几何而不为逆贼报仇乎？

译文

至于攻破城门时，火是宫里的人放的，因此宫内的屋室都被烧毁，而外边的建筑仍旧保存完整，官兵只是救火却并没有纵火。抢劫，是伍文定所率领的士兵，趁机抢夺贼寇的衣服用品，众多的官兵并非那样。杀人，是知县刘守绪率领的从奉新调来的军队，由于守仁有号令为“闭门者生，迎敌者死”，因此杀了迎敌的一百多个兵士。等守仁赶到，斩杀了曾杀人抢劫的四十六个兵士，于是没有人敢这样做了。况且省城中的人，全是接受了朱宸濠二两银、一石米的人，他们为朱宸濠固守城门，这样的贼寇，杀他们又有什么罪过呢？再者，南昌城的宫廷是叛贼的巢穴，财物全是叛贼的赃物，烧掉它、抢夺它，又有什么罪过呢？现在舍弃他的大功，专门捡他的小过，这不是替叛贼报仇吗？

且宸濠势焰薰天，触者万死，人皆望风奔靡而已。及守仁调兵四集，捣其巢穴，散其党与，数败之余，羽翼俱尽，妻妾赴水，乃穷寇尔，夫然后知县王冕得以近之。今乃以为一知县可擒，甚无据也。果若所言，财孙燧、许逵何为被杀？而三司众官何为被缚耶？杨锐、张文锦何为守之一月不敢出战，必待省城破而贼自解围耶？伍文定何以一败而被杀者八百人？其余诸将又何以战之三日而后擒灭耶？

译文

而且朱宸濠气焰嚣张，反抗他的人都难逃一死，人们一听到风声都立马逃跑。等王守仁从四面八方调来兵马之后，捣毁叛贼的巢穴，分散他的同党，几次大败宸濠，朱宸濠的势力被削弱，妻妾都投水自尽，到了穷途末路。这样以后知县王冕才可以与他们作战。现在却认为单凭一个知县就能够擒获朱宸濠，是非常没有根据的。假如真的像有些人所说的那样，那么孙燧、许逵为什么会被杀掉呢？而且三司的众多官吏为什么会被俘虏呢？杨锐、张文锦为何坚守了一个月不敢出去作战，必等省城被攻破而叛贼自行解困呢？为什么伍文定一次失败就被杀害八百多人呢？其余的各路将领又为何作战了三天才擒获杀灭叛贼呢？

至若捷本所陈，若作伪牌以疑贼心，行反间以解贼党之类，所不载者尤多，而谓以无为有，可乎？

译文

至于像告捷文本所记录的，假造火牌来使叛贼迷惑，运用计策解除叛贼的围困这种事，没有记载的非常多，总把没发生的事当做发生了来记录，难道可以这样做吗？

夫宸濠积谋有年，一旦大发，震撼两京，而守仁以一书生，谈笑平之于数日之内，功亦奇矣。使不即灭，而贻先帝亲征之劳，臣不知卖国之徒计安出也？使不即灭，先帝崩，臣又不知圣驾之来，能高枕无忧否也？今建不世之功而遭不明之谤，天理人心安在哉？

译文

朱宸濠图谋叛乱已经许多年了，一发动，就震撼了朝野，但是王守仁作为一介书生，谈笑间在几天之内就平定了这场变乱，真可以说立下了奇功。

假如贼寇没有被立即消灭，而是让先帝亲自率兵讨伐，我不明白那些企图卖国求荣的奸贼，又会想出什么更阴险毒辣的计策呢？假如叛贼没有被立即消灭掉，而先帝又离世了，我又不明白皇上继承皇位之后，是否能高枕无忧呢？现在守仁建立了卓越的政绩，却遭遇不明不白的诽谤，天理人心到底在哪儿呢？

臣知守仁之心决非荣辱死生所能动者，但恐公论不昭而忠臣义士解体尔，此万世忠义之冤而国是之大不定者，宜乎天变之叠见也。臣与守仁分系师生，义均生死，前之所辩，天下公言。伏愿圣明详察，乞降纶音，慰安守仁。仍戒饬言官，勿为异论，庶几国是以定而亦消天变之一端也。臣干冒天威，不胜战慄，待罪之至！

译文

我知道王守仁的心性绝对不是荣辱生死能撼动得了的，只是担心公理不明，忠臣义士会一一离开，这是万代相传的忠义之士承受的冤屈，也是国家不太平的原因，因此上天的异象多次出现。我与守仁是师生，是生死之交，前面辩解的话是天下人都想要说的。愿圣上英明详细考察，请求下一道诏书，来慰藉守仁。劝诫言官不要讲怪异的言论，国家安定，上天的异象自然会消失。我言语不恰当，冒犯了圣上，不胜惶恐，深知自己有罪！

明军功以励忠勤疏

门人黄绾光禄寺少卿时上

臣闻赏罚者，人主御天下之操柄也。得其操柄，死命可致，天下可运之掌；不得其操柄，百事具废，欲治，得乎？故明主慎之，至亲不可移，至仇不可夺，有功必赏，有罪必诛，然必称天以命之，示非私也。臣下视之，不饰虚誉，不结援党，不思贿托，惟勉忠勤，死不敢易，欲不治，得乎？今或不然，凡饰誉、援党、贿托，讥谗不及，必获显擢，无不如意。凡尽忠勤职，即讥谗猬集，黜辱随至，无不失意。以此操柄失御，人皆以奸结巧避为贤，孰肯身任国家事哉？臣不能枚举，姑以先朝末年陛下初政一事论之。

译文

我听闻赏罚是君王操控天下的权力，有了这种权力，命令就能够坚定地实施下去，治理天下就是非常简单的事了；假如不能把控这种权力，好多事情都不能做，想治理天下，难道可以做到吗？因此英明的君王总对这件事非常谨慎，对最亲近的人不可以滥施，对自己最仇恨的人也不能不给予，有了功绩就必须要奖励，有了罪过就必须要诛杀，但是一定要用上天的名义来颁发，表示不是私自的判断。在臣看来，只要大臣不虚伪作假获得声誉，不结党营私，不接受贿赂，只是勤恳地忠于王事，到死也不敢改变志向，就是不想让天下得到治理，难道可以做到吗？然而现在有些人不是这样，沽名钓誉，结党营私，接受贿赂，想方设法害别人犹恐不及，但是却被提官到重要的位置上，想做什么都可以。但凡勤恳、恪尽职守的人，都会遭遇到流言蜚语的陷害，接着就是罢职回乡，感到很失意。以这种赏罚失当的情形，人们都把奸诈与明哲保身的人当作贤者，谁肯亲身承担国家大任呢？我不能列举如今的情况，暂且用先朝末年陛下刚执政时的事来论证这个道理。

如宸濠构逆，虐焰吞天，藩郡震动，宗亲慑忧，陛下尝身见之矣。腹心应援，布满中外，鼎卿近幸，贿赂交驰，卖国奸臣，待时发动。两京乏备，四路无人，方镇远近，莫之如何，握兵观望，滔滔皆是。惟镇守南赣都御史王守仁领敕福建勘事，道经南昌，中途闻变，指心吁天，誓不与贼俱生。赤身孤走，设奇运谋，乃遣优人赍谍，假与天兵约征，方镇会战，俾其邀获，以示有备。牵疑贼谋，以俟四路设备。中执叛臣家属，缪托腹心，又示无为，以安其心。然后激众以义，纠集乌合。待兵成虑审，发书骂贼，使觉悔。既出摄兵，收复南昌，按甲待之。贼至安庆，攻城方锐，警闻使还，算其归途，水陆邀击，大溃贼众，遂擒宸濠于樵舍。兵法有先胜而后求战者，非此谓也。

译文

朱宸濠叛乱时，气焰滔天，各地都受到非常大的震撼，皇室宗亲也忧心忡忡，陛下曾经亲眼看到过这种情况。叛贼的心腹处处都是，一些重臣与皇上身边的人，都争抢着贿赂叛贼，那些卖国的奸贼也等待着时机，蠢蠢欲动。北京与南京都没有坚固的防守，远近的大臣都不清楚该怎么做，掌握兵权但持观望态度的人比比皆是。只有镇守南赣的都御史王守仁，正奉命到福建办理事务，在途经南昌时，听闻朱宸濠变乱的消息，他对天发誓，不与叛贼共存。他只身一人四处奔波，设立奇巧的计谋来应对敌人，派优人给叛贼送了消息，说已经与朝廷的大军相约，要一起会战，只等叛贼来，王守仁用这个谋略向敌人表示他已有防备。继而牵制与迷惑敌人，有充足的时间等待各路兵马的调集。又逮捕了叛臣的家属，凭借他们是叛贼的心腹，向叛贼表示官兵没有无所作为，以此来平定贼寇的心情。然后用大义激励众多士兵，奋勇杀敌，待时机成熟之后，给叛贼写信告诉他们真实情况，让他们后悔。在叛贼出兵攻打安庆时，守仁收复了南昌，并且把军队驻扎下来，等待机会，再攻击敌人。叛贼抵达安庆的时，对城池的攻击十分猛烈，他们听闻南昌被攻破的消息相当恐慌，慌忙派兵回去救援，守仁计算好敌人回来的路程，水陆夹击，大败叛贼，就在樵舍逮捕了朱宸濠。兵法上说，兵力占绝对优势以后才能作战，守仁不是这种情况。

成功之后，江右疮痍未复，武宗皇帝南巡，奸权攘功，嫉谮百端，危疑莫测。守仁恭勤曲致，方靖地方，仅获身免。守仁为忠，可谓艰贞竭尽者矣。使时无守仁倡义统众，谋获机宜，战取有方，安庆卒破，金陵不保，长驱北上，应援蜂起，腹心阴助，京师存亡未可知也。虽毕竟天命有在，终必歼夷，旷日持久，士夫戮辱，苍生荼毒，可胜言也！

译文

成功之后，江右的战争创伤还没能平复，武宗皇帝到南方巡查，权奸小人为了争抢功绩，大肆用谗言诽谤守仁，守仁处在不能预料的险境中。守仁恭敬勤劳恪尽职守，又刚平定了地方上的叛乱，竟仅仅是免于被治罪，没有得到任何奖励。守仁尽忠守义，可以说是竭尽全力了。假如当时没有守仁提倡大义，调动兵马，采取合适的策略，安庆被攻破之后，金陵也难以保全，假如叛贼长驱北上，又有投靠的奸邪小人蜂起相拥，再有心腹之徒暗自帮助，京师的存亡的确是难以预测的。虽然毕竟有天命决定，最终一定会歼灭叛贼，可假如战争持续时间很久，百姓将遭遇莫大的灾难，这些，怎么能用语言表达！

守仁南赣镇守地方之责，初无所与，今受责地方者遇事不敢担当，不过告变待命而已。守仁家于浙之山阴，浙乃江右通衢，兵力素弱，长驱或下，父兄宗族有噍类乎？此时守仁，夫岂不思，但忘私奉公，以为社稷不幸或败，夷灭何悔？守仁之志可谓精贯白日者矣。幸而成功，宇内太平，所谓徙薪曲突，人不为功，亦不致思其忠。

译文

守仁镇守南赣，负责管理那个地方，叛乱开始发生时，他就没有推卸平定叛乱的职责。但是现在负责管理某一个地方的官吏，碰到事情不敢承担，只是报告了叛乱的消息，等待命令罢了。守仁的家位于浙江一带的群山北面，浙江是江右的交通要道，兵力很弱，假如叛贼朱宸濠派兵长驱直下，那守仁的父兄宗族能够活下来吗？当时的守仁，并不是没思考过这些事，只是他忘记了自己，一心为公。他想的是，只要社稷安定了，即便宗族被灭绝，又有什么后悔的呢？守仁的志气可以说是与日月同辉了。所幸平叛成功，天下太平，所谓提前做好准备，以防危险发生，人假如不是为了立功，也不会竭尽全力想着效忠朝廷。

又守仁于武宗初年，刘瑾为奸，人莫敢言，守仁斥之触恨，选杖毒决，碎尻折髀，死而复苏。流窜瘴裔，久方赦还，始获录用。乃者南赣乏镇，溪谷凶民聚党为盗，视效虐劫，肆无忌惮。凡在虔、楚、闽、广接壤山泽，无非贼巢，大小有司束手无策，皆谓终不可理。守仁镇守未及三年，兵威武略，奇变如神，以故茶寮、桶冈诸寨，大冒、浰头诸寨，次第擒灭，增县置逻，立明约，遂为治境。视古名将，何以过此？江右之民，为立生祠，岁时祝祭，民心不忘，亦可见矣。

译文

武宗初年，刘瑾执掌朝政非常奸诈，没有人敢说话，守仁排斥他，遭到憎恶，刘瑾对他施加廷杖，打得他臀部粉碎，大腿折断，昏死过去，之后又渐渐苏醒。最后被贬到万里之远的瘴疠蛮夷之地，很久之后才奉召赦免，开始被朝廷任用。之后南赣不安定，那里地势险峻，民风凶悍，盗匪经常出没，大肆地抢夺财物。虔、楚、闽、广接壤的山泽，全都是贼寇的巢穴，大小官吏对此都束手无策，都说无法处理。但是，守仁镇守那个地方不到三年就兵力壮大，再加上他谋略如神，所以茶寮、桶冈各个山寨，大冒、浰头各个山寨，相继被歼灭，而且还增设县治，设立哨所，立下了明确的约定，于是那个地方成为了管理得非常好的地方。遍视古代名将，谁的功绩能赶得上他呢？江右的百姓为他设立了生祠，每年在春秋两季进行祭祀，百姓不会忘记他，于此可见一斑。

曩者陛下登极，命取来京宴赏，封之新建伯，而升南京兵部尚书。言者又谓不当来京宴赏，以致奢费。夫陛下大官之厨，日用无纪，较诸一餐之宴，所费几何，犹烦论之；北京岂无一职？必欲置之南京，此乃邪比蔽贤嫉功之所为也。守仁后丁父忧，服满，遂不起用，反时造言排论。然虽蒙拜爵升官，铁券未给，禄米未颁，朝事无与，迹比樵渔。纵使有过，何庸论之，况有功无过哉？其意尤可知矣。

译文

从前陛下登上皇位之后，下令让王守仁来京接纳宴赏，并封他为新建伯，升官为南京兵部尚书。进谗言的人又说，不应该让守仁来京接受宴赏，这样做会导致奢华靡费。其实陛下的重臣在平日要花费许多银两，与一顿宴赏相比，到底哪个花费大呢，这其实根本没有讨论的必要；有人不厌其烦地讨论，北京难道就没有一个官职能够供王守仁发挥才能吗？但必须要把他安置在南京，这些都是那些妒忌守仁功劳的权奸小人做的。守仁后来为父守丧，守丧期满，朝廷就不再任用他了，反而常常在言论上排挤他。守仁虽接受了封爵升职的诏书，但誓书铁券和相应的俸禄都没能给他，且不让他在朝廷上参与任何事，像对待渔樵一样对待他。即使他有什么错，为何必须要加以评论，更何况他是有功无过的呢？这里面的用意，其实是非常清楚的。

不独守仁，凡共勤王大小臣工，亦废黜殆尽。臣不能枚举，姑以一二论之。

译文

不单单是王守仁，但凡参加了平叛的大小官员，也都被罢免得差不多了。我不能一一列举，暂且举一两个例子来评论这件事。

彼时领兵知府，惟伍文定得升副都御史，得荫一子千户。邢珣、徐琏但升布政，即令闲住。彼亦何过？纵使有过，八议恶在？戴德孺虽升布政，即死于水，皆无荫子。副使陈槐，因劝宰臣进贤，致怒仇人，希意诬之，独黜为民。御史伍希儒、谢源辄以考察去官。且陈槐、邢珣等皆抱用世之才，秉捐躯之义，因功废黜，深可太息！

译文

那时率兵平叛的知府中只有伍文定升官担任副都御史，荫庇一个儿子承袭他的千户之职。邢珣、徐琏只升任为布政，就让他们闲住在那里。他们也有什么过错吗？即使他们有过错，八个条目的真实内容在哪儿呢？戴德孺虽被提拔为布政，却淹死在水中，没有荫庇他的子孙。副使陈槐由于鼓励宰相起用贤人，让宰相相当恼怒，再加上仇人故意诬蔑他，导致他被罢官为民。御史伍希儒、谢源，在政绩考察中丢失了官职。况且陈槐、邢珣等全都有治世之才，秉承为国捐躯的大义，如今却由于有功而遭受罢黜，这实在是令人叹息！

然在今日，陛下操柄之失，莫此为甚。他日无事则可，万一有事，将谁效用哉？况守仁学原性命，德由忠恕，才优经济，使之事君处物，必能曲尽其诚，尤足以当薰陶、备顾问。以陛下不世出明圣之资，与之浃洽讲明，天下之治，生民之福，岂易言哉？前者言官屡荐，故尚书席书、吴廷举，今侍郎张璁、桂萼皆荐之，曾蒙简命，用为两广总制。臣谓总制寄止一方，何若用之庙堂，可以赞襄谋议，转移人心，所济天下矣。

译文

然而在现在，陛下执掌权柄的过错，没有比这个更大的了。以后如果不发生什么大事倒也罢了，如果发生什么大事，谁将给您效力呢？况且守仁懂得性命之学，有忠恕之德，有管理事务的能力，假如让他帮助皇上处理事务，他必定可以诚心诚意把事情办得非常妥帖，尤其足够承担讲习学问、顾问国事的责任，凭借陛下这样盛名俊秀的资质，只要与他在一起讨论讲习学问，那么天下的治理，百姓的幸福，难道不是非常容易就能实现吗？之前言官多次推荐王守仁，前任尚书席书、吴廷举，如今的侍郎张璁、桂萼都推荐他，之后曾蒙皇上的诏书，用他为两广总制。我认为总制这个职位只能让他在一个地方施展才能，假如任用他到朝廷做官，就能够让他帮助策划天下大事，让天下人心归善，所能帮助救济的就是天下了。

伏惟陛下，念明良遭遇之难，蚤召守仁，令与大学士杨一清等共图至治。另推才能为两广总制，仍敕该部给与守仁应得铁券禄米。将陈槐、邢珣、徐琏等起用，伍希儒、谢源等查酌军功事例议录，戴德孺量与荫袭。此实陛下奉天所操之大柄，不可毫发移夺者，宜早收之，以为使人宣忠效力之劝。臣不胜恳悃之至！

译文

请求陛下，念他忠正诚笃但又多次遭遇灾难，早早召回守仁，让他与大学士杨一清等人，一同谋划治理国家。另外推荐有才能的人担任两广总制，仍下诏让吏部给予守仁应得的铁券与禄米。将陈槐、邢珣、徐琏等人起用，伍希儒、谢源等人就按他们的军功商讨决定，戴德孺酌情给予其后人荫袭。这的确是陛下从上天那里接受来的最大权力，不能有丝毫的迁移变化，应该早早使用它，把它当作使人宣誓忠诚报效力量的方式。我真心诚意，诚恳之极，表达了这些！

地方疏

霍韬

窃见新建伯南京兵部尚书兼都察院左都御史王守仁奉命巡抚两广，已将田州、思恩抚处停当，随复剿平八寨及断藤峡等贼。臣等皆广东人，与贼邻壤，备知各贼为患实迹。尝窃切齿蹙额而叹曰："两广良民，何其不幸！生邻恶境，妻子何日宁也？"又尝窃计曰："两广何日得一好官员，剿平各贼，俾良民各安其生，而顽民染患未深者亦得格心向化也？"乃今恭遇圣明，特起王守仁抚剿田州、思恩地方，臣等窃谋曰："两广自是有底宁之期也，圣天子知人之泽也。"是役也，臣等为王守仁计曰："前巡抚动调三省兵若干万，梧州三府积年储畜军饷费用不知若干万，复从广东布政司支去库银若干万，米不知支去若干万，杀死疫死狼兵、乡兵、民壮、打手不知若干万，仅得田州安靖五十日耳。自是而思恩叛矣，吊岩贼出围肇庆府矣，杀数千家矣。此贼并时同出，盖与田州、思恩东西相应和者也。若王守仁者，乘此大败极敝之后，仰承圣明特擢之恩，虽合四省兵力，再支库银百余万，支米数百万，剿平田州，报功级数万人，亦且曰'天下之大功也'。"然而守仁不役一卒，不费斗粮，只宣扬陛下圣德，遂致思恩、田州两府顽民稽首来服，其奉扬圣化以来远人，虽舜格有苗，何以过此！臣等是以叹服王守仁不惟能肃将天威，实能诞敷天德也。

译文

我看到新建伯南京兵部尚书兼都察院左都御史王守仁奉命巡抚两广，已将田州、思恩安抚处置妥当，接着又剿灭平定了八寨和断藤峡等地的贼寇。我们几个都是广东人，家乡和贼寇的巢穴相邻，所以能对各处贼寇胡作非为的情况有清楚的了解。我曾经在暗地里咬牙切齿皱着眉头感叹地说："两广的百姓是多么不幸啊！生活在如此险恶的环境中，妻子儿女什么时候才能得到安宁呢？"又曾经暗地里筹划说："两广什么时候才能有一位好官员，前来剿灭平定各处贼寇，使百姓安心生活；而那些沾染恶习不深的顽民，也能使他们洗心革面，接受教化呢？”现在幸遇圣明时代，特地起用王守仁去安抚、剿灭田州、思恩地方的贼寇，我们私下商议说：“两广从此就有了安宁的日子了，确实是受到了圣天子知人善任的恩惠。”这次作战，我们替守仁算计了一下说：“前任巡抚调动了三省几万的兵力，梧州的三个府县历年来储蓄了不知道多少万军饷费用，又从广东布政司支去了几万库银，米也支去了不知多少万，被杀死、因病而死狼兵、乡民、民壮、打手不知多少万，却仅仅让田州安定了五十天。从此之后，思恩也发生了叛乱，吊岩的贼寇出来围困肇庆府，杀死几千家人。这些贼寇同时出动，大概是想跟田州、思恩的贼寇互相呼应。像王守仁这样雄才大略的人，在如此险恶的环境下，受皇上提拔任用之恩，哪怕调集四省的兵力，再取支库银一百多万，支取米几百万，剿平田州，上报杀敌几万人，人们也会说‘这是天下的大功’。”可是守仁没有役使一个兵卒，没有浪费一斗粮，仅仅宣扬了陛下的圣德，就使思恩、田州两府做贼寇的百姓跪拜服从，守仁宣扬圣人的教化让远方的人前来归顺的能力，舜平定有苗叛乱的时候，也不过如此。我们因而十分叹服王守仁，他不仅能够宣示天威，实际上还能扩展天德。

若八寨之贼、断藤峡之贼，又非田州、思恩可比也。天下十二省，俱多平壤，惟广西独在万山之丛，其土险，其水迅，其山之高有猿猴不度、飞鸟不越者，故谚语曰：“广西民三而贼七。”由山高土恶，习气凶悍，虽良民至者亦化为贼也。八寨贼，洪武年间所不能平。断藤峡，成化八年都御史韩雍仅得讨平；及今五十余年，遗孽复炽。故广西贼巢，柳州、庆远、郁林、府江诸贼，虽时出劫掠，官兵亦屡请征之。若八寨贼，则自国初至今未有轻议征剿者。盖谓山水凶恶，进兵无路，消息少动，贼已先知，一夫控险，万兵莫敌，故百六十年未有敢征八寨贼者也。贼亦恃险肆恶，时出攻围城堡，杀掠良民，何啻万计？四方顽民犯罪脱逃，投入八寨，则有司不敢追摄矣；邻近流贼避兵追剿，投入八寨，则官兵不敢谁何矣。是八寨者，实四方寇贼渊薮也，断藤峡又八寨之羽翼也。广西有八寨诸贼，犹人有心腹疾也。八寨不平，则两广无安枕期也。今王守仁沉机不露，掩贼不备，一举而平之，百数十年豺虎窟穴，扫而清之，如拂尘然，非仰借圣人神武不杀之威，何以致此！

译文

八寨的贼寇、断藤峡的贼寇，又不是田州、思恩两地的贼寇能够相比的。天下十二省，都以平原为主，只有广西在万山丛林之中，山高沟险，水流湍急，山高到了猿猴翻不了、飞鸟飞不过的地步，所以有谚语说："广西十个百姓中有三个是良民，七个是贼寇。"因为那里山高土恶，民风凶悍，即使是良民，到了那里也会被变成贼寇。八寨的贼寇，洪武年间没能平定。断藤峡的贼寇，成化八年都御史韩雍征讨，勉强平定；到现在五十多年了，遗存的贼寇的力量又强大起来了。因而在广西的贼寇巢穴中，柳州、庆远、郁林、府江的各地贼寇，虽然常常出来抢劫、掠夺，但官兵也多次请求征讨他们。可是像八寨的贼寇，从建国之初到如今，还没有敢于轻易地商议征讨他们的人。人们大概是认为那儿山水险恶，无路进兵，而且稍有消息动作，贼寇就已经提前知道了，真是易守难攻，因而一百六十年来没有人敢于征讨八寨贼寇。贼寇也依据险要，肆意作恶，时常出去围攻城堡，杀掠良民，遭受残害的百姓何止数万！四面八方的品行恶劣的百姓，犯罪又逃脱后，就投入了八寨，那么当地的官吏就不敢再追捕了；附近地方的流贼，为了躲避官兵的追剿，也都投入八寨，这样官兵就不敢再追剿了。这个八寨，实际上是四面八方贼寇的汇聚地，断藤峡又好像八寨的羽翼。广西有八寨等各路贼寇，就如同人有心腹大患。八寨不能平定，那么两广就永远没有安定的日子。现在王守仁沉着稳健，称着贼人不备，一举平定了他们，贼寇盘踞了一百好几十年的巢穴，被清除得干干净净，就像打扫尘土一样，假若不是依靠圣人不杀之威，怎么可能做到这样！

臣等是以叹服王守仁能体陛下之仁，以怀绥田州、思恩向化之民，又能体陛下之义，以讨服八寨、断藤峡梗化之贼也。仁义之用，两得之也。

译文

我们因此叹服王守仁能够体察陛下的仁爱之心，因而安抚田州、思恩可以被感化的百姓，又能体察陛下的威严，讨服了八寨、断藤峡顽固不化的贼寇。仁爱和道义的运用，恰如其分。

谨按王守仁之成功有八善焉：乘湖兵归路之便，则兵不调而自集，一也。因田州、思恩效命之助，则劳而不怨，二也。机出意外，贼不及遁，所诛者真积年渠恶，非往年滥杀报功者比，三也。因归师讨逆贼，无粮运之费，四也。不役民兵，不募民马，一举成功，民不知扰，五也。平八寨，平断藤峡，则极恶者先诛，其细小巢穴可渐施德化，使去贼从良，得抚剿之宜，六也。八寨不平，则西而柳、庆，东而罗旁、绿水、新宁、恩平之贼，合数千里，共为窟穴，虽调兵数十万，费粮数百万，未易平伏。今八寨平定，则诸贼可以渐次抚剿，两广良民可渐安生业，纾圣明南顾之忧，七也。韩雍虽平断藤峡贼矣，旋复有贼者，实当尔时未及区画其地，为经久图，俾余贼复据为巢穴故也。今五十年生聚，则贼复炽盛也亦宜。若八寨乃百六十年所不能诛之剧贼，山川天险，尤难为功，今守仁既平其巢窟，即徙建城邑以镇定之，则恶贼失险，后日固不能为变，逋贼来归，不日且化为良民矣。诛恶绥良，得民父母之体，八也。

译文

考察王守仁的成功，有八个方面值得称赞：利用了湖兵在回归路途上的方便，部队不用调集就自觉组织起来了，这是第一个方面；因为田州、思恩官兵肯效命于朝廷，所以他们虽然非常辛劳，但是没有任何怨言，这是第二个方面；出其不意，使贼寇没来得及逃跑，杀掉的都是多年来无恶不作的贼首，不是往年滥杀报功的人能够比拟的，这是第三个方面；因为是顺路回归的军队讨伐叛贼，所以没有粮草运送的花销，这是第四个方面；没有从百姓中征兵，也没有招募百姓的马匹，一下子就成功了，百姓觉得没有被骚扰，这是第五个方面；平定八寨，平定断藤峡，首先诛杀了那些无恶不作的贼寇，而那些小小的巢穴，可以逐渐地用伦理道德感化，使他们远离贼寇，重新做好人，这样使得安抚和剿灭各得其宜，这是第六个方面；要是八寨没有被平定，那么西边的柳、庆，东边的罗旁、绿水、新宁、恩平的贼寇，有几千里连在一起的贼巢，即使调集几十万兵力，几百万粮草，也不可能轻易地平定，如今八寨的贼寇被平定了，那么其他许多贼寇可以逐渐地被安抚和剿灭，两广的老百姓从此就可以逐渐安居乐业，使圣上对南方的忧虑得以消除，这是第七个方面；韩雍虽然当时平定了断藤峡的贼寇，但不久又出现了新的贼寇，确实是由于当时没有很好地筹谋长久的办法，以至于让贼寇又占据了原来的巢穴，现在经过五十年休养繁衍，反贼重新兴起，并且像这样的八寨反贼是一百六十年都不能诛灭的凶悍贼寇，山川险要，很难剿灭成功，现在守仁平定了反贼的巢穴，当即就建立城邑来镇守那个地方，凶恶的贼寇就失去了可以依靠的险要之地，以后再无法占据险要的地方作贼寇了，用不了多久就会被感化为良民，诛杀恶贼，安抚良民，体现了作为人民父母的本色，这是第八个方面。

或者议王守仁则曰："所奉命，抚剿田州、思恩也，乃不剿田州则亦已矣，遂剿八寨，可乎？"臣则曰："昔吴楚反攻梁，景帝诏周亚夫救梁，亚夫不奉诏，而绝吴楚粮道，遂破吴楚而平七国，安汉社稷。夫不奉诏，大罪也，景帝不以罪亚夫，何也？传曰：'以内，寡人制之；以外，将军制之。'又曰：'大夫出疆，有可以安国家、利社稷，专之可也，古之道也。'是故周亚夫知制吴楚在绝其食道，而不在于救梁也。是故虽有诏命，犹不受也。惟明君则以为功，若腐儒则以为罪。今王守仁知田州、思恩可以德怀也，遂约其降而安定之；知八寨诸贼百六十年未易服也，遂因时仗义而讨平之。仁义之用，达天德者也，虽无诏命，先发后闻可也，况有便宜从事之旨乎？"

译文

有人评议王守仁说："王守仁本是奉命去安抚、剿灭田州、思恩的贼寇的，可是他没有剿灭田州的贼寇也就罢了，却剿灭了八寨的贼寇，这样做可以吗？"我却说："以前吴国和楚国反攻梁国的时候，景帝下诏让周亚夫去援助梁国，周亚夫却没有奉诏行事，只是断绝了吴国和楚国的粮道，于是攻破了吴国和楚国并平定了其他七国，安定了汉朝的社稷。不奉诏行事，罪过极大，但景帝并没有因此而定周亚夫的罪，这是什么原因呢？传记中记载说，‘都城以内，由皇上治理；都城以外，由将军治理。’又说：‘大夫出征边疆遇有可以安国家、利社稷的事时，进行专断决定是可以的，这是自古以来就有的道理。’因此周亚夫知道制服吴国和楚国在于断绝它们的粮道，而不在于直接去援助梁国。因此即使有皇上的诏命，周亚夫像没有接受一样。只不过明智的君主把这当作功劳，迂腐的儒生却认为这是罪过。现在王守仁知道对田州和思恩，可以用仁德安抚，于是让他们约定日期前来投降，从而安定了他们；他知道在八寨的各路贼寇，已经在那里盘踞了一百六十多年，不能轻易被制服，于是利用一个机会便讨平了他们。仁义的运用，是达于天德的大事，即使没有皇帝的诏命，也可以先斩后奏，况且守仁还有便宜从事的圣旨呢？”

或者又曰：“建置城邑，大事也；区处钱粮，户部职也。不先奏闻而辄兴功，可乎？”臣则曰：“古者帝王千里之内自治，千里之外附之侯伯而已，是岂尧舜汤武圣智反后世不如哉？盖虑舆图既广，则智力不及，与其役一己耳目之力而无益于事，孰若以天下贤才理天下事为逸而有功也。是故帝王之职在于知人而已，既知其人之贤而委任之矣，则事之举错，一以付之而责其成功。若功效不孚，乃制其罪可也。今既任之，又从而牵制之，则豪杰何所措手足乎？是故王守仁之平八寨也，所杀者贼之渠魁耳，若逋逃者，固未及杀也。乘此时机建置城邑，遂招逋逃之贼复业焉，则积年之贼皆可化为良民也。失此机会，撤兵而归，俟奏得旨，乃兴版筑，则贼渐来归，又渐生聚，据险结寨，以抗我师，虽欲筑城，亦不能矣。昔者范仲俺之守西边也，欲筑大顺城，虑敌人争之，乃先具版筑，然后巡边，急速兴工，一月成城。西夏觉而争之，已不及矣。尔时范仲俺若俟奏报，岂不败乃事哉？王守仁于建置城邑之役，盖计之熟矣，钱粮夫役，固不仰足户部而后有处也。其以一肩而分圣明南顾之忧，可谓贤矣。不以为功，反以为过，可乎？”

译文

有人又说：“建置城邑是大事，调拨钱粮是户部的职责。不事先向皇帝奏知，就自作主张，可以吗？”我却说：“古代的帝王千里之内的地方由自己治理，千里之外的地方则托付给侯伯去治理，这是尧舜、汤武那时的智者所采用的办法，难道后代反而比不上前代吗？国家的版图扩大了以后，一个人的智力就没有办法全部管理，与其穷尽自己一个人的能力却对事情没有什么帮助，不如让天下的贤能之才处理天下的事情，这样才会事半功倍。因此帝王的职责在于懂得使用人才，了解一个人的贤能以后，就可以把重任委派给他，那么要办理的事情，就一并由他主张，使其成功。如果这个人不能胜任，就可以治他的罪。如今既然任用他，又从中牵制他，贤能之人能放手处理问题吗？因此王守仁平定八寨的时候，杀死的都是贼寇中的头目；那些逃跑的，本来就罪不至死。守仁是想趁着这个机会建置城邑，从而招集刚逃跑的贼寇恢复往日的产业，使做了那么多年的贼寇都能转化为良民。如果丧失了这个机会，当时撤兵归来，等到上奏得到皇帝的准许才开始建置城邑，那么贼寇就会逐渐回来，聚集在一起，凭借险要的地方，结成山寨来抗击官兵，这时候即使想建置城邑，恐怕也不可能了。以前范仲淹守西部边防的时候，计划修筑一个大顺城，他担心敌人会来争夺这个地方，于是就事先准备好了筑城用的夹板，然后在巡视边防的时候，急速地兴建此工程，一个月就完成了。西夏发现了之后，前去争夺那个地方，已经来不及了。那时范仲淹如果等候朝廷的音信，那不就要坏事了吗？王守仁在建置城邑这件事上，考虑得非常详细，钱粮和夫役，不依靠户部就处置得十分妥当。他一个人就分担了圣上对南方的忧虑，可以说是特别贤明了。不把这些当作功绩，反而当作过错，难道可以吗？”

先是，正德十四年宸濠谋反，江西两司俯首从贼，惟王守仁同御史伍希儒、谢源誓心效忠。不幸奸臣张忠、许泰等欲掩王守仁之功以为己有，乃扬诸人曰：“王守仁初同贼谋。”及公论难掩，乃又曰：“宸濠金帛，俱王守仁、伍希儒、谢源满载以去。”当时大学士杨廷和、尚书乔宇亦忌王守仁之功，遂不与辩白，而黜伍希儒、谢源，俾落仕籍。王守仁不辩之谤，至今未雪，可谓黯哑之冤矣。

译文

这之前，正德十四年朱宸濠图谋叛乱，江西的两位官吏投靠了朱宸濠，仅有王守仁同御史伍希儒、谢源发誓效忠朝廷。不幸的是，奸臣张忠、许泰等人想抢夺王守仁的功绩据之为己有，于是向别人宣扬说："王守仁最初与叛贼是同谋。"后来见公论难以掩盖，于是又说："朱宸濠的金帛，都被王守仁、伍希儒、谢源满载而去。"当时的大学士杨廷和、尚书乔宇也忌恨王守仁的功绩，就不加辨别地罢黜了伍希儒、谢源，并取消了他们的仕籍。对王守仁的诽谤，到现在还没有昭雪，可以说是沉冤很长时间了。

夫国家论功，有二道焉：有开国效功之臣焉，有定乱拯危之臣焉。开国之臣，成则侯也，败则虏也，虽勿计焉可也。惟祸变倏起，社稷安危凛乎一发，效忠定乱之臣则不忘也，何也？所以卫社稷也。昔者王守仁之执宸濠也，可谓定乱拯危之功矣。奸人犹或忌之而谤其短，夫如是，则后有事变，谁肯效忠乎？甚矣，小人忌功，足以误国也。

译文

国家给大臣论功，大概有两类：一类是有开国功劳的大臣，另一类是稳定乱局拯救国家于危难之中的大臣。有开国功劳的大臣，国家成功建立就能封侯拜爵，失败了就成为敌人的俘虏，即使不考虑他们的功绩，也是可以的。但在灾祸突然降临社稷千钧一发之时效忠定乱的大臣不应该被忘记，这是什么原因呢？因为他们是保卫社稷的人。从前，王守仁擒获朱宸濠，可以说是建立了平定叛乱拯救危难的功劳。可有些奸邪小人还忌恨他、诽谤他，这样的话，如果以后再发生变乱，还有谁愿意效忠朝廷呢？小人忌恨别人的功绩，这危害太大了，足以误国。

臣等是以叹曰："王守仁等江西之功不白，无以劝励忠之臣。若广西之功不白，又无以劝策勋之臣。是皆天下地方大虑也。"王守仁，大臣也，岂以功赏有无为重轻哉？第恐当时有功之人及土官立功之人视此解体，则在外抚臣遂无所激劝，以为建功之地耳。臣等广人也，目击八寨之贼为地方大患百数十年，一旦仰赖圣明任用守仁以底平定，不胜庆忭。今兵部功赏未见施行，户部覆题又复再勘，臣恐机会一失，大功遂沮，城堡不得修筑，逋贼复据巢穴，地方不胜可虑也。是故冒昧建言，惟圣明察焉。乞早裁断，俾官僚早得激劝，城寨早得修筑，逋贼早得招安，良民早得复业。岭海之外，歌咏太平，祝颂圣德，实臣等所以报陛下知遇一节也，亦臣等自为地方大虑也，不得已也。为此具奏。

译文

我们因此感叹说：“如果王守仁等人在江西的功勋不能被奖赏，就没办法鼓励那些想效忠朝廷的大臣。如果他们在广西的功勋不能被奖赏，就没办法鼓励那些巡守边防的大臣。这些都是天下地方值得考虑的大事。”王守仁是个大臣，难道不是根据功赏的有无来评价他吗？我担心当时建立功勋的人和士官之中立功的人，看到这种情况都会纷纷离去，那么在外面巡抚的大臣，就没有能够被激励的理由，也就不会建立功勋。我们都是两广地区的人，亲眼看到八寨的贼寇成为地方的祸患达一百几十年，仰仗圣上的英明任用了王守仁以后，祸乱马上就被平定下来，我们都不胜欢喜。现今兵部的奖赏还没有看到施行，户部又上疏请求查证他的问题，我担心机会一失去，大功就不可能实现，城堡不能得以修筑，逃跑的贼寇就会重新占据巢穴，那么那个地方的情况就非常令人担忧了。因此冒昧地向皇上进言，希望圣上能够详加审察。请求圣上尽早对此事加以决断，让官僚尽早受到鼓舞和激励，城寨尽早得以修筑，逃跑的贼寇尽早得到招安，百姓尽早恢复生产。使得岭海之外，歌舞升平，颂扬您的圣明之德，这些建议的确是我们用以报答陛下知遇之恩的一种方法，也是我们对地方的最大忧虑。我们迫不得已，所以写了这个详细的奏章。

征宸濠反间遗事

钱德洪

龙光云：是年六月十五日，公于丰城闻宸濠之变。时参谋雷济、萧禹在侍，相与拜天，誓死起兵讨贼。欲趋还吉安，南风正急，舟不能动。又痛哭告天，顷之，得北风。宸濠追兵将及，潜入小渔船，与济等同载，得脱免。舟中计议，恐宸濠径袭南京，遂犯北京，两京仓卒无备。图欲沮挠，使迟留半月，远近闻知，自然有备无患。乃假写两广都御史火牌云“提督两广军务都御史杨为机密军务事，准兵部咨及都察院右副都御史颜咨，俱为前事，本院带领狼达官兵四十八万，齐往江西公干。的于五月初三日在广州府起马前进，仰沿途军卫有司等衙门，即便照数预备粮草，伺候官兵到日支应。若临期缺乏误事，定行照依军法斩首”等因，意示朝廷先差颜等勘事，已密于两广各处起调兵马，潜来袭取宸濠，使之恐惧，迟疑观望，不敢轻进。使济等密遣乖觉人役，持火牌设法打入省城。宸濠见火牌，果生疑惧。

译文

龙光说：这年六月十五日，阳明先生在丰城听到了朱宸濠叛乱的消息。当时参谋雷济、萧禹陪伴在旁边，他们一同拜天发誓效死力，起兵讨贼，想赶回吉安的时候，南风正急，船不能行驶。先生痛哭流涕地向上天祈祷，过了一会儿，就刮起了北风。因朱宸濠的追兵快要赶到了，他潜入小渔船，与雷济等人一起乘船逃离了险境。他们在船中商议，担心朱宸濠径直袭取南京，进犯北京，而这两座京城仓促间没有防备。他们计划想办法阻挠他这样做，使他推迟停留半个月，远近地方都听到朱宸濠叛乱的消息，自然就有备无患了。于是他们冒写了两广都御史火牌，内容是“提督两广军务杨都御史为机密军务事，准允兵部咨及都察院右副都御史颜咨，为前述事项，带领狼达官兵四十八万，都去江西公干。定于五月初三日在广州府起马前进，命令沿途军卫有司等衙门，为官兵按照数量预备粮草，到时间要接应支持。如果临期误事，一定依照军法斩首”等，意图是表明朝廷先派颜氏等人查明了朱宸濠要叛乱的事，早已秘密地在两广各处起调兵马，暗中袭击朱宸濠，使他惊恐不安，迟疑观望，不敢轻易进兵。他们让雷济等人暗中派遣人员，持火牌想方设法打入省城。朱宸濠看到火牌，果然心生疑惧。

十八日，回至吉安。又令济等假写南雄、南安、赣州等府报帖，日逐飞报府城，打入省下，一以动摇省城人心，一以鼓励吉安效义之士。又与济等谋，假写迎接京军文书云："提督军务都御史王为机密军务事，准兵部咨，该本部题奉圣旨'许泰、郤永分领边军四万，从凤阳等处陆路径扑南昌；刘晖、桂勇分领京边官军四万，从徐州、淮安等处水陆并进，分袭南昌；王守仁领兵二万，杨旦等领兵八万，秦金等领兵六万，各从信地分道并进，刻期夹攻南昌。务要遵照方略，并心协谋，依期速进，毋得彼先此后，致误事机。钦此。'等因。咨到，职除钦遵外，照得本职先因奉敕前往福建公干，行至丰城地方，卒遇宁王之变，见已退住吉安府起兵。今准前因，遵奉敕旨，候两广兵齐，依期前进外，看得兵部咨到缘由，系奉朝廷机密敕旨，皆是掩其不备，先发制人之谋。其时必以宁王之兵尚未举动。今宁王之兵已出，约亦有二三十万，若北来官兵不知的实消息，未免有误事机。以本职计之，若宁王坚守南昌，拥兵不出，京边官军远来，天时、地利，两皆不便，一时恐亦难图。须是按兵徐行，或分兵先守南都，候宁王已离江西，然后或遮其前，或击其后，使之首尾不救，破之必矣。今宁王主谋李士实、刘养正等各有书密寄本职，其贼凌十一、闵廿四亦各密差心腹前来本职递状，皆要反戈，立功报效。可见宁王已是众叛亲离之人，其败必不久矣。今闻两广共起兵四十八万，其先锋八万，系遵敕旨之数，今已到赣州地方。湖广起兵二十万，其先锋六万，系遵敕旨之数，今闻已到黄州府地方。本职起兵十万，遵照敕旨，先领二万，屯吉安府地方。各府知府等官各起兵快，约亦不下一万之数，共计亦有十一二万人马，尽已彀用。但得宁王早离江西，其中必有内变，因而乘机夹攻，为力甚易。为此今用手本备开缘由前去，烦请查照裁处，并将一应进止机宜，计议停当，选差乖觉晓事人员，与同差去人役，星夜回报施行，须至手本者。"

译文

十八日，先生回到吉安。又让雷济等人假写了南雄、南安、赣州等府的报帖，当天就飞报府城，打入省城，一方面是为了动摇省城的人心，另一方面是为了鼓励吉安的效义之士。先生又和雷济等人谋划，假写了迎接京军的文书，内容是："提督军务王都御史为机密军务事，批准兵部的请求，圣旨说‘许泰、郤永分别领边军四万，从凤阳等处经陆路直扑南昌；刘晖、桂勇分领京边官军四万，从徐州、淮安等处水陆并进分袭南昌；王守仁领兵二万，杨旦等领兵八万，秦金等领兵六万，各从其地分道并进，约好时间，夹攻南昌。一定要遵照方略，共同谋划，齐心协力，依时间快速进兵，不能犹豫不决导致误事。钦此。’等内容。咨文传到后，除了遵守之外，还要做好自己的本职工作。起初守仁因奉敕前往福建公干，到丰城的时候，突然遇到宁王的叛乱，后来退到吉安府起兵平叛。现在遵照前边发下的敕旨，等候两广兵齐，依期前进。兵部下发的咨文也是遵照朝廷的机密敕旨，都是趁其不备先发制人的谋略。那时宁王的军队还没有什么举动。现在宁王的军队早已有动作，大约有二三十万人，如果北来的官兵不知道确切的消息，未免会耽误时机。按照我的谋划，假如宁王坚守南昌，拥兵不出，京城官军远来，天时、地利，都不方便，一时恐怕也难以取胜。必须先按兵缓慢行动，或者分兵先坚守南都，等宁王已经离开江西时，或者从前边拦截，或者从后边攻击，令他们首尾不能相救，就一定能攻破他们。如今宁王的主谋李士实、刘养正等人，各自将书信秘密地寄给了我；叛贼将领凌十一、闵廿四，也各自秘密地派遣心腹向我呈递了反状，都要反戈，立功报效。显然，宁王已经是众叛亲离了，不久后他一定会失败。现在听到两广一共起兵四十八万，先锋八万，是遵照敕旨所说的数目，如今已到赣州。湖广起兵二十万，先锋六万，也是遵照敕旨上所说的数目，听说如今已到黄州府。我起兵十万，遵照敕旨，先领兵二万，驻扎在吉安府。各府知府等官，各自起兵，大概也不会少于一万人，共计也有十一二万人马，尽够使用。只要宁王早早地离开江西，那么其中一定有内变，因而趁此机会夹攻，很容易取胜。为此今天用这个手本，详细地将其中的缘由说清楚，烦请查照裁处，并将一应进退事宜讨论妥当，选派知道详情的人员和一同派去的差役，星夜回报施行，务必传到持手本的人那里。”

既已写成手本，令济等选差惯能走递家人，重与盘费，以前事机阳作实情，备细密切说与，令渠潜踪隐迹，星夜前来南京及淮扬等处迎接官兵。又令济等寻访素与宸濠交通之人，厚加结纳，令渠密去报知宁府。宸濠闻知，大加赏赐，差人四路跟捉。既见手本，愈加疑惧，将差人备细拷问详悉，当时杀死。因此宸濠又疑李士实、刘养正，不信其谋。

译文

手本写成以后，让雷济等人选派惯于走递公文的仆人，多给他盘缠路费，将先前机宜扮作实情，详细地把情况向他说明，使他潜踪隐迹，星夜前来南京以及淮扬等地方迎接官兵。他们又让雷济等人寻访平日和朱宸濠有交往的人，用厚礼结纳，让他暗地里去报知宁府。朱宸濠听到这个消息之后，对他大加赏赐，派人四路跟踪追捕。看到手本之后，更加疑惧，对带着文本的差人进行详细拷问，当时就把他杀死了。因此，朱宸濠又怀疑李士实、刘养正，不相信他们的计谋。

又与龙光计议，假写回报李士实书，内云："承手教密示，足见老先生精忠报国之本心。始知近日之事，迫于势不得已而然，身虽陷于罗网，乃心罔不在王室也。所喻密谋，非老先生断不能及此。今又得子吉同心协力，当万万无一失矣。然几事不密则害成，务须乘时待机而发乃可。不然，恐无益于国，而徒为老先生与子吉之累，又区区心所不忍也。况今兵势，四路已合，只待此公一出，便可下手，但恐未肯轻出耳。昨凌、闵诸将遣人密传消息，亦皆出于老先生与子吉开导激发而然，但恐此三四人者皆是粗汉，易有漏泄，须戒令慎密，又曲为之防可也。目毕即付丙丁，知名不具。"与刘养正亦同。两书既就，遣雷济设法差递李士实，龙光设法差递刘养正。各差递人皆被宸濠杀死。宸濠由是愈疑刘、李，刘、李亦各自相疑惧，不肯出身任事。以故上下人心互生疑惧，兵势日衰。

译文

阳明先生又与龙光商议，虚假地写回报李士实的书信，书信说："承蒙手教密示，足见老先生精忠报国之心。刚刚了解近日的事情，迫于形势不得已才如此，身虽陷天罗地网，可心却无时不在王室。所说的密谋，如果没有老先生，断不能到这种绝妙的地步。现在又得子吉同心协力，应当是万无一失了。然而假如这件事不保密，则将一事无成，必须要等待机会，才可以行动。如果不这样的话，对国家恐怕没有好处，只是给老先生和子吉添麻烦，这是我们所不忍心的。况且现在的情势是四路兵马汇合已齐，只待朱宸濠一出，就可下手，只是他大概不肯轻易出来。昨天凌十一、闵廿四等各路将领，也派人秘密地将消息传送过来，这些都是依靠老先生和子吉的开导激发才这样做的，只是担心这三四个人都是粗汉，容易泄露机密，必须劝诫他们谨慎严密，你也可以暗地里保护他们。看完以后就用火烧了，知名不具。”给刘养正的信也是相同的内容。两封书信写完之后，派雷济设法派人送给李士实，龙光设法派人送给刘养正。两个送信的人都被朱宸濠杀死。朱宸濠因此更加怀疑刘养正和李士实，他们两个也各自互相怀疑和害怕，不肯出身任事。因此宁王府上下人心惶惶，互生疑惧，兵势日渐衰落。

又遣素与刘养正交厚指挥高睿致书刘养正，及遣雷济、萧禹引诱内官万锐等私写书信与内官陈贤、刘吉、喻木等，俱皆反间之谋。又多写告示及招降旗号，开谕逆顺祸福，及写木牌等项，动以千计，分遣雷济、萧禹、龙光、王佐等分役经行贼垒，潜地将告示粘贴及旗号木牌四路标插。又先张疑兵于丰城，示以欲攻之势。又遣雷济、龙光将刘养正家属在吉安者厚加看养，阴遣其家人密至刘养正处传递消息，亦皆反间之谋。

译文

又派平日与刘养正交情很深厚的指挥高睿给刘养正写信，又派遣雷济、萧禹引诱内官万锐等人私自给内官陈贤、刘吉、喻木等人写信，这都是反间计。还多写了一些告示和招降的旗号，并阐述了逆顺祸福以及写木牌等项事务，动以千计，分头派遣雷济、萧禹、龙光、王佐等人，派他们进入敌人营垒，暗地里粘贴告示，四路标插旗号木牌。又事先在丰城部署疑兵，做出要攻打的阵势。又派遣雷济、龙光，将住在吉安的刘养正的家属，厚加看养，暗中派遣他的家人秘密地到刘养正处传递消息，这些也都是用来反间敌人的计谋。

初时，宸濠谋定六月十七日出兵，自己于二十二日在江西起马，径趋南京，谒陵即位，遂直犯北京。因闻前项反间疑沮之谋，遂不敢轻出。故十七等日，先遣兵出攻南康、九江，而自留省城。贼兵等候宸濠不出，亦各疑惧退沮，久驻江湖之上，师老气衰；又见四路所贴告示及插旗号木牌，人人解体，日渐离散，以故无心攻斗。其后宸濠探知四路无兵，前项事机已失，兵势已阻，人马已散，多有潜来投降者。我师一候宸濠出城，即统伍知府等官兵疾趋攻破省城。度宸濠顾念根本之地，势必归救，遂预发兵迎击于鄱阳湖。大战三日，罪人斯得。

译文

起初，朱宸濠计划于六月十七日出兵，自己于二十二日从江西驱马直奔南京，拜谒了祖先灵位之后就即皇帝位，然后直接进犯北京。因为听到前边所说的反间计谋，于是不敢轻易出动。所以在十七日那几天，朱宸濠先派兵进攻南康、九江，自己却留在省城。贼兵等候朱宸濠不出，也各自怀疑、恐惧，进而后退、沮丧，久久地驻足江湖，士气衰败；又看到四路所贴的告示和插着的旗号木牌，人心涣散，纷纷离去，因此没有心思进行战斗。再以后朱宸濠探知四路无兵，可先前计划出击南京的时机已经丧失，已经受到官兵的牵制，人马也已涣散，而且有很多人暗中前来投降官兵。官兵等朱宸濠一出城，就和知府伍文定所统率的官兵一起，快速地攻破了省城。想到朱宸濠挂念根本之地，肯定会回师救援，于是就预先发兵在鄱阳湖迎击。大战了三天，最终擒获了罪犯朱宸濠。

右反间始末，尝闻诸吉水致仕县丞龙光。光谓德洪曰："昔夫子写杨公火牌将发时，雷济问曰：'宁王见此，恐未必信。'曰：'不信，可疑否？'对曰：'疑则不免。'夫子笑曰：'得渠一疑，彼之大事去矣。'既而叹曰：'宸濠素行无道，残害百姓，今虽一时从逆者众，必非本心，徒以威劫利诱，苟一时之合耳。纵使奋兵前去，我以问罪之师徐蹑其后，顺逆之势既判，胜负预可知也。但贼兵早越一方，遂破残一方民命。虎兕出柙，收之遂难。为今之计，只是迟留宸濠一日不出，则天下实受一日之福。'"

译文

关于反间敌人的始末，我曾经从退休的县丞龙光那里听说过。龙光对我说：“以前，阳明先生写了杨公火牌，计划发出去时，雷济问道：‘宁王看到这个，恐怕不一定相信。’先生说：‘不相信，有所怀疑吗？’雷济回答说：‘不免有些怀疑。’先生笑着说：‘只要一怀疑，他就大势已去了。’继而感叹说：‘朱宸濠素行无道，残害百姓，如今虽然一时跟随他的人不少，但一定不是出自本心，只是威胁利诱，一时苟合而已。纵使他们奋兵前去，我以问罪之师慢慢地跟随在他的后边，顺逆的情势已经很明白，胜负也就可以预先知道了。只是贼兵早日越过一方，就残害一方百姓。老虎犀牛出了笼子以后，收拾起来就很困难了。所以现在的谋划，只是让朱宸濠停留在南昌城里，他们一天不出来，那么天下百姓就实实在在地享受一天的幸福。’”

光又言：“夫子捷疏虑繁文太多，一切反间之计俱不言及，亦以设谋用诡，非君子得已之事，不欲明言示人。当时若使不行间计，迟留宁王，宁王必即时拥兵前进，正所谓迅雷不及掩耳，两京各路何恃为备？所以破败宁王，使之坐失事机，全是迟留宁王一着。所以迟留宁王，全是谋行反间一事。今人读奏册所报，皆是可书之功，而不知书不能尽者十倍于奏册。”

译文

龙光又说：“先生上呈报告胜利消息的疏文，繁文非常多，一切反间之计都没有提到，也因为设谋用诡是君子不得已才做的事，不想清清楚楚地告诉别人。当时如果不实行反间计，迟留住宁王，宁王肯定当即拥兵前进，正是所说的迅雷不及掩耳，两京各路能有何防备？之所以能击溃宁王，使他坐失时机，全是因为迟留宁王这一招。之所以能够迟留宁王，全是因为谋划使用了反间计。现在的人读到的奏册所报的内容全是史册可以记述的功绩，然而没有记述的功绩是奏册所报的十倍。”

又言：“宁藩事平之后，京边官军南来，失其奸计，由是痛恨夫子，百计搜寻罗织，无所泄毒，挤怒门人冀元亨与济、禹、光等，俱欲置之死地。冀元亨被执，光等四窜逃匿，家破人亡，妻子离散。直伺官军离却省城，方敢出身回家。当时光等粘贴告示，标插旗号木牌，皆是半夜昏黑，冲风冒雨，涉险破浪，出入贼垒，万死中得一生；所差行间人役，被宸濠要杀者，俱是亲信家人。今当事平之后，议者不究始原，并将在册功次亦尽削去。此光等走役微劳，虽皆臣子本分，不足深惜，但赏罚若此，继后天下倘或再有事变，人皆以光等为鉴戒矣，谁肯复效死力哉？”

译文

又说：“宁藩叛乱平定之后，京边官军来到南方，因为一些权奸小人的阴谋没有得逞，所以非常痛恨阳明先生，用尽计谋搜寻罗织罪名，想方设法发泄他们的仇恨，同时还迁怒于门人冀元亨与济、禹、光等人，想将他们全都置于死地。冀元亨被逮捕，济、禹、光等人四窜逃匿，家破人亡，妻离子散。一直到官军离开省城的时候，他们才敢出来回家。当时济、禹、光等人粘贴告示，标插旗号木牌，都是在夜半的时候进行的，他们冲风冒雨，涉险破浪，出入贼寇的堡垒，万死之中才求得一生；所派遣去实行反间计的人役，被朱宸濠追杀的，都是他们自己的亲信、家人。现在叛乱平定以后，有异议的人不追念他们原来的功绩，却将已经记录在册的功绩也全都削减掉。虽然这些都是济、禹、光等人的小功劳，是做臣子的本分，不值得过分珍惜，但是像这样对人进行赏罚，以后天下如果再有事变，人们都会把这些人的经历当作鉴戒，谁还肯再效死力呢？”

又言：“夫子应变之神真不可测。时官兵方破省城，忽传令造免死木牌数十万，莫知所用。及发兵迎击宸濠于湖上，取木牌顺流放下。时贼兵既闻省城已破，胁从之众俱欲逃窜无路，见水浮木牌，一时争取，散去不计其数。二十五日，贼势尚锐，值风不便，我兵少挫。夫子急令斩取先却者头。知府伍文定等立于铳炮之间，方奋督各兵，殊死抵战。贼兵忽见一大牌，书‘宁王已擒，我军毋得纵杀’，一时惊扰，遂大溃。次日贼兵既穷促，宸濠思欲潜遁，见一渔船隐在芦苇之中，宸濠大声叫渡。渔人移棹请渡，竟送中军，诸将尚未知也。其神运每如此。”

译文

又说：“阳明先生随机应变的神奇真的是不可预测。当时官兵刚攻破省城，忽然传令让制造几十万免死木牌，没有人知道用处何在。直到发兵在湖上迎击朱宸濠的时候，取出木牌顺流放下。当时贼兵早已听说省城被攻破的消息，被迫跟随朱宸濠叛乱的士卒都想逃跑，但没有可走的路，看到水上浮着木牌，一时争着去取，逃走的人不计其数。二十五日，贼寇的势力还很强大，正碰上风向对官兵不利，官兵遭受了挫折。阳明先生赶忙下令斩杀了先逃跑的人。知府伍文定等人站立在炮火中，奋勇督促士兵，殊死抵抗，贼兵突然看见一大牌，写着'宁王已被擒获，官兵不会杀害你们'，一时惊慌失措，于是都溃散了。第二天，贼兵已经到了山穷水尽的地步，朱宸濠计划偷偷逃跑，看见一只渔船隐藏在芦苇荡之中，朱宸濠朝着摆渡的人大声喊叫。渔人划过船去请他上船渡河，后来却一直将他送到阳明先生那里，其他将领还不知道这是怎么回事。先生常常是这样的神机妙算。"

又言："尝闻雷济云：夫子昔在丰城闻变，南风正急，拜受哭告曰：'天若悯恻百万民命，幸假我一帆风。'须臾风稍定，顷之，舟人欢噪回风。济、禹取香烟试之舟上，果然。久之，北风大作。宸濠追兵将及时，夫人、公子在舟。夫子呼一小渔船自缚，敕令济、禹持米二斗、脔鱼五寸与夫人为别。将发，问济曰：'行备否？'济、禹对曰：'已备。'夫子笑曰：'还少一物。'济、禹思之不得，夫子指船头罗盖曰：'到地方无此，何以示信？'于是又取罗盖以行。明日至吉安城下，城门方戒严，舟不得泊岸。济、禹揭罗盖以示，城中遂欢庆曰：'王爷爷还矣。'乃开门，罗拜迎入。于是济、禹心叹危迫之时，暇裕乃如此。"

译文

又说："曾经听雷济说，阳明先生以前在丰城听到变乱的消息，当时南风刮得异常猛烈，先生仰拜上天哭告说，'上天假如怜悯百万老百姓的性命，那就让我一帆风顺。'过了一会儿，风稍微平静了一些，驾船的人高兴地欢呼说风向转了。济、禹在船上点香，果然风向转了。过了一会儿，北风越刮越猛。朱宸濠的追兵就要赶到，当时夫人和公子正在船上。先生呼来一只小渔船，让济、禹拿着二斗米和五寸长的小鱼与夫人告别。快要出发的时候，先生问雷济说，'行动准备好了吗？'济、禹回答道，'已准备好了。’先生笑着说，‘还少一件东西。’济、禹怎么也想不起来少了什么东西，先生指着船头的罗盖说，‘到了其他地方，没有这个，用什么作为凭证呢？’于是又取了罗盖才前行。第二天到了吉安城下，城门正处于戒严状态，船不能靠岸。济、禹把罗盖拿出来给他们看，城里的人们欢呼着说，‘王爷爷回来了。’于是打开城门，环拜着将他们迎接进去。从此，济、禹内心叹服先生在危急的关头，能够做到心境从容不迫。”

德洪昔在师门，或问：“用兵有术否？”夫子曰：“用兵何术？但学问纯笃，养得此心不动，乃术尔。凡人智能相去不甚远，胜负之决不待卜诸临阵，只在此心动与不动之间。昔与宁王逆战于湖上，时南风转急，面命某某为火攻之具。是时前军正挫却，某某对立矍视，三四申告，耳如弗闻。此辈皆有大名于时者，平时智术，岂有不足，临事忙失若此，智术将安所施？”

译文

德洪以前在先师门下时，有人问先生：“用兵有策略吗？”先生说：“用兵有什么策略？只是学问纯笃，养得此心不动，就是策略。人和人的智慧才能相差并不是很远，决定胜负的关键不在于临阵对敌的筹划，只在于心的动与不动。从前与宁王在湖上决战时，南风刮得越来越急，我当面命令某某制作火攻的器具。当时，这边的军队正遭遇挫折，某某两眼发直，虽多次申告，却还像没有听到一样。这个人在当时是非常出名的，平日的智谋没有不足之处，可是面临大事时却这样慌乱，他的智术施展在哪里了呢？”

又尝闻邹谦之曰：“昔先生与宁王交战时，与二三同志坐中军讲学。谍者走报前军失利，坐中皆有怖色。先生出见谍者，退而就坐，复接绪言，神色自若。顷之，谍者走报贼兵大溃，坐中皆有喜色。先生出见谍者，退而就坐，复接绪言，神色亦自若。”

译文

又曾经听邹谦之说：“以前先生与宁王交战时，先生和二三个同道坐在军营中讲学。报信的士卒报告前军失利，在座的人都显出恐怖的神色。先生出去见了报信的士卒，回来以后坐下来继续讲学，神色自若。过了一会儿，报信的士卒又进来报告，说敌兵溃败，军营中在座的人脸上都流露出喜悦的神色。先生出去见了报信的士卒，回来以后坐下来继续讲学，依旧神色自若。”

又尝闻陈惟浚曰：“惟浚尝闻之尚谦矣。尚谦言，昔见有待于先生者，自称可与行师。先生问之，对曰：‘某能不动心。’曰：‘不动心，可易言耶？’对曰：‘某得制动之方。’先生笑曰：‘此心当对敌时且要制动，又谁与发谋出虑耶？’又问：‘今人有不知学问者，尽能履险不惧，是亦可与行师否？’先生曰：‘人之性气刚者亦能履险不惧，但其心必待强持而后能，即强持便是本体之蔽，便不能宰割庶事。孟施舍之所谓守气者也。若人真肯在良知上用功，时时精明，不蔽于欲，自能临事不动。不动真体，自能应变无言。此曾子之所谓守约，自反而缩，虽千万人吾往者也。’”

译文

又曾经听陈惟浚说：“我曾经听尚谦说了一件事。尚谦说从前看到与先生在一起的人自称可以带兵打仗了。先生问他原因，他回答说，‘我能够做到不动心。’先生又问，‘对于不动心，能够再进一步解释吗？’他回答说，‘我掌握了制动的方法。’先生笑着说，‘心在对敌的时候要制动，又靠谁来给出谋划策呢？’又问，‘现在有的人不懂得学问，只是能够做到面对危险不畏惧，也可以带兵打仗了吗？’先生说，‘性气刚直的人也能够履险不惧，只不过他的心必须顽强地固执在一个方面才能达到，这实际上是对本心的掩蔽，并不能很精妙地处理事务。这就是孟施舍所说的善于守气的人。假如人们真正地肯在良知上用功，时时精明，不受私欲的蒙蔽，自然就能够临事不摇动。不让内心的真体摇动，自然就能够安然应对事物的变化。这就是曾子所说的守约，自己采取行动，在千万人之中能够独来独往。’”

又尝闻刘邦采曰：“昔有问：‘人能养得此心不动，即可与行师否？’先生曰：‘也须学过，此是对刀杀人事，岂意想可得？必须身习其事，斯节制渐明，智慧渐周，方可信行。天下未有不履其事而能造其理者，此后世格物之学所以为谬也。孔子自谓军旅之事未之学，此亦不是谦言。但圣人得位行志，自有消变未形之道，不须用此。后世论治，根源上全不讲及，每事只在半中截做起，故犯手脚。若在根源上讲求，岂有必事杀人而后安得人之理？某自征赣以来，朝廷使我日以杀人为事，心岂割忍，但事势至此。譬之既病之人，且须治其外邪，方可扶回元气，病后施药，犹胜立视其死故耳。可惜平生精神，俱用此等没紧要事上去了。’”

译文

又曾经听刘邦采说：“以前有人问‘人只要将自己的内心涵养得不摇动，就可以带兵打仗了，是吗？’先生说，‘还必须得学过军事，这是动刀杀人的大事，怎么能通过空想就懂得呢？必须亲身演习，逐渐明白了其中的办法，思考问题周全了，才能够去实行。天下没有不经历事情却能知道道理的人，这是后世格物之学谬误的原因。孔子自己说没有学习过有关军旅的事，这也不是自谦的话。但是圣人能够推行自己志向之时，自然就有了应付变化的办法，不必一定要专门学习过。后世谈论到治理这个问题，在根源上一点儿也不讲，每件事情只从半截做起，所以经常犯错误。假如只从根源上讲求，难道还有必须先杀人才能懂得杀人的道理这种说法吗？自从我自己征伐江西以来，朝廷派我每天干一些有关杀人的事，我怎么能忍心呢，只是事态到了这种地步。就像已经得了病的人，必须治理他的病痛，才能扶回他的元气，如果在他一病后就给他施行扶回元气的药剂，就像站在那儿看着他死去。可惜我平生的精神，全都用在此等无关紧要的事上去了。’”

昔者德洪事先生八年，在侍同门每有问兵事者，皆默而不答，以故南、赣、宁藩始末俱不与闻。先生殁后，搜录遗书七年，而奏疏、文移始集。及查对月日，而后五征始末具见。独于用间一事，昔尝概闻，奏疏、文移俱无所见。去年德洪主试广东，道经江西，访问龙光，始获间书、间牌诸稿，并所闻于诸同门者，归以附录云。时嘉靖乙未八月，书于姑苏之郡学。

译文

从前，德洪在先生门下八年，侍立在侧的同门学子，每次询问先生兵事的时候，先生都保持沉默，不作回答，所以先生平定南、赣贼寇和宁藩叛乱的前后经过，他们都没有听说过。先生去世后，我们用了七年的时间搜罗遗书，并将奏疏、文移汇集起来。又仔细查对了月日，这样一来先生五次征讨的情况我们才有所了解。只是对于使用反间计这件事，以前只听了个大概，而在奏疏文移里也找不到。去年，德洪主试广东，路途中经过江西，访问了龙光，才得到了间书、间牌和各种文稿，并将从各位同门那里听到的故事，一起安排在附录里。嘉靖乙未年八月，写于姑苏郡学。

阳明先生平浰头记

大学士湖东费宏

惠之龙川，北抵赣，其山谷贼巢，亡虑数百，而浰头最大。浰之贼肆恶以毒吾民者，亡虑数千，而池仲容最著。仲容之放兵四劫，亡虑数十年，而龙川、翁源、始兴、龙南、信丰、安远、会昌以迩巢受毒尤数。

译文

惠州的龙川，北边与赣州相连接，隐藏在山谷中的贼寇巢穴有几百个，其中以浰头为最大。在浰头残害百姓的贼寇有几千人，其中以池仲容为害最甚。池仲容派兵到处抢劫有几十年了，龙川、翁源、始兴、龙南、信丰、安远、会昌，因为离贼巢最近，所以受害最为严重。

正德丁丑之春，信丰复告急于巡抚都御史王公伯安，召诸县苦贼者数十人，问何以攻之，皆谓非多集狼兵弗济。又谓狼兵亦尝再用矣，竟以招而后定。公曰："盗以招蔓，此顷年大弊也，吾方惩之。且兵无常势，奚必狼而后济耶？若等能为吾用，独非兵乎？"乃与巡按御史屠君安卿、毛君鸣冈合疏以剿请，又请重兵权、肃军法，以一士心。诏加公提督军务，赐之旗牌，听以便宜区画，惟功之有成，不限以时。

译文

正德丁丑年春天，信丰再次向巡抚都御史王伯安告急，先生召集了各县受害最深的几十个人，问他们怎样攻击贼寇，他们都说，不大量地调集狼兵就没有什么作用。又说狼兵也曾经用过，招来之后就平定了贼寇。先生说："盗贼日益横行，这是多年来最大的祸患，我正准备惩治他们。而且用兵无定法，为什么一定要等调集来狼兵才可以平定他们呢？你们如果肯听我调遣，不也是很强壮的士兵吗？"于是就和巡按御史屠安卿、毛鸣冈一起上疏请求剿灭贼寇，同时请求给以兵权，严肃军法，统一官兵的想法。下诏命先生提督军务，赐给他令旗、令牌，令他便宜行事，只希望早日成功，不在时间上加以限制。

时横水、桶冈盗亦起，而视浰为急。公议先攻二峒，乃会兵以图浰。凡军中筹画，多咨之兵备副使杨君廷宜，请募诸县机兵，而以其佣募新民之任战者，取赎金储谷盐课以饷之，而兵与食足焉。

译文

当时横水、桶冈的盗贼也在叛乱，但是浰头的情势最为紧急。先生经过商议决定首先攻二峒，然后再汇集兵马攻击浰头。凡是军中的筹划，几乎都要向兵备副使杨廷宜请教，请求向各个县召募精壮的士卒，并且招募改过自新的贼寇中善于作战的人，取出储存的金银、盐、谷当作军饷，这样兵马与粮草就全都充足了。

二峒之攻，虑仲容乘虚以扰我也，谋伐其交，使辨士周祥等谕其党黄金巢等，得降者五百人，借以为兵。仲容独愤不从。冬初，闻横水破，始惧，使弟仲安率老弱三百人来图缓兵，且我觇之。公阳许之，使据上新地以遏桶冈之贼，而实迟其归图。

译文

在进攻二峒时，考虑到池仲容会趁着官兵内部空虚前来骚扰，于是就谋划着同他们友好往来，派能言善辩者周祥等人向他的同党黄金巢等人数次劝说，有五百人前来投降，把他们改编在军队之中。只有池仲容十分愤怒地拒绝。刚入冬，他听到横水被攻破的消息才开始害怕，就派弟弟池仲安带领老弱三百多人前来投降，想施行缓兵之计，并且探听官兵的虚实。先生假意接受了他们，让他们守卫上新地来遏制桶冈的贼寇，可实际上是想推迟他们回去的日期。

阅月，仲容闻桶冈破，益惧，为备益严。公使以牛酒诇之，贼度不可隐，则曰："卢珂、郑志高、陈英，吾仇也，恐其见袭而备之耳。"珂等皆龙川归顺之民，有众三千，仲容胁之不可，故深仇之。公方欲以计生致仲容，乃阳檄龙川卢珂等构兵之实，若甚恐焉，趣利刊木且假道以诛珂党。十二月望，珂等各来告仲容必反，公复怒其诬构，叱收之，阴谕意向，使遣人先归集众。

译文

过了一个月，池仲容听到桶冈被攻破的消息，更加恐惧，防备也更为严密。先生派人带着牛和酒去慰劳他，贼寇考虑到这种情况不能再隐瞒下去了，就说："卢珂、郑志高、陈英是我的仇人，我害怕遭到他们的袭击而加强了防备。"卢珂等人都是龙川早已归顺的百姓，有三千多人，池仲容想要胁迫他们做寇却不能得逞，故而仇恨他们。先生正计划活捉池仲容，就传达檄文说，龙川卢珂等纠集部队图谋叛乱是真实的情况，他们似乎很恐慌，砍伐树木，售卖获利，并且也做出要派兵征伐卢珂的样子。十二月中旬，卢珂等人各自都来到先生这里，告诉先生池仲容肯定会谋反，先生又十分恼怒他们的诬陷，下令将他们拘捕起来，暗中将真实的想法告诉了他们，派人回去召集卢珂的兵马。

时兵还自桶冈，公合乐大飨，散之归农，示不复用，使仲安亦领众归。又遣指挥余恩谕仲容毋撤备，以防珂党。仲容益喜。前所辨士因说之亲诣公谢，且曰："往则我公信尔无他，而诛珂等必矣。"仲容然，率四十人来见。公闻其就道也，密饬诸县勒兵分哨。又使千户孟俊伪持一檄经浰巢，宣言将拘珂党，实督集其兵也。贼导俊出境，不复疑。

译文

当时官兵从桶冈胜利归来了，先生很高兴地大摆宴席，犒赏士卒，将卢珂等人发配回去务农，表示不再录用，命池仲安也带兵回去。又派指挥余恩告知仲容别撤去防备，以防备卢珂等人。池仲容更加高兴。以前曾派遣前来的辨士又劝说池仲容亲自去向阳明先生表示感谢，并且说："去了以后阳明先生一定没有其他的想法，只是必定要诛杀卢珂等人。"池仲容同意了辨士的话，率领了四十多个人前来拜见。先生听说他已经上路了，暗地里通知各县，必须整顿兵马，严加防守。又派千户孟俊假装拿着檄文路过浰头的贼巢，扬言将要拘捕卢珂等人，其实是查看他们的情况。贼寇将孟俊送出境来，不再怀疑。

闰十二月下弦，仲容既至赣，是夕释珂等驰归。縻仲容，令官属以次飨犒。明年正月癸卯朏，公度诸兵已集，引仲容入，并其党擒之。出珂等所告，讯鞫具状，亟使人约诸兵入巢。

译文

闰十二月下弦，池仲容已经到达了赣州，当天晚上释放了卢珂等人，让他们快马赶回。牵制池仲容，派官吏按次序犒劳他。第二年正月，先生想到各路兵马已经会集，就将池仲容引进来，将他和他的党徒一起擒获了。取出卢珂等对他的告发证据，他只好承认了，先生又赶忙派人率领各路兵马攻入贼寇的巢穴。

越四日丁未，同时并进：其军于龙川者，惠州知府陈祥率通判徐玑从和平都入，指挥姚玺率新民梅南春等从乌龙镇入，孟俊率珂等从平地水入。军于龙南者，赣州知府邢珣率同知夏克义、知县王天与等从太平保入，推官危寿率义民叶方等从南平入，守备指挥郏文率义民孙洪舜等从冷水径入，余恩率百长王受等从高砂保入。军于信丰者，南安知府季敩率训导蓝铎等从黄田冈入，县丞舒富率义民赵志标等从乌径入。公自率中坚督文捣下浰大巢，副使君督余哨会于三浰。贼党自仲容至赣，备已弛矣，至是，闻官兵骤入，皆惊失措，乃分投出御而悉其精锐千余迎敌于龙子岭。我兵列为三冲，掎角而前，恩以受兵，首与贼战，却之。奋追里许，贼伏四起，击受后。寿乃以方兵鼓噪往援，俊复以珂等兵从旁冲击，呼声震山谷，贼大败而溃。遂并上、中二浰克之。各哨兵乘胜奋击，是日遂破巢十一：曰热水，曰五花障，曰淡方，曰石门，曰上下陵，曰芳竹湖，曰白沙，曰曲潭，曰赤塘，曰古坑，曰三坑。

译文

过了四天，丁未日，各路兵马同时进攻：龙川的军队，由惠州知府陈祥率领通判徐玑从和平都攻入；指挥姚玺率领新民梅南春等人，从乌龙镇攻入；孟俊率领卢珂等人，从平地水攻入。驻守在龙南的军队，由赣州知府邢珣率领同知夏克义、知县王天与等人，从太平保攻入；推官危寿，率领义民叶方等人，从南平攻入；守备指挥郏文，率领义民孙洪舜等人，从冷水径攻入；余恩率领百长王受等人，从高砂保攻入。驻守在信丰的军队，由南安知府季敩率领训导蓝铎等人，从黄田冈攻入；县丞舒富，率领义民赵志标等人，从乌径攻入。先生亲自率领主力部队直捣下浰大巢，副使督促各路军队，在三浰会集。贼党自仲容赶到赣州以后，防备早已经松懈了，到这时，听到官兵忽然闯入的消息，全都惊慌失措，于是分头出去抵御，将他们一千多精锐士卒调集到龙子岭迎战官军。官军分列为三队，结成犄角之势前行，余恩用王受率领的军队首先与贼寇作战，击退了他们。奋勇追赶了一里多，贼寇伏兵四起从后边攻击王受。危寿于是派叶方的军队鼓噪着前去援助，孟俊也派卢珂等人的军队从旁边进行冲击，呼声震动山谷，贼寇大败，四散溃逃。于是连上中二浰一起攻了下来。各路军队乘胜追击，当天攻破了贼寇的热水、五花障、淡方、石门、上下陵、芳竹湖、白沙、曲潭、赤塘、古坑、三坑共十一个巢穴。

明日，探贼所奔，分道急击。己酉，破巢凡六：曰铁石障，曰羊角山，曰黄田坳，曰岭冈，曰塘含冈，曰溪尾。庚戌，破巢凡二：曰大门山，曰镇里寨。辛亥，破巢凡九：曰中村，曰半径，曰都坑，曰尺八岭，曰新田径，曰古地，曰空背，曰旗岭，曰顿冈。癸丑，破巢凡四：曰狗脚坳，曰水晶洞，曰五洞，曰蓝州。丙辰，破巢凡二：曰风盘，曰茶山。

译文

第二天，探寻到贼寇所逃奔的地方，分路追击。己酉日，攻破了贼寇的铁石障、羊角山、黄田坳、岭冈、塘含冈、溪尾等六个巢穴。庚戌日，攻破了贼寇的大门山、镇里寨两座巢穴。辛亥日，攻破了中村、半径、都坑、尺八岭、新田径、古地、空背、旗岭、顿冈九座巢穴。癸丑日，攻破了狗脚坳、水晶洞、五洞、蓝州四座巢穴。丙辰日，攻破了风盘、茶山两座巢穴。

其奔者尚八百余徒，聚于九连山，山峻而袤广，与龙门山后诸巢接。公虑以兵进逼，其势必合，合难制矣，乃选锐士七百余人，衣所得贼衣，若溃而奔，取贼所据崖下涧道，乘暮而入。贼以为其党也，从崖下招呼，我兵亦佯与和应，已度险，扼其后路。明日，贼始觉，并力求敌，我兵从高临下击败之。公度其必溃也，预戒各哨设伏以待。乙丑，覆之于五花障，于白沙，于银坑水。丁卯，覆之于乌龙镇，于中村，于北山，于风门奥。

译文

逃亡的贼寇还有八百多个，聚集在九连山，其山山势高峻，地域宽广，与龙门山后的贼巢相连接。先生想到如果进兵相逼，敌人的势力就可能会汇合在一起，如果汇合在一起的话就难以制服了，于是挑选了七百多精锐士卒，穿着缴获的贼寇的衣服，像溃散逃奔的样子，从贼寇所占据山崖的下边小涧，乘着暮色进入。贼寇以为是他们的同党，从崖下招呼，官兵也假装着与他们呼应，就这样度过了险要的地方，控制了贼寇的后路。第二天，贼寇才发觉真相，共同用力攻打，官兵居高临下，击败了他们。先生想到他们必定会溃败，就预先告诫各路军队设埋伏以待敌。乙丑日，歼灭敌人于五花障、白沙、银坑水等地。丁卯日，歼灭敌人于乌龙镇、中村、北山、风门奥等地。

分逃余孽尚三百余徒，各哨乃会兵追之。二月辛未，复与战于和平。甲戌，战于上坪、下坪。丁丑，战于黄田坳。辛巳，战于铁障山。癸未，战于乾村，于梨树。乙酉，战于芳竹。壬辰，战于百顺，于和峒。乙未，战于水源，于长吉，于天堂寨。谍报各巢之稔恶者盖几尽矣，惟胁从二百余徒聚九连谷山，呼号乞降。公遣珣往抚之，籍其处之白沙。

译文

分头逃亡的余孽还有三百多人，各个哨所于是合兵共同追剿他们。二月辛未日，又在和平发生战斗。甲戌日，战于上坪、下坪。丁丑日，战于黄田坳。辛巳日，战于铁障山。癸未日，战于乾村、梨树。乙酉日，战于芳竹。壬辰日，战于百顺、和峒。乙未日，战于水源、长吉、天堂寨。谍报说各地巢穴里最坏的头目大概已经被消灭殆尽了，只有被胁从的二百多人还聚集在九连谷山，呼号着乞求投降。王公派邢珣前去招抚他们，将他们列籍收编在白沙。

公率副使君乃即祥应和平，相其险易，经理立县设隘，庶几永宁，遂班师而归，盖戊寅三月丁未也。凡所捣贼巢三十八，所擒斩贼首二十九人，中酋三十八人，从贼三千六十八人，俘贼属男妇八百九十人，卤获马牛器仗称是。是役也，以力则兵仅数千，以时则旬仅六夹，遂能灭此凶狡稽诛之虏，以除三徼数十年之大患，其功伟矣。

译文

先生率领副使君，来到祥应、和平等地，观察地形的险易，据此设立关隘，觉得差不多可以永远安宁了，才班师而归，这时是戊寅年三月丁未日。此次战役，一共捣毁贼巢三十八个，擒杀贼首二十九人、中等头目三十八人、从贼三千零六十八人，俘获贼寇家属男人、女人共八百九十人，缴获了很多马、牛和兵器。此次战役，从力量上来看，我方兵力只有数千人；从时间上来看，只用了两个月，如此，歼灭这样凶顽的强贼，铲除了数十年的大患，功绩是十分伟大的。

捷闻，有诏褒赏，官公之子世锦衣百户，副使君加俸一秩。于是邢侯、夏侯、危侯偕通判文侯运、吴侯昌，谓公兹举足以威不轨而昭文德，不可以无传也，使人自赣来，请予书其事。

译文

捷报上闻，朝廷有旨加以褒奖，让先生的儿子世袭锦衣卫百户，副使君加俸一级。于是邢侯、夏侯、危侯与通判文侯运、吴侯昌一同讨论，说王公此次行动，震慑了不轨之徒，昭明了文德，不能没有记载，于是从江西派人来，请求我记载他的事迹。

嗟乎！惟兵者，不祥之器，王公用儒者谋谟之业而乃躬擐甲胄，率先将士，下上山谷，与死寇角胜争利，出于万死。而公平日岂习杀伐之事，而贪取摧陷之功以为快哉？顾盗之于民不容并育，譬则莠骄害稼，而养之弗薅，从虎狼之狂噬，而听孽牧之衰耗，此不仁者所不忍为，而公亦必不以不仁自处也。公之心，予知之，公之功，则播之天下，传之后世，何俟予之书之也？然而人知渠魁之坐缚，凶孽之荡平，以为成功如此其易，而不知公之筹虑如此其密，建请如此其忠，上之所以委任如此其专，副使君之所赞佐如此其勤，文武将吏之所以奔走御侮如此其劳，而功之成所以如此其不易，是则不可以不书也。予故为备书之，以昭示赣人，庶其无忘，且有考焉。

译文

哎！动刀动枪不是吉祥的事情，王公原本是从事于儒者文治的事业，此次却亲自穿上甲胄，身先士卒，上山下谷，和亡命的贼寇争夺胜负，出生入死。可是王公哪里是平时研习杀伐之事，以战功为乐的人呢？只是因为强盗之于人民是祸害，必须除掉，这就像杂草疯长为害庄稼却听之任之不铲除，又像虎狼疯狂地吞噬牲畜却听之任之任由后者被吃掉，这些事连不仁的人也不忍心做啊，况且王公又肯定不会以不仁自处。王公的用心，我知道得很清楚，王公的功业，誉满天下且能传播于后世，哪里还用我来为他记载呢？但是人们常常只知道强盗头目坐以待缚，凶顽的贼寇被一举荡平，就因此认为这次战功是很容易的，却不知道王公的筹划是如此严密，请求任务是如此忠心，圣上委任王公时是如此信任，副使君作为助手是如此勤勉，文武将士奔走杀敌是如此不辞辛苦，而这次的成功是如此不容易，这些却不能不记载。因此我才写了这些作为备忘，用来昭示江西人，或许可以使他们不忘记，有据可考。

移置阳明先生石刻记

昔阳明王先生督兵于赣也，与学士大夫切劘于圣贤之学，自搢绅至于闾阁以及四方之过宾，皆得受业问道。盖濂、洛之传，至是复明，而先生治兵料敌，卒有以平奸宄者，皆原于切劘之力。于是深信人心本善，无不可复，其不然者，由倡之不力，辅之不周，而为学之志未立故也。既以责志为教，肄其子弟，复取《大学》《中庸》古本序其大端，与濂溪《太极图说》联书石于郁孤山之上，使登览而游息于此者，出埃墙之表，动高明旷远之志，庶几见所书而兴起其志，不使至于懈惰，盖所以为倡而辅之之虑切也。

译文

过去阳明先生在江西带兵时，和学者、士大夫切磋圣贤的学问，自上层绅士到下层百姓，以及四方的过往宾客，都能来跟随先生受业问道。周程理学的传承，至此才又昌明起来，而先生治理军队歼灭敌人到最后平定贼寇，这些都是和切磋圣贤的学问分不开的。于是先生深信人心本是至善的，而且每个人都能回归到最初的至善状态。之所以没有回归至善，是因为提倡圣贤之学不得力，辅助不周全，以及学者从事圣贤之学的志向没有树立的缘故。既以督责学者立志作为教法，就以此来检查他的弟子们，又选取《大学》《中庸》的古本，讲明其主要旨意，和周敦颐先生的《太极图说》一起书写，刻在了郁孤山的石头上，使登临此山在此驻足的人能兴起超凡脱俗的气概，撼动立下高明旷达志向的人的心魄，不使之至于懈怠荒惰，这些足见先生倡导此学而辅助学者的思考之深切。

先生去赣二十余年，石为风雨之所摧剥者日就缺坏，而是山复为公廨所拘，观者出入不便。嘉靖壬寅，宪副江阴薛君应登备兵之暇，访先生故迹，睹斯石，悲慨焉。既移置于先生祠中，复求榻本之善者补刻其缺坏，而托记于予。

译文

先生离开江西已经二十多年，这些石刻被风雨侵蚀，日见缺损，而这座山又被官家占用，游观者出入很不方便。嘉靖壬寅年，宪副江阴人薛应先生来到这里，在操练兵马的空闲时间，访求先生的遗迹，看到这些石刻的状况，感到很悲哀。于是将它们移到了先生的祠堂中，又寻求好的拓本，将缺损的字加以补刻，然后委托我作此记。

予尝观先生所书，恨其学之不俱传也。自孔孟以后，明其学者濂溪耳，故《图说》原天所以生人者本于无极，而求复其原，则以无欲为主，舍无欲而言中正仁义，皆不可以合德而反终。故《大学》言致知，《中庸》言慎独，独知之地，欲所由辨，求其寡而无焉，此至易而难者也。先生数百年之下，处困而后自得，恍然悔既往之非，真若脱溷淖而御冷风。故既自以切劘，而尤不敢有隐于天下，于是择其辞书之石，冀来者之自得犹夫已也。

译文

我曾经看到先生书写的碑文，对先生的学问没有被很好地完全地传承下来感到非常遗憾。从孔孟以后，能够复兴圣贤之学的是周敦颐先生，因此《太极图说》将天所以生人的本源归结为无极，而寻求如何回归到本原的方法，则以无欲为主，抛弃无欲而言中正仁义，却不可能与天合德而复归本原。因此《大学》言致知，《中庸》言慎独，在人不知而已独知的地方，才是天际人理的分辨之处，追求减少人欲以至净尽，是最易也是最难的事。先生生于周先生去世数百年之后，经历了很多艰难困苦然后才于此学有所得，明确地意识到了先前为学方法的错误，就像摆脱污泥臭水得到了冷风而清醒一样。先生既然自以为这十分重要，因此更不敢对天下的学者有所隐瞒，于是选择了《中庸》《大学》古本以及《太极图说》书写后刻在石上，希望后人能够像自己一样于此学而自得。

今先生之言遍天下，天下之人多易其言，而不知其处困之功，与责志之教。故深于解悟者，每不屑于持守，而意见所至，即皆自是而不疑，哓哓然方且以议论相持竞，譬则石已缺坏，而犹不蔽风雨，顾以为崇获之严，贸焉莫知其所出入，岂不失哉？

译文

如今先生的言论已经传遍了天下，天下之人多数认为这些很容易，却不知他为此而经受的许多的困苦以及使命和志向的教化。所以对于解悟钻研深刻的人经常不屑于日常的持守，而对于自己的意见就自以为是而没有疑惑，喧闹地以议论互争，这就好像石刻早已缺坏了，可是还不为它遮风挡雨，只是表面上看到它如今还似乎较坚固完整就不管它的发展变化了，最终难道不会失去吗？

夫欲之易炽，速于风雨，而志之难立有甚于石，其积习之久，非一日可移置也。然使精神凝聚，即独知之地以从事焉，则又不易地不由人而足以自反，譬则石之摧剥于风雨者，复庇之以厦屋，虽失于昔，不犹可以保其终乎？今石存，则升先生之堂者宜有待矣。

译文

欲望燃起，比风雨还快；志向确定，比在石头上刻字难得多。积累养成习气久了，不是一天两天就能改变的。然而假如精神能够凝聚起来，在独知之处下功夫，那么又可以不换场所不依靠别人就能自我反省，回归本原，这就好像在风雨中被摧剥的石头一样，如果重新将它们移入屋内，虽然在过去有所损坏，但不是还可以保持它的终了吗？如今石头保存下来了，那么来到先生堂下的人，应该有所期待了。

薛君有志于学，其完此石，盖亦辅世之意。而余之困而不学，则有愧于切劘之助也。书之石阴，亦以为久要云。

译文

薛君有志于学，他保存这些石头，大概也是辅世的意思。而我遇到困难却仍然不知道学习，是有愧于切磋的辅助的。将这些写在石头的背面，也是要长久保存的意思。

阳明王先生报功祠记

经世保民之道，济其变而后显其功，厚其施而后食其报。传曰：“太上有立德，其次有立功。”时而至于立功，则去太上远矣。士君子遭时遇主，处常尽变，不得已而立功，固不望其报之久近。人之思报，自不能已，故昌黎祀潮，子厚祀柳，张咏绘像而祀于蜀，羊祜建碑而祀于襄阳，其致一也。

译文

经略世务保护民众的途径和道理，是首先帮助他应变，然后才取得成功，首先厚厚地施舍才得到他的报答。古书说："最上等的是立德，其次才是立功。"只是遇到了时势而立功，离太上立德的要求还很远。士君子遭遇了时变，碰到了明主，以常自处，以权应变，不得已而立下功名，原本就没有考虑到回报得是快还是慢。人立了功，想要报答，所以韩愈在潮州被祭，柳宗元在柳州被祭，张咏在四川被画像并被祭，羊祜在襄阳被建了石碑并被祭，这些道理都是一样的。

赣之牙境，万山盘亘，群盗纵横，土酋跳梁于东南，逆藩窥伺于西北。正德丙子春，阳明王公以大中丞秉钺来镇，纲纪号令，朝发夕新。凡四省、五道、九府州、六十九县、三十五卫所之奔命者，皇皇汲汲，恐于后至之诛。又卓见大本，广集众思，张施操纵，不出庭户，而遥制黠虏于江山数千里之外，英声义烈，肃于雷霆。今年平南靖，明年平桶冈，又明年平浰头，又明年平逆藩。如虔，如楚，如闽，如粤，四郊力穑，清夜弦歌，而边圉之患除。如豫州，如江州，如桐城，如淮甸，千里肃清，万夫解甲，而社稷之忧释。夫公以文儒之资，生承平之世，蹈疏逖之踪，当盘错之会，天枢全斗极之光，地维扫豺狼之穴，玺书频奖，茅土加封，一时遭际，可以风励群工矣。

译文

江西边境，万山交错，地势险要，群盗纵横，而少数民族首领在东南闹事，怀有叛逆之心的藩王在西北窥测。正德丙子年的春天，王阳明先生以大中丞的官职秉钺来镇守江西，纲纪号令清晨发出去，晚上局面就焕然一新。大凡四省、五道、九府州、六十九县、三十五卫所的在先生的麾下用命的人，都诚惶诚恐，只是害怕晚到了误事遭遇先生的责罚。先生既掌握住大本大源又能够广集众思，运筹帷幄之中，不出庭户却能远远地制服敌人于数千里之外的地方，先生的英名和壮丽的事业，使人如雷贯耳，肃然起敬。第一年平南靖，第二年平桶冈，第三年平浰头，第四年平逆藩。先生到贵州，到湖北，到福建，到广东，让各地的百姓安于耕作，夜里则弹琴唱歌，边远地区的祸患被除去。先生又到豫州，到江州，到桐城，到淮甸，千里地面上的匪患都被肃清，很多兵士得以解甲归田，江山社稷的大患得到解除。先生以文人儒士的资质，生在和平年代，在这样复杂的形势下，跟踪追击狡猾的敌人，而能够发扬朝廷的威力保全天下的统一，扫除豺狼的巢穴，多次受到通报嘉奖，频繁地被加官晋爵，可以做百官的榜样。

公之去赣久矣，而人犹思之，复建祠以祀之。富者输财，贫者效力，巧思者模像，善计者纠工，虚堂香火，无替岁时。报施之道，不于其存而于其亡，身后之事，未定于天下而私于一方，吾是以知赣人之重义也。孔子曰："斯民也，三代之所以直道而行也。"兹非三代之遗民欤？

译文

先生离开江西已经很长时间了，而人民还依旧思念他，又建立了祠堂来纪念他。富裕的人献出钱财，贫穷的人献出体力，心灵手巧的人塑像，善于计划的人负责施工，堂前的香火常常有，没有中断的时候。报恩不在人活着的时候，而在他去世之后，先生身后的评价在天下还没有定论，而他本人却已在这里被祭祀，我从这里看出了江西人重义。孔子说："这些百姓，在三代是以直道立身行事的。"这难道不是三代的遗民吗？

公继其父龙山公之学，且与孙忠烈同年同官，忠烈死逆藩之难，而公成靖难之功，浩然之气充塞两间，增光皇国，幸与不幸，易地则皆然者。然则公之立功虽有先后大小，要皆以忠输君，以孝成亲，以信许友者欤！公讳守仁，字伯安，别号阳明；龙山公讳华，以大魁冢宰；孙忠烈讳燧，以中丞赠宗伯：皆吾乡先达也。

译文

先生继承了他父亲龙山公的学问，而且和孙忠烈同年为官，忠烈在平定宁王叛乱的战斗中阵亡了，而先生却建立了拥戴朝廷保全社稷的功业，浩然正气充满了天地之间，为皇帝和国家增光，他幸运还是不幸运，假如换个位置，也还是一样。先生的功业虽然有先后大小之别，但是都不外乎以忠的态度对待君上，以孝的态度对待双亲，以信的态度对待朋友。先生的名字叫作守仁，字伯安，别号阳明；龙山公名华，以状元的出身而做至宰相的官位；孙忠烈名燧，官至中丞又被赠以宗伯的爵位：他们都是我故乡的先达之士。

呜呼！望雷阳而思新竹，按营垒而叹奇才，高山仰止，景行行止，谨纪其实，以备野史之拾遗云。

译文

唉！看到雷阳就想念新竹，抚摸营垒就感叹奇才，高山仰止，景行行止，在这里我谨慎地记下这段事实，以备将来写野史的人采用。

田石平记

田江之滨有怪石焉，状若一龟，卧于衍石之上。长倍寻，厚广可寻之半。境土宁静则偃卧维平，有眚则倾欹潜浮以离故处，故俗传有“平宁倾兵”之谶。岁乙酉，岑氏猛食采日殷，恣横构兵。守臣方上疏议讨，一夕石忽浮去数百武。猛惧，乃使力士复之，向夕殷祀之，以潜弭其变。明年大兵至，猛竟失利以灭，人益异焉。

译文

田江江边有一块怪石，形状像一只乌龟，卧在乱石的上面。长两寻，宽和厚都有半寻的样子。假如当地宁静无事，它就平平安安地俯卧着；一旦当地发生了事变动乱，它就倾斜潜浮，离开它原来的地方，所以当地有“平宁倾兵”的谶语。乙酉年，岑猛盘剥百姓越来越厉害，骄恣蛮横，又私下招兵买马，当地的守官想要上书请求征讨他，一天傍晚石头突然离开它的原处数百步的距离。岑猛害怕了，于是让大力士将它搬回了原处，殷勤地祭祀它，以求暗地里能够消除事变。第二年，大军来了，岑猛战斗失利，最后被消灭了，当地人就更加觉得诧异了。

猛党卢、王二酋胁众连兵，据思、田以重烦我师，朝议特起今新建伯阳明王公来平。比至，集众告曰：“蠢兹二酋，岂惮一擒？维疮痍未瘳而重罹锋刃，为可哀也。”即日下令，解十万之甲，掣四省之兵，推赤二酋，俾自善计。二酋惮公威德，且知大信不杀，遂率众自缚泣降。公如初令，谕而遣之。单车诣田，经画建制，以训奠有众。田父老望风观德，如堵如墙，罗拜泣下曰：“大兵不加，明公再生之赐也。田丑何以为报？”维田始祸，石实衅之，具以怪状闻，且曰：“自王师未旋，石靡有宁，田人惴惴，守之如婴，今则亡是恐矣。愿公毁此，以宁我田。”公曰：“其然？与若等往观之。”既观，曰：“汝能怪乎？吾不汝毁而与决。”取笔大书其上曰：“田石平，田州宁，千万世，巩皇明。”明年春，公使匠氏镌之，遂以为田镇。田人无远近老稚，咸讴歌于道以相庆焉。

译文

岑猛的党徒卢姓和王姓的两个贼首，胁从群众和兵士，占据思、田又重新和我们的军队作战，朝廷商议命令新建伯王阳明先生来平定他们。先生到达后，集合众人告诉他们说：“这两个贼首，并不值得一擒，只是战争的创伤还没有得以修复，而又将重开战事，这才是可怜的。”于是就在当天下令撤去了四省的兵马十万人对二贼的包围，让他们好好计划。二贼都害怕先生的威德，而又知道先生很讲信义不会杀害他们，于是就率领部众自己将自己绑缚，哭着来请求投降。先生按照起初的命令，对他们进行了一番晓谕就将他们放了，然后又亲自到田州去，为他们经划建置，以训诫教化田州的民众。田州的父老乡亲听到先生的德行，都来观看先生的风采，人多得像墙一样。大家跪拜，哭着说：“没有发动战争，这是先生赐给我们的再生的恩德。我们田州的人何以为报？”田州开始有祸患，这块怪石最先觉察到了，用异状显示了征兆，田州人还说：“王师没有凯旋，这块石头就一直没有安宁过，我们惴惴不安，守护它就像守护婴儿一样，如今可以消除这种恐惧了。愿您毁掉这块石头，来使田州永保安宁。”先生说：“是这样吗？我们一同去看看吧。”他们看了以后，先生对石头说：“你真的非常怪吗？我不毁掉你，我将让你成为田人的守护之石。”于是取笔在石上写了几个大字：

“田石平，田州宁，千万世，巩皇明。”第二年春天，先生命匠人凿刻以当作田州的镇守之石。田州人无论远近老少，都对这件事讴歌赞扬，于道路相庆贺。

嗟夫！维石在阿，赋性不那，孰使之行，岂民之讹？维妖维祥，肇是兴亡，天实变幻，而莫知其方。维邪则泄，维正则灭，亦存乎其人而已矣。公忠诚纯正，其静一之学，浩然之气，见于勤王靖难者，可以格神明而贯金石。天下已信之，有弗灵于是石乎？田人宝兹石文，盖不啻交人之累铜柱也已。公车将旋，田人趋必东曰：“兹不可无述以告于世世。”作《田石平记》。

译文

啊！这块石头生在此地，上天赋予它灵异的禀性，谁让它自己会移动呢？难道是人民以讹传讹吗？是妖孽还是祥瑞，依靠它能显现兴亡的征兆，天意变幻莫测，没有人能清楚明白地知道。假如是妖邪，所显示的灾祸就会成为现实；假如是正道，灾祸就会自行消失，这些都是人们的想法罢了。先生忠诚纯正，他的静一之学、浩然正气，显示于勤于王事拯救危难，对神明而无愧，书金石而不朽。天下对先生早已十分尊信了，还有比这块石头更加灵异的吗？田州人珍惜这块石上先生书写的文字，就像交州人珍惜他们的铜柱一样。先生将要离开田州，田州人对必东说：“这些事不能不记载下来告诉世人。”于是我就作了这篇《田石平记》。

阳明先生画像记

少师徐阶

阳明先生像一幅，水墨写。嘉靖己亥，予督学江西，就士人家摹得先生燕居像二、朝衣冠像一。明年庚子夏，以燕居之一赠吕生舒，此幅是也。

译文

这是阳明先生的一幅画像，是水墨画。嘉靖己亥年，我在江西任督学，在当地士人的家里临摹得到先生的两幅闲居像和一幅朝服衣冠像。第二年，即庚子年的夏天，我把闲居像中的一幅送给了吕舒，就是这一幅。

先生在正德间，以都御史巡抚南、赣，督兵败宸濠，平定大乱，拜南京兵部尚书，封新建伯。其后以论学为世所忌，竟夺爵。予往来吉、赣间，问其父老，云："濠之未叛也，先生奉命按事福州，乞归省其亲，乘单舸下南昌，至丰城闻变，将走还幕府为讨贼计，而吉安太守松月伍公议适合，郡又有积谷可养士，因留吉安，征诸郡兵，与濠战湖中，败擒之。"其事皆有日月可按覆，而忌者谓先生始赴濠之约，后持两端遁归，为伍所强，会濠攻安庆不克，乘其沮丧，幸成功。夫人情苟有约，其败征未见，必不遁。凡攻讨之事，胜则侯，不胜则族，苟持两端，虽强之，必不留。武皇帝之在御也，政由嬖幸。濠悉与结纳，至或许为内应，方其崛起，天下皆不敢意其遽亡。先生引兵而西，留其家吉安之公署，聚薪环之，戒守者曰："兵败即纵火，毋为贼辱。"呜呼！此其功岂可谓幸成，而其心事岂不皦然如日月哉？忌者不与其功足矣，又举其心事诬之，甚矣小人之不乐成人善也。

译文

先生在正德年间以都御史任南、赣巡抚，率领军队大败朱宸濠，平定了叛乱，于是被提升为南京兵部尚书，封新建伯。此后因为讲论圣贤的学问被世人猜忌，被夺去了爵位。我往来吉、赣之间，听到当地的父老说："朱宸濠还没有反叛时，先生奉命镇守福州，请求回家探亲，乘船南下南昌，到丰城听到了朱宸濠叛变的消息，于是为了讨贼，回到吉安幕府，恰好吉安太守伍松月和先生的意见相同，郡内又有积存的粮食可供养军队，于是留在吉安，征召诸郡的兵力，与朱宸濠在湖中大战，最终生擒了朱宸濠。"这些事迹都有确切日期可考，可是猜忌先生的人说，先生起初是来赴朱宸濠之约一起谋反的，后来又要耍两面派想逃回家，被伍太守所强迫才起义，恰巧遇到朱宸濠攻安庆攻不下来，先生趁着他沮丧的时机，侥幸才获得成功。从人情来讲，假如双方相约起事，而失败的征兆还没有显出来，肯定不会事先逃跑。凡是攻战讨伐的事，胜利了就被封侯，失败了就会被株连九族，假如抱着三心二意的态度，即使是被强迫，也不会留下。武宗皇帝在位时，政事都由被宠爱的姬妾侍臣专断。朱宸濠和他们早已相互勾结，以至于有人承诺作为朱宸濠的内应，当他们起兵谋反时，天下人却不敢想象他会很快灭亡。先生带兵西行时，把他的家眷留在吉安的分署，用柴禾围着公署，训诫守城的人说："假如兵败，此城失守，就纵火焚烧，不要让他们被叛贼侮辱。"呜呼！由此可见，先生的成功不是侥幸成就的，而先生的用心，岂不像日月一样昭彰吗？猜忌的人不赞赏他的功业也就罢了，却还诬蔑先生用心不良，小人不乐于成人之善是多么厉害啊。

自古君子为小人所诬者多矣，要其终必自暴白。乃予所深慨者，今世士大夫高者谈玄理，其次为柔愿，下者直以贪黩奔竞，谋自利其身。有一人焉，出死力为国家平定大乱，而以忌厚诬之，其势不尽驱士类入于三者之途不止。凡为治，不患无事功，患无赏罚。议论者，赏罚所从出也。今天下渐以多事，庶几得人焉驰驱其间，而平时所谓议论者如此，虽在上智，不以赏罚为劝惩，彼其激励中才之具不已疏乎？此予所深慨也。

译文

古往今来，君子被小人所诬陷的事已经非常多了，最终君子之冤一定会得以昭雪。让我深深感慨的是，如今的士大夫们，身居高位者高谈玄理，中间的做老好人，下边的就径直轻率贪婪自私自利。一旦有一个人出来为国家平定大乱效死力，于是就猜忌诬蔑他，他们不将天下之士都纳入上面的三类人就誓不罢休。大凡治理天下，不是担心没有做出事功，而是担心没有赏罚。议论是赏罚的依据。如今天下逐渐多事，好不容易有一个人出来驱驰奔波，而如今的所谓议论却是这样，虽然上智之人不因赏罚而有所努力或懈怠，但是这些议论对中智之士，是不是很有反面作用呢？这才是让我深深感慨的。

濠之乱，孙、许二公死于前，先生平定之于后，其迹不同，同有功于名教。江西会城，孙、许皆庙食，而先生无祠。予督学之二年，始祀先生于射圃，未几被召，因摹像以归，将示同志者，而首以赠吕生。予尝见人言此像于先生极似，以今观之，貌殊不武，然独以武功显，于此见儒者之作用矣。吕生诚有慕乎，尚于其学求之。

译文

朱宸濠的叛乱，孙、许二位死难在先，而先生平乱在后，他们的行为不同，但却同样有功于名教。在江西省城，孙、许二位先生被供在庙里享受祭祀，但是先生却没有祠庙。我任督学的第二年，才在射圃祭祀先生，没过多久就被征召，于是就临摹了先生的画像带了回去，想让同道们看看，事先赠给吕生一幅。我曾听人说，这幅画像与先生极其相似，如今观看先生的画像，先生的相貌很不威武，但是却独独以武功显扬其名，由此可以看到儒者的作用了。吕生真的倾慕先生吗？那就从他的学问里寻求吧。

重修阳明王先生祠记

大学士李春芳

阳明先生祠，少师存翁徐公督学江右时所创建也。

译文

阳明先生的祠庙，是少师徐阶在江右任督学时建立的。

公二十及第，宏辞博学，烨然称首词林，一时词林宿学皆自以为不及，而公则曰："学岂文词已也？"日与文庄欧阳公穷究心学，闻阳明先生良知之说而深契焉。江右为阳明先生过化地，公既阐明其学以训诸生而又谓崇祀无所，不足以系众志，乃于省城营建祠宇，肖先生像祀之。遴选诸生之俊茂者乐群其中，名曰龙沙会。公课艺暇，每以心得开示诸生，而一时诸生多所兴起云。

译文

徐阶先生二十岁就考中了进士，宏辞博学，在文坛成为一时的领袖，当时词林宿学都自以为不如他，但是先生却说："学问难道只是文词而已吗？"于是天天和欧阳文庄先生穷究心学，听说了王阳明先生所倡导的良知学说，情感与之契合。江右是王阳明先生曾经传播教化的地方，徐先生提倡阐明阳明先生的学说，以良知之学教训诸生，又认为阳明先生没有专门的祭祀的场所，不足以集合大家的志向，于是就在江西省城建造祠宇，临摹塑造了先生的像来祭祀他。选择诸生中聪明俊秀的，在祠庙里讲学论道，命名叫作龙沙会。徐先生在检查督责诸生的学业的空闲时间里，每每将自己的心得体会讲给诸生听，一时，诸生之中有很多人都感奋兴发，立下了成圣成贤的大志。

既公召还，荐跻纶阁，为上所亲信，盖去江右几三十年矣。有告以祠宇倾圮者，公则楸然动心，捐赐金九十，属新建钱令修葺之。侍御甘斋成君闻之曰："此予责也。"遂身任其事，鸠工庀材，饰其所已敝，增其所未备，堂宇斋舍，焕然改观，不惟妥祀允称，而诸生之兴起者，益勃勃不可御矣。

译文

徐先生被召还朝，进入内阁，被圣上亲近信任，这时先生已经离开江右三十年了。有人告知先生阳明先生的祠庙已经倒塌了，先生听了很悲伤，于是捐资九十金，叮嘱新建的姓钱的县令重新整修。侍御甘斋成先生听说后，说："这是我的责任。"于是亲自办理这件事，监督施工选择建材，修饰整饬已经毁坏的地方，增加扩建不完备的地方，堂宇斋舍，焕然一新，不只是又可以很安稳地祭祀先生了，而且诸生因此而兴起立志的，也很有生气，不可阻挡。

噫！公当枢管之任，受心膂之寄，无论几务丛委，即宸翰咨答，日三四至，而犹惓惓于崇先哲、兴后学如此，诚以学之不可以已也。夫致知之学发自孔门，而孟子良知之说则又发所未发。阳明先生合而言之曰"致良知"，则好善恶恶之意诚，推其极，家国天下可坐而理矣。公笃信先生之学，而日以体之身心，施之政事。秉钧之初，即发私馈，屏贪墨，示以好恶，四海向风。不数年，而人心吏治翕然丕变，此岂有异术哉？好善恶恶之意诚于中也，故学非不明之患，患不诚耳。知善知恶，良知具存，譬之大明当天，无微不照，当好当恶，当赏当罚，当进当退，锱铢不爽，各当天则。循其则而应之，则平平荡荡，无有作好，无有作恶，而天下平矣。故诚而自慊，则好人所好，恶人所恶而为仁。不诚而自欺，则好人所恶，恶人所好而为不仁。苟为不仁，生于其心，害于其事，蠹治戕民，有不可胜言者矣。公为此惧，又举明道《定性》《识仁》二书发明其义，以示海内学者，而致知之学益明以切。诸生能心惟其义而体诸身，则于阳明先生之学几矣。业斯舍者，其尚体公之意而殚力于诚，以为他日致用之地哉？

译文

啊！先生担负着国家的任务，却一心致力于圣贤的学问，无论公务多么繁忙，公文询问对答，每天很多次，却还是不知疲倦地从事于崇先哲、兴后学的事业，这确实是因为学习是不可以停止的。致知的学问发源于孔门，而孟子的良知学说又发前人所未发。阳明先生合而言之曰“致良知”，那么好善恶恶的意志就能够诚而不欺，推广到极致，那么家、国、天下就可以较容易地治理得很好。徐先生深信阳明先生的良知之学，而时时刻刻都把将它体证在自己的身心之间，施于政事之中。初到任时，他揭发私下里的贿赂，屏绝贪婪的风气，以自己的好恶示人，然后四海闻风。没过几年，人心和吏治都大大地改善了，这难道是因为有什么异常灵妙的办法吗？这只是因为好善恶恶的意志在自己心中已经很诚恳了的缘故，因此不怕学不明白，只怕不诚实。知善知恶，就是有良知，譬如太阳明朗地在天空中照耀，一切微小的东西都照得到，当好当恶，当进当退，当赏当罚，丝毫不差，各有一定的不易的天理。顺着天理应事理物，就会坦坦荡荡，无有很好，无有很恶，天下就能够平定。因此意诚后自己内心就感到非常自得，那么可以爱好大家所爱好的，厌恶大家所厌恶的，这就是仁。意不诚而自欺，就会爱好大家所厌恶的，厌恶大家所爱好的，这就是不仁。假如变得不仁，不仁在心里产生，接着就会妨害做事，在社会上贪赃枉法残害人民，不仁的危害是不可胜言的。

先生因此感到害怕，于是又推举程明道先生的《定性》与《识仁》，阐释讲明它的义旨，以昭示海内的学者，因此致良知的学说就更加明朗真切。诸生假如能够一心只照着他的义旨去做，而体贴于身心之间，那么阳明先生的学说就掌握得差不多了。在这个祠庙里授业的人，能够体察先生的用意，竭尽自己的力气，致力于诚，以作他日致用的准备吗？

成君守节，曹州人，癸丑进士，按治江右，饬纪布惠，卓有贤声，盖有志于学者。

译文

成守节君，曹州人，是癸丑年的进士，他治理江右，整饬风纪，施惠于民，很有贤明的名声，也是有志于圣贤之学的人。

平宁藩事略

敬斋蔡文见任廉使

阳明先生，道德功业，冠绝古今，无容议矣。独宁藩一事，不理于谗口者有二：曰始与宁府交通，后知事不可成，因人之力，从而剪之，以成厥功；又曰宁府财宝山积，兵入其宫，悉取以归。此二者，当时谗口嗷嗷，至形诸章奏，播诸远近。缙绅有识，皆知其为必无，而莫悉其无之故；皆知其绝无可疑，而无以破人之疑。余甚恨之！足迹半天下，访之莫有知者。迨移官入赣，赣故先生开府之地，当时故老尚有存者，咨访累月，乃得其详。于是跃然以喜，疾谗口之无根，且知先生计虑之深、规模之远，有非常情之所能测识也。

译文

阳明先生的道德和功业，都是古今之冠，没有人能够超过，这是不容置疑的。只有平定宁藩这一件事，遭到小人谗言有两条，一条是起初与宁王相互勾结，后来得知谋反的事不可能成功，凭借着别人的力量，去翦灭宁王，才成就了这次事功；另外一条是宁王府的财宝堆积如山，攻入王宫时，全都拿了带回家去。这两种谗言，当时煞有介事，气势汹汹，甚至还被写在奏章上上奏朝廷，又传播得远近皆知。士绅中的有识之士都明白肯定没有这些事，但又没有人能详细地说出为什么没有。都知道先生的用心绝没有可怀疑的地方，但又没有办法去戳穿别人的怀疑。我对此感到十分遗憾！我的足迹行遍了半个中国，寻访这件事却无人知道。后来转移到江西做官，江西是先生开府的地方，故人遗老还有健在的，我咨求访察了好几个月，然后才得知这件事的详细经过。于是高兴得手舞足蹈，恨谗言之没有根据，而且了解了先生考虑之深刻和规划之宏远伟大，这是常情很难去测度认识的。

自古建非常之功，必待非常之人。逆藩之积虑，非一日矣，当时所惮，独先生在耳。杀之不得，必欲致之，事乃可成，故致惓惓于先生，而先生亦示不绝于彼者，力有所为，机有所待。

译文

古往今来，建立不寻常的功业，一定要等待不寻常的人。宁王处心积虑要造反，早已不是一天两天了，当时他所畏惧的，只是先生还在。宁王想杀害先生却不能够，那么就一定要收买先生，谋反的事才能成功，于是多次对先生表示亲近，拉拢先生，而先生表面上也不弃绝他，这是为了等待时机然后有所作为。

峒酋叶芳等有众万人，感不杀之恩，乐为我用，先生推诚抚之，间示以意，芳叩首踊跃，待报而发。逆藩招集无赖，亦属意于叶芳，尝以厚资啖之，芳受不却。有以闻于先生者，先生怃然有失，久之，搏案起曰："吾今日视义当为，事之成败，身之祸福，不计也！"会逆兵起，遂部所属民卒，督知府邢珣、伍文定等以行。叶芳密使人告曰："吾以疑彼也。今日之事，生死惟命。"先生大喜，即携以往。鄱湖之战，逆藩觊望芳来。芳乘之，遂就擒。大难之平，芳与有力。不然，逆兵众且强，独以民卒之脆弱涣散，安能当其锋哉？兵入南昌，先生召芳语之曰："吾请于朝，以官偿若劳，如何？"芳叩首曰："芳土人，不乐拘束，愿得金帛，作富家翁耳。"遂入宫，借所有以献，余以予芳，满其欲焉。

译文

峒酋叶芳有部属一万多人，他们感激先生的不杀之恩，愿意为我所用，先生用推心置腹的诚意安抚他们，又不失时机地表达了自己的心意，叶芳磕头叩首，跃跃欲试，待机报答先生。宁王招集无赖之徒，也曾经属意于叶芳，用重金收买他，叶芳接受了钱物，并不推辞。有人将这件事告知先生，先生怅然若失，过了很久，拍案而起说道：“我现在只是按照道义去做，至于事情成功与否和自身的祸福，我是不在乎的！”宁王叛乱起事后，先生就召集所属的军民，让知府邢珣、伍文定等人率领，出发征讨叛军。叶芳秘密地派人来告知先生说：“先前的事是我要敌人对我放心。今日之事，我愿意出生入死效力。”先生非常高兴，就和叶芳一同去征讨叛军。鄱阳湖战役，叛军看到叶芳来了以为是来帮助自己的。叶芳趁着这个时机，捉住了朱宸濠。这次大难的平定，叶芳确实是出了大力的。不然，叛军兵力众多而且强大，如果只依靠脆弱涣散的民兵去对付，怎么可能和叛军的锋芒相对抗？大军攻入南昌，先生叫叶芳来对他说：“我向朝廷请求，依据你的功劳赏赐你做官，怎么样？”叶芳磕头拜谢说：“我是土人，不喜欢被拘束，想要得到一些金银钱帛，当一个富家翁。”于是就进入宁王宫，登记了所有的财物，除了上缴朝廷的，剩下的全部赐给了叶芳，满足了他的愿望。

由前观之，先生所以阳示不绝于彼者，阴欲有为于此。使当时积谷练兵，宁不启彼之疑而厚其毒？法曰“藏于九地之下，奋于九天之上”是也。其后以资委叶芳者，则以夷治夷之法。故先生心事如青天白日，用兵若风雨雷霆，本无可疑，何疑者之纷纷也？故表而出之。

译文

从前面的叙述来看，先生之所以在表面上不弃绝宁王，是因为他想在此时有所作为。如果在当时就屯粮练兵，怎么能不让宁王生疑心而更增加他的残忍呢？所谓“欲扬先抑”，就是这个意思。后来把王宫里的财物赐给叶芳，是以夷制夷的方法。因此，先生的用心，光明磊落犹如青天白日，用兵神机妙算好像风雨雷霆，本来没有什么可怀疑的，可为何怀疑的人那么多呢？因此我才写了这篇文章。

荫子咨呈

正德十六年七月十八日，奉到兵部风字二千八百八十号勘合内开一件捷音事，准武选司付奉本部连送该本部题送，准浙江布政司咨呈，据绍兴府申据余姚县申蒙本府纸牌仰县速将都御史王承荫子侄应该之人取具无碍亲供，并官吏里邻人等不扶结状缴报等因，依蒙行据该隅里老吕时进等，勘得右副都御史王任江西南、赣等处，剿贼成功，钦承荫子一人，世袭锦衣卫百户，行县取具里老，并本族亲供。今据前因，合将缴到王冕等供状一纸，系本县东北隅五里民籍，有侄王守仁，任江西南、赣等处右副都御史，为剿贼成功，钦承荫子王正宪世袭锦衣卫百户，行县取具里老，并本族亲供，呈缴到部。查得先该提督南赣都御史王奉称征剿江西南、赣等处贼寇，驱卒不过万余，用费不满三万，两月之间，俘斩六千有奇，破巢八十有四，渠魁授首，噍类无遗。该本部查议得都御史王躬亲督战，获有军功，所当先录。伏望圣明俯照节年平寇升荫有功官员事例，将王照例升职荫子，以酬其功等因具题。正德十三年四月十八日，节该奉圣旨："是。各官既剿贼成功，地方有赖，升右副都御史，荫子侄一人做锦衣卫，世袭百户。钦此。"查无本官应袭子侄姓名，已经备行原籍官司查取去后。又该提督南、赣军务右副都御史王奏报广东韶州府乐昌等县平贼捷音，内开"擒斩首从贼人首级共二千八百九名颗，俘获贼属，并夺回被掳男妇五百名口"等因。该本部查议得本官分兵设策，一旦剿平，厥功非细。本部议将王量加升级，于先荫子百户上再加升荫，以酬其功。伏蒙钦依，王守仁已因功升职，还赏银四十两，纻丝二表里。臣等以为王守仁累建奇功，各不相掩，今止给赏，似不足酬其功。合无王守仁量升俸给，于先荫子百户上量加升荫等因，本年十二月初三日具题。本月二十六日奉圣旨："王守仁累有成功，他男先荫职事上还加升一级。钦此。”又经备行钦遵讫，今据前因，久查升级事例，实授百户上加一级，该副千户通查案呈到部，欲将都御史王应荫子王正宪查照先奉钦依，加荫子侄一人做锦衣卫，世袭百户，再加。续奉钦依，加升一级，与做副千户，填注锦衣卫左所支俸。缘系查录恩荫，节奉钦依，王守仁荫子侄一人做锦衣卫，世袭百户及他男先荫职上还加升一级事理等因。正德十五年三月初四日，少师兼太子太师本部尚书王等具题。次年四月二十五日，奉圣旨“是。钦此。”钦遵，拟合通行，为此合行浙江布政司转行绍兴府余姚县，着落当该官吏照依本部题奉钦依内事理，即便查取王正宪作速起程，前来赴任，仍将本官起程日期，缴报施行。

译文

正德十六年七月十八日，收到兵部凤字二千八百八十号勘合，里面说了一件捷音事，是准武选司付奉本部题送批准浙江布政司的咨呈，绍兴府、余姚县说请快速地把都御史王守仁的承蒙荫庇的子孙亲属以及官吏和乡邻等情况上报。当地父老吕时进等查阅到右副都御史王守仁担任江西南、赣等处的职务，剿匪成功，蒙受圣恩能够荫庇儿子世袭锦衣卫百户，行县取具于乡于里的父老和本族的亲人的证明。如今依据前面内容，一起将得到的王冕等人的供状一张，证明本县东北角五里处有王守仁，担任江西南、赣等处的右副都御史，因为剿匪成功，蒙受圣恩得以荫庇儿子王正宪世袭锦衣卫百户。行县取具乡里父老以及本族亲属的证明，全都呈交到了部里。查得先前该提督南赣都御使王守仁奉旨征讨江西南、赣等处的贼寇，率兵不过万人，军费不过三万，在两个月的时间里俘虏斩杀贼寇六千多人，摧毁贼巢八十四个，贼寇的首领都被擒拿歼灭了，剩下的从属也被一网打尽。该本部查议访得都御史王守仁身先士卒，亲自上前线督战，获得非常大的战功，应该给以先录。希望按照先前升荫有功官吏的惯例，晋升王守仁的官职，荫庇他的子侄锦衣卫世袭百户，以作为他获得巨大战功的酬劳。正德十三年四月十八日，奉圣旨，圣旨说：“是。各位官员既然剿灭贼寇成功，地方有所依赖，升右副都御使王守仁，荫蔽其一名子侄做锦衣卫，世袭百户。钦此。”经查没有这位官员应荫庇子孙的姓名，已经让原籍的官员去查取了。又该提督南赣军务右副御史王守仁奏报，广东韶州府乐昌等县，平贼胜利，奏报里面说“擒到并斩首的贼人的首级，一共二千八百零九颗，俘获贼人的家属以及夺回被掳去的男人女人一共五百口”等。该本部查访得到这位官员分部兵力，设计策略，很快就将贼寇剿平了，他的功绩是非常大的。本部计划将王守仁酌量晋升官级，在他的儿子先前荫庇的百户上，再加升荫，以奖赏他的功劳，依据圣意，王守仁已因功晋升了官职，还赏赐他银子四十两，纻丝两表里。臣等认为，王守仁屡建奇功，各次功劳不能相互淹没，如今只给他一些赏赐的东西，似乎不足以奖励他的功勋，为什么不给王守仁酌量增加俸禄供给，在以前荫庇他的儿子做百户的基础上酌量再加以升荫呢？本年十二月初三日具题，本月二十六日奉圣旨：“王守仁多次建立奇功，在他的儿子以前荫得的职务上，再加升一级。钦此。”如今依据前因，考查升级的例子，在实际授与的百户上再加一级，应当是副千户，通察案呈都送到了部里，所以欲将都御史王守仁的应荫庇的儿子王正宪经考察依照先例奉圣旨加升一级，让他做副千户，将他的名字填注在锦衣卫左所，在那里领取俸禄。查录到，王守仁荫庇子侄一人做锦衣卫世袭百户，他的儿子在以前荫得的官职上，再加升一级。正德十五年三月初四日，少师兼太子太师本部尚书王等具题。次年四月二十五日，遵奉“是。钦此。”的圣旨进行办理。为此浙江布政司转绍兴府余姚县，请他们派主管的官吏依照本部题奉圣旨办理这件事，赶快查取王正宪，急忙起程，前来赴任，把他的起程日期上报，按预期执行。

处分家务题册

门人黄宗明书

先师阳明先生夫人诸氏，诸无出，先生立从侄正宪为继。嘉靖丙戌，继室张氏生子名正聪，未及一岁，辄有两广之命，当将大小家务处分详明，托人经理。殁几一载，家众童僮不能遵守，在他日能保无悔乎？

译文

先师阳明先生的夫人是诸氏，诸氏没有生育，先生立从侄正宪作为继承人。嘉靖丙戌年，续娶的夫人张氏生子名正聪，正聪还不到一岁时，先生将要赴两广，将大小家务处理吩咐详细明确，然后委托他人进行经营管理。先生去世大约一年了，家里的人和童仆不能遵守先生的嘱咐，在以后能保证不懊悔吗？

宗明等因送先生葬回，太夫人及亲疏宗族子弟、四方门人俱在，将先生一应所遗家务逐一禀请太夫人与众人从长计处，分析区画，以为闲家正始、防微杜渐之原。写立一样五本，请于按察司佥事王、绍兴府知府洪用印钤记。一本留府，一本留太夫人，正宪、正聪各留一本，同志一本，永为照守。

译文

宗明等人在给先生送葬回来后，由于太夫人和亲疏的宗族子弟以及四方的门人都在，于是把先生遗留下来的家务逐一禀请太夫人，与众人从长计议，分析计划，作为闲家正始、防微杜渐的依据。写立一式五本，请按察司王佥事、绍兴府洪知府盖印公证后，绍兴府里保留一本，太夫人保留一本，正宪、正聪各保留一本，同门的同志保留一本，永远照着这上面的规定去做。

先生功在社稷，泽被生民，道在宇宙，人所瞻仰。其遗孤嫠室，识与不识，无不哀痛，况骨肉亲戚，门生故旧，何忍弃之负之哉？凡我同事，自今处分之后，如有异议，人得举正，毋或轻贷。

译文

先生的功业在江山社稷，恩德给天下人民，与宇宙同样重要，为人所崇敬仰慕。对于先生遗留下来的孤儿寡母，不论是认识的人还是不认识的人，都为他们感到哀痛，况且是骨肉亲戚，门生故旧，怎能忍心辜负先生抛弃他的遗孤呢？因此凡是一同共事的人，从今天处理吩咐以后，假如有不遵守的，所有的人都可能检举他使他改正，一定不要轻忽怠慢。

同门轮年抚孤题单

门人薛侃书

先师阳明先生同祖兄弟五人：伯父之子曰守义、守智，叔父之子曰守礼、守信、守恭。同父兄弟四人：长为先师，次守俭、守文、守章。先师年逾四十，未有嗣子，择守信第五男正宪为嗣，抚育婚娶。嘉靖丙戌，生子正聪。明年，奉命之广，身入瘴乡，削平反乱，遂婴奇疾，卒于江西之南安。凡百家务，维预处分，而家众欺正聪年幼，不知遵守。吾侪自千里会葬，痛思先师平生忧君体国，拳拳与人为善之心，今日之事，宜以保孤安寡为先，区区田业，非其所重。若后人不体，见小失大，甚非所以承先志也。

译文

先师阳明先生，同一个祖父的兄弟有五人：他的伯父的儿子，分别叫守义、守智；他的叔父的儿子分别叫守礼、守信、守恭。同一个父亲的兄弟有四人，这就先师守仁和下面的守俭、守文、守章。先师年过四十，还没有儿子，于是选择守信的第五个儿子正宪作为继子，将他抚育长大，并且为他娶了妻子。嘉靖丙戌，先师的继室张氏夫人生子名正聪。第二年，先师奉命到两广，亲身深入瘴气遍布的地区，去平定叛乱，因此患了重病，死于江西的南安，先师赶到两广以前，已经将家务预先做了交待，但是家里的众人却欺负正聪年幼，不加以遵守。我们这些同道从千里之外集合到这里参加先师的葬礼，沉痛地纪念先师生前忠君体国，与人为善的拳拳良苦用心，因此今天的事，应当以保全安抚孤儿寡母为先务，区区田地事务，不是最要紧的。假如后人不体念及此，因小失大，这样就不是秉承先师的遗志所应该做的了。

乃禀太夫人及宗族同门戚里，佥事汪克章、太守朱衮，酌之情礼，参以律令，恤遗孤以弘本，严内外以别嫌，分爨食以防微，一应所有，会众分析，具有成议。日后倘复恩典承袭，亦有成法。正聪年幼，家事立亲人管理，每年轮取同志二人兼同扶助，诸叔侄不得参挠。为兄者，务以总家爱弟为心，以副恩育付托之重；为弟者，务以嗣宗爱兄为心，以尽继志述事之美；为旁亲者，亦愿公心扶植孤寡，以为家门之光，则先师在天之灵庶乎其少慰矣。倘有疏虞，执此闻官。轮年之友，亦具报四方同门，咸为转达。明有宪典，幽有师灵，尚冀不爽。所有条宜，开具于后。

译文

于是禀告太夫人以及宗族、同门、亲戚、邻里，佥事汪克章、太守朱衮，以情理作为依据，又参照了律令，抚恤孤儿以弘扬本分，严分内外以避嫌疑，分食以防微杜渐，所有的这一切，到会的众人都已作了分析处理，形成了决议。今后假如想要按照旧典去遵循沿袭，也有成法可依了，正聪年龄还小，家事由亲人来管理，每年轮流让两位同门来扶助管理。所有的叔侄不可以参议扰乱。作为兄长，必须应以治家爱护幼弟为要，来完成长辈嘱托的抚育幼弟的重任；作为幼弟，必须以承嗣宗统，热爱兄长为仁，来完成继承先人遗志转述他们的伟大事业的美好使命；作为旁系亲属，也希望你们以大公之心扶植他们孤儿寡母，以此成就家族门庭的光荣，这样一来，先师的在天之灵就可以稍微感到安慰了。假如存在疏忽的地方，可以根据此单报告给官府。轮在这年扶助管理家务的朋友，也要将这件事报告给四方的同门，详细地加以转达。明处有规矩条文，暗处有先师的在天之灵，这些都是丝毫不可以欺骗的，所有的条文，都开列于后。

请恤典赠谥疏

礼科等科都给事中等官辛自修等题，为开读事，伏睹诏书内一款：“近年病故大臣有应得恤典而未得，亦有不应得而得者，科道官举奏定夺。钦此。”臣等公同面议，举得大学士杨廷和、蒋冕、石瑶，尚书王守仁、王廷相、毛澄、汪俊、乔宇、梁材、湛若水、喻茂坚、刘讱、聂豹，侍郎吕楠、周广、江晓、程文德，少詹事王伟，祭酒王云凤、魏校、邹守益二十一人。

奇勋大节，茂著于生前，令望高风，愈隆于身后，俱应得恤典而未得者。中间如吕楠有祭葬而无谥，石瑶有谥而不足以尽其平生，俱应改拟补赐。又访得文臣中如曾铣、杨守谦、商大节、程鹏、朱方、张汉、王杲、孙继鲁八人，或志在立功，身遭重辟，或事存体国，罪累流亡，至今无问知与不知，皆痛惜之。臣等仰惟恩诏，既恤得罪之臣，复举原终之典，而诸臣独以一时负罪，遂不得沾被洪慈，人心咸为悯恻。似应查复原官，量加优恤，以示褒答等因。奉圣旨：“礼部看议来说。钦此。”

译文

礼科等科都给事中等官辛自修等人为开读事上奏，我们看见诏书里有一条：“近年来因亡病故的大臣，有些人应该得到抚恤却没有得到，有些人不应该得到抚恤却得到了，请求科道官将这些人的情况全部上奏然后再决定。钦此。”臣等在一起共同商量之后，举得大学士杨廷和、蒋冕、石瑶，尚书王守仁、王廷相、毛澄、汪俊、乔宇、梁材、湛若水、喻茂坚、刘讱、聂豹，侍郎吕楠、周广、江晓、程文德，少詹事王伟，祭酒王云凤、魏校、邹守益二十一人。这些人都禀赋奇才，修得大节，生前就有明显的表现。他们都有美好的声望、高尚的风骨，死后显得更加令人敬仰，他们都是应该得到抚恤而没有得到的。其中如吕楠，有祭葬却无谥号；石瑶虽然有谥号，但是谥号却不足以概括他平生的为人和功业，这些人都应该改拟谥号或者补赐。又访得文臣中如曾铣、杨守谦、商大节、程鹏、朱方、张汉、王杲、孙继鲁八人，他们中有的人志在立功却被杀头，有的人做了很多精忠报国的事却获罪而被流放，直到现在无人过问，这些都非常让人悲痛惋惜。臣等请求陛下抚恤上面八人中获罪的，也对被杀的人给以谥号，这些臣子仅是由于一时获罪就不能沐浴陛下的洪恩，人们心里都为此而怜悯。我们认为也许应该让他们官复原职，酌量加以优待抚恤，以表示褒奖报答。奉圣旨：“由礼部商议后再说。钦此。”

浙江等道监察御史王等题为开读事，伏睹诏书内一款：“近年病故大臣有应得恤典而未得，亦有不应得而得者，科道官举奏定夺。钦此。”钦遵。臣等备行礼部祠祭司，查取节年给过大臣恤典，并有请未给缘由，随行浙江等道，各公举所知，以奉明诏。续行祠祭司及各道手本开具各臣前来，臣等逐一会同详议。举得原任大学士杨廷和、蒋冕、石瑶，尚书王守仁、王廷相、湛若水、毛澄、汪俊、乔宇、梁材、喻茂坚、刘讱，聂豹，侍郎吕楠、周广、江晓、程文德，少詹事黄佐，祭酒魏校、王云凤、邹守益等，即其立朝则大节不亏，溯其居身则制行无议，公是在人，不容泯没，俱应得恤典而未得者也。中间如吕楠，虽有恤典而未得赠谥，石瑶已有赠谥而未尽其人，似应得补赐改拟者也。又查得节年给过恤典，如尚书邵元节、陶仲文、顾可学、徐可成、甘为霖，侍郎郭文英、张电、朱隆禧等，或秽迹昭彰，人所共指，或杂流冒滥，法所不容，俱不应得而得者也。伏望敕下该部再加详议。将杨廷和、王守仁等应复官荫者，复其官荫，仍给祭葬赠谥；吕楠准赐赠谥，以成恩礼；石瑶如法改拟，以符名实。其滥叨恩典，如邵元节、陶仲文，先经刑部议处外，其顾可学等均为冒滥，名器可惜，合当追夺，以昭明法者也。再照录忠恤罪，圣朝厚下之典也。观过而知仁，明主鉴物之公也。

译文

浙江等道监察御史王等为开读事上奏，我看到诏书内有一条："近年来因亡病故的大臣，有些人应该得到抚恤却没有得到，有些人不应该得到抚恤却得到了，请求科道官将这些人的情况全部上奏然后再决定。钦此。"谨慎地遵行。臣等备行礼部祠祭司，查到近年来曾给过的大臣的恤典，以及提出请求却未给的原因，告诉浙江等道，让他们呈报自己所知道的这类情况，以执行圣上的诏令。对于续行祠祭司以及各道的手本所列出的举荐的各位大臣，我们在一起逐个地进行了商议，举得原任大学士杨廷和、蒋冕、石瑶，尚书王守仁、王廷相、湛若水、毛澄、汪俊、乔宇、梁材、喻茂坚、刘讱、聂豹，侍郎吕楠、周广、江晓、程文德，少詹事黄佐，祭酒魏校、王云凤、邹守益等人，他们这些人在朝为官，大节不亏；居家立身，行为无可非议。公是公非的天理存在于人心之中，不容泯灭，这些都是应当得到恤典却没能得到的。其中如吕楠，虽然有恤典却没能得到赠给的谥号；石瑶虽然已经得到谥号，但他的谥号却不足以概括他生前的事业和为人，这些人也许是应该补赐或改拟谥号的。又经查阅近年来给过的恤典，如尚书邵元节、陶仲文、顾可学、徐可成、甘为霖，侍郎敦文英、张电、朱隆僖等，污秽的行迹非常明显，大家有目共睹、有手共指，有的人靠着异端邪术，冒领恩赏，这是国法所不容许的，这些人都不应当得到赏赐却得到了。希望圣上再给吏部下诏，让他们重新详细地商量，使杨廷和、王守仁等应该恢复官荫的人，恢复官荫，仍然给予祭葬赠谥；应该给吕柟赏赐赠谥，以成就皇上圣恩的礼仪；石瑶按照商定的办法改拟，使名实相符。那些滥领恩典的人，像邵元节、陶仲文等人，先经刑部进行议处，像顾可学等人都是冒领恩赏，对他们来说，所加的赏赐确实可惜，应该追回，以昭明法典。再比照记录的忠诚和罪过，以及圣朝的法典加以处置。看到过错就懂得仁爱之义，这是圣明君主观察事物的收获。

臣等又访得如文臣之中，如曾铣、杨守谦、商大节、翟鹏、朱方、张汉、王杲、孙继鲁等，究其罹祸之迹，原其为国之忠，生则未雪，死而益明。武臣之中，如周尚文者，出谋宣力，功在边疆，恤典未给，人心称屈。兹当圣仁湛濡之时，正烦冤洗濯之会，诸臣之恤典，似当应给，以广殊恩者也。再乞敕下该部，一并酌议，请自上裁，仍通行各该抚按，遵照诏书，广求博访，凡大臣恤典，果有应得而未得及不应得者，各宜悉心甄别，以宣上德，亦不得曲意徇物，滥及庸劣。庶几恩之所敷，潜晦不遗，义之所抑，回慝莫逃，劝惩之典行而风世之道备矣等因。奉圣旨：“礼部看议来说。钦此。”

译文

我们又查访到，在文臣中，像曾铣、杨守谦、商大节、翟鹏、朱方、张汉、王杲、孙继鲁等人，探究他们遭受祸患的原因，都是出于对国家的忠诚，活着的时候没有得到昭雪，死了之后就更应该还他们清白。在武臣之中，像周尚文，运用智谋，尽心尽力，在边疆建立了功勋，可是没有给予他抚恤，这是人心为他抱屈的原因。在圣上仁爱之心广布的时候，正是清洗冤屈的机会，各位大臣的恤典，应当给予，以推广圣上的隆恩。再次请求圣上下诏给礼部，一并商议，请求圣上对此裁决。仍然命各地的巡按，遵照诏书，进行广泛的寻访，凡是大臣的恤典，确实有应得而未得以及不应得的，各自必须认真辨别，以宣示圣上的恩德。也不能拘泥于规定专门曲意扶持，让庸劣的人冒领恩赏。圣上隆恩所到达的地方，没有因为情况不很明白而遗漏的；大义所要惩处的，没有什么能逃避得了的，鼓励和惩戒的命令实行之后，端正民风的大道就具备了。接到圣旨说："礼部进行商议。钦此。"

辨明功罚疏

南京户科给事中岑用宾一本开读事。臣惟国家之礼大臣，其生也固重其爵禄以宠异之，其殁也亦必优其恤典以旌褒之，所以示君臣一体之义，终始存殁无间也。然是恩宠之泽，予夺出自朝廷之上，忠良之臣，固在所必加，其匪人恶德，亦不使得以幸及焉。盖加于忠良则为公，及于匪人则为僭。公而不僭，则君子以劝，小人以惩。此固人君奉天而不私，而实默寓劝惩之机于其间也。臣伏读皇上登极之诏，内一款有曰："一近年病故大臣，有应得恤典而未得，亦有不应得而得者，科道官举奏定夺。钦此。"臣有以仰见皇上之新政，固将欲使朝廷恩宠之大典，昭大公于天下万世也。臣备员南垣，敢不祇承德意哉？臣谨咨之缙绅，参之闻见，查得：

译文

南京户科给事中岑用宾奏本。我想说，国家对大臣的礼遇，在他活着的时候，当然应当加重他的爵位和俸禄，以表示对他的宠爱；在他去世之后，也应当让他抚恤的礼仪隆重一些，以表彰他的功绩。这些都是用来表示君臣一体的大义的，生死存亡不应该有区别。然而这种恩惠，掌握在朝廷之上，忠诚贤良的大臣当然必须给他恩惠，那些品德恶劣的人则不能因为他们是近臣就给他们宠幸。给忠诚贤良的人以恩惠是出于公心，而给那些品德恶劣的人恩惠则是僭滥。出于公心而不僭冒，那么君子就得到鼓励，小人就得到惩罚。这原本是君王奉天为公而不应有私念的行动，实际上在其中暗含着鼓励与惩罚的内涵。我拜读了皇上登极时的诏书，其中有一条说：“近年来因病去世的大臣中，有应当得到抚恤却没有得到的人，也有不应当得到抚恤却得到的人，科道官上奏商议定夺。钦此。”我非常敬仰地看了皇上新政的清明，因此计划使皇上的恩宠大典昭明于天下万世。我在朝廷任职，怎么敢不接受皇上的仁德之意呢？我谨慎地向有名望的人询问，并且参考自己听到的和见到的，查到：

已故原任刑部尚书林俊，福建兴化府莆田县人，举成化戊戌科进士，历官四十余年，屡陈谠言，忠诚剀切，抗犯颜敢谏之节，尚简素清约之风。迭仆迭起，朝野推重。在四川则抚剿蓝、鄢之剧寇，在江西则裁制宁藩之逆萌，功尤不泯。暮年遭际，保终完名。居家构疾，具疏预辞。身后恤典，竟为不合者所忌，乘机排阻，至今公论惜之。

译文

已故的原刑部尚书林俊，是福建兴化府莆田县人，是成化戊戌科进士，做官达四十多年，多次上陈刚直之言，忠诚无私，有犯颜抗上敢于进谏的气节，崇尚素清简约的古朴之风。他多次遭到陷害又多次被起用，非常受朝野的推重。在四川安抚剿灭了蓝、鄢的强悍贼寇，在江西制裁了宁王对叛乱的谋划，功绩尤其不应泯灭。晚年的行动，也保持了非常好的名声。在家里患了疾病，预先写了疏文请求辞去朝廷对他的抚恤，居然后来被和他平时不合的人所忌恨，趁机阻止朝廷对他的抚恤，直到现在人们评论起来还为他感到可惜。

已故原任南京兵部尚书新建伯王守仁，浙江绍兴府余姚县人，举弘治己未科进士。筮仕三十余年，跋历中外，所至有声。而讨江西宸濠之叛，平广西思恩、田州及断藤，八寨之贼，功烈尤著。且博极经史，究心理学，倡明良知之训，洞畅本源，至今为人士所宗。不幸其殁也，遽为忌者疏论，遂削去伯爵并恤典赠谥，迄今人以为恨。

译文

已故的原南京兵部尚书新建伯王守仁，是浙江绍兴府余姚县人，是弘治己未科进士。他做官三十多年，勤于政事，非常有名声。而且讨伐江西朱宸濠的叛乱，平定广西思恩、田州以及断藤峡、八寨的贼寇，功勋更加卓著，他还对经史有非常广博深刻的研究，专注于探究理学，倡明良知学说，让人们内心的本源得以清醒明白，直到现在还受到读书人的崇仰。不幸他在去世之后就立即遭到忌恨他的人的诬陷，于是被削去了伯爵和恤典赠谥，直到现在人们还为他而感到愤愤不平。

已故原任南京兵部尚书湛若水，广东广州府增城县人，举弘治乙丑科进士。历官三十余年，立朝正大重厚，有休休有容之风；治事经纬详明，有济世匡时之略。尤倡明正学，以接引后进为己任，自始至终，孜孜忘倦，凡所造就，多为时名流。致仕家居逾二十载，寿考而终。其子孙曾陈乞恤典赠谥，未蒙先帝俞允，至今众论，咸以为歉。

译文

已故的原南京兵部尚书湛若水，是广东广州府增城县人，是弘治乙丑科进士。做官三十多年，办事正大光明，为人忠厚诚笃，宽厚仁慈，有长者的风范；处理事务清楚明白，有济世匡时的谋略。并且倡明圣人之学，以接引后进为己任，自始至终，孜孜不倦，凡受到他启发和培养的人，大多成为当时的名流。后来辞官回家居住，又过了二十多年，去世了。他的子孙曾向朝廷请求恤典赠谥，没有得到先帝的允许，直到现在人们议论起来，还认为这是一件令人感到遗憾的事。

已故原任南京工部尚书吴廷举，广西横州府千户所人，举成化丁未科进士。历官四十余年，机略优长，节操素励，犯逆瑾之怒而刚正不回，谕桃源之寇而诚信久布。且始终一介不取，殁后殡殓无资，廉洁高风，古今鲜俪。访其赠谥，尚亦未与云。

译文

已故的原南京工部尚书吴廷举，是广西横州府千户所人，是成化丁未科进士。做官四十多年，很有谋略，也很有操守，遭到权奸刘瑾的忌恨却刚正不阿，安抚桃源贼寇，忠诚可信的美名一直传播。而且他始终不贪图丁点儿私利，在死后连殡葬的钱都没有，其高风亮节和廉洁清澈古今罕见。可是查访得知，还没有给予他赠谥。

已故原任户部侍郎唐胄，广东琼州府琼山县人，举弘治壬戌科进士。历官四十余年，始终正直，不少变易。迭任藩臬巡抚，劳代最多。在部建议陈言，忠谠更切。后以忤旨，被杖削籍，众皆韪之。昨吏部题请，虽以复职赠官，而祭葬并谥未议，犹为缺典。

译文

已故的原户部侍郎唐胄，是广东琼州府琼山县人，是弘治壬戌科进士。做官四十多年，始终正直刚烈，没有任何变化。历任藩臬巡抚，建立了很多功勋。每当有建议陈述，都忠正直言。后来由于冒犯圣旨，被施以杖刑，削去仕籍，众人都感到非常惋惜。昨天吏部的题请虽然提到了复职赠官，但是祭葬和谥号并没有被提及，这是一个缺憾。

以上五臣，其任职先后虽稍不同，而负忠良重望则无二致。明诏所谓应得恤典而未得者，此其最也。

译文

以上提及的五位大臣，他们的任职先后虽然稍有不同，但是所担负的忠良的重望却无任何差别。诏书上说的应该得到抚恤恩典却没有得到的人，以这五人为最。

又查得已故原任礼部尚书顾可学，其先后居官，臣无暇论已。独其晚年，挟持邪淫诞术，干求进用，因而滥叨恩赏，秽浊清曹，迄今舆论咸羞称之。其始而炼合秋石，继而炼制红铅，妄行进御，至使方士人等踵迹效尤。皇上所谓王金、陶倣等妄进药物，致损圣躬。巨愚以为若诛求首恶，则顾可学尤不容逭矣。其存日既幸逃刑宪，不与方士人等同就诛夷，则其死也，宁可复使之冒滥朝廷恩赉于泉下也哉？明诏所谓有不应得而得者，此诚其最也。

译文

又查访到，已故的原礼部尚书顾可学，他前后做官的事迹，我没有时间加以论述。只是在他晚年的时候，以不正当的荒诞方术谋求被皇上进一步提拔，因而骗取了皇上的恩赏，而他行为污浊，直到现在人们还羞于谈论他。他开始的时候，炼合秋石，接着炼制红铅，狂妄地向皇上进献，致使那些方士接踵而至，纷纷仿效。皇上所说的王金、陶倣妄进药物损坏了皇上的身体。我认为假如诛杀首恶，那么顾可学是不可饶恕的。他活着的时候侥幸地逃脱了刑法的惩治，没有与其他方士一起被诛杀；他死后，怎么能让他依旧在九泉之下污辱圣上的恩赏呢？诏书中所说的“不应该得到抚恤恩典却得到的人”，以他为最。

夫表扬善类，则天下皆知为善之利；排斥奸谀，则天下皆知肆恶之非：乃治世所不容缓者。伏乞敕下该部查议，如果臣言不谬，即将林俊、王守仁、湛若水、吴廷举、唐胄五臣查照旧例，一体追补赠谥、祭葬、荫子等项，顾可学前后所冒官职、赠荫等项尽行削夺。其王守仁伯爵应否承袭，并行集议题请，取自上裁。如此，庶乎予夺明而恩威不忒，赏罚当而劝惩以昭矣。

译文

假如表扬善行，那么天下都知道为善的好处；假如排斥奸谀，那么人们都知道为非作歹的错误：这是治世不可松懈的法则。请求皇上下诏令吏部查对商议，假如我的话没有错误的地方，那么就将林俊、王守仁、湛若水、吴廷举、唐胄五位大臣，按照旧日的惯例，一同补赠谥、祭葬、荫子等项；顾可学先后所冒领的官职、赠荫等项，全部削除。王守仁的伯爵封号应否让他的子孙承袭也一并让吏部商议，请求皇上裁决。这样的话，赏罚分明，处置恰当。

再照臣子冤抑，久当获伸，殊恩滥窃，终宜厘正。如已故原任吏部尚书李默，生平博雅能文，清修鲠介，居官守职，茂著风猷。止缘入柄铨曹，不阿权势，遂致奸人乘望风旨，竟尔挤排，含冤囹圄，赍志而死。今际遇昌时，彼泉壤之下宁无昭雪之望乎？已故原任江西副使汪一中，在昔统兵征剿，始而无料敌之明，继而无御敌之策，坐使狂寇冲突，命殒兵歼，较之守备不设，诚为一律。倘若悯其死事，姑不追论，存其官职，犹或可也，乃隆忠赠荫，崇之貌祀，其为冒滥，不已甚乎？当时与一中同事者，佥事王应时也。应时被虏赎回，寻冒升秩，旋被参论落职。观应时不当冒升，则一中不应赠荫明矣。再乞敕下该部查议，将李默一臣，比照遗诏恤录之典，复其官职，加之赠祭，少雪冤魂。将一中一臣，遵照明诏不当得之旨，夺其赠荫、祠祀，俾毋终辱明典。则予夺益彰，而淑慝益著，未必不为圣朝平明之治少裨也。奉圣旨："该部知道。"

译文

遭受冤屈的大臣，早就应该得到伸张；滥领赏赐的人，最终也应该加以纠正。像已经去世的原任吏部尚书李默，生平博雅能文，清高耿介，做官的时候勤于职守，备受人们推崇。奸邪小人执掌大权时，他不阿权势，于是奸人假托圣旨对他加以排挤，致使他在监狱中含冤受屈，最后抑郁而死。现在天下昌明，他在九泉之下难道没有得以昭雪的希望吗？已经去世的原任江西副使汪一中，从前带兵征剿贼寇的时候，开始没有预料敌人的明智，接着又没有抗击敌人的策略，束手无策地让狂妄的贼寇到处冲突，最终他自己也死在兵乱之中，这种情况和没有设立守备官，效果是相同的。如果怜悯他的死，姑且不追究他的罪过，保留他的官职，也还是可以的；可是隆重地对他赠荫，崇敬地祭祀他，这样地让他冒领恩赏，不就太过分了吗？当时与一中一起办事的人是佥事王应时。王应时当时被敌人俘虏，后来被赎回，不久又升了官职，又不久由于众人参奏才落职。知道了王应时不应当升职，那么一中不应当受到赠荫的原因就很明白了。再次请求下诏让吏部查对商议，比照遗诏恤录的惯例，恢复大臣李默的官职，赠给他祭葬之礼，使他的冤魂得以稍微昭雪。遵照诏书中所说的不应当以封赠的话，削夺去对大臣汪一中的赠荫祠祀，使其最终也不辱没圣明的法典。赠予和削夺越是分明，忠诚和奸邪的区别就越是明显，这不一定对圣上的圣明没有帮助。接到圣旨说："吏部已经知道这件事了。"

请从祀疏

钦差提督学校巡按直隶监察御史臣耿定向谨题，为应明诏，乞褒殊勋，以光圣治事。恭惟皇上御极之初，诏下中外，搜剔幽滞，恤录往忠，鼓动寰宇。凡有血气者，靡不竞劝矣。伏思原封新建伯南京兵部尚书王守仁者，虽经科臣列举题请，顾其功在社稷，道启群蒙，是犹未可以概凡论也。臣敢特为陛下言之。

译文

钦差大臣、提督学校、巡按直隶监察御史耿定向谨题，为了皇上英明远扬，臣伏乞皇上褒奖功勋卓著的人，以此显示圣治。皇上在登极之初，曾诏令中外，进选忠臣，剔除奸佞，激励亿众，因此凡上进之人都非常勤勉。臣窃思原新建伯南京兵部尚书王守仁，虽然各位大臣都大力推荐褒扬，但是考虑到他功劳之大，保卫国家，启迪群蒙，功绩还没有得到相应的评价。臣斗胆特为陛下说明。

臣伏闻武宗初年，旧邸宦官有马永成、刘瑾等，时号“八虎”，置造淫巧，蛊惑上心，日进走马飞鹰，导为娱乐，不令亲近儒臣讲学修德，耽废万几。时科道官谏不听，户部尚书韩文泣血苦谏不听，左右辅臣时时密谏不听，以致海内汹汹思乱，盗贼蜂起，天下骚动。江藩宸濠由此乘机窃发，谋危宗社。时非守仁在赣，倡义擒灭，今日之域中，殆有不忍言者矣。此其功在国论，章章较著，人所共明也。及宸濠既擒，太监张忠及许泰等复又诱惑武宗，以亲征为名，巡幸南都。其实阴怀异志，欲逞不轨。时宗社之危，益如累卵矣，全赖守仁握兵上游，随机运变，各恶潜自震慑，武宗因得还京厚终，于以启先皇帝逮我皇上今日万世无疆之业。此其功甚巨，而为力尤难，其迹则甚隐矣。至其倡明道术，默赞化理，未易言述。即举所著《拔本塞源》一论，开示人心，犹为明切。如使中外大小臣工实是体究，则所以翊我皇上太平无疆之治者，尤非浅小，此其功则百千世可颂者也。在昔先皇帝入继大统，首议锡爵进秩，遣官存问，即欲召入密勿，以咨启沃。维时辅臣桂萼者，妒其轧己，阴肆挤排，故荐令督师两广，竟使赍志以殁。寻复构煽，致削封爵。智士忠臣，至今扼腕悼叹而不置矣。

译文

臣曾听说武宗初年，故旧宦官马永成、刘瑾等，当时号称“八虎”，他们造作荒淫、新巧的事物来蛊惑皇上，每天向皇上进献一些走马飞鹰，纵皇上享乐，阻止亲近的儒臣为皇上讲学修德，耽误皇上处理政务。当时谏官进谏，皇上不听；户部尚书韩文泣血苦谏，皇上仍然不听；左右辅臣，时时秘密地进谏，皇上仍然不听，因此导致海内沸腾，人心思乱，盗贼蜂起，天下骚动。江藩朱宸濠因此趁机发难，思谋窃取皇权，谋害宗庙社稷。如果不是王守仁在江西倡导平叛，现在国家的情况简直不堪设想。这份功劳对国家之大，昭明显著，人所共知。等到朱宸濠被擒，太监张忠、许泰等人又诱惑武宗，以亲征为名，巡幸南京。实际上他们心怀叵测，图谋不轨。当时朝廷的形势，真是危如累卵，多亏王守仁陪伴皇帝巡游，握有重兵，随机应变，各路恶贼畏惧，武宗因此得以返京终天年，并使先皇帝肇启之业及至吾皇万世无疆。这个功劳非常大，所用的努力尤其难能可贵，可这一切又很难看清。王阳明倡明道术，默默地教化百姓，这一切不容易讲述。他所作的《拔本塞源》，对于开示人心尤为重要。假如天下大小臣子实心体察，那么对于维护我皇太平无疆的基业，实是作用不小，这件功德是百年之后仍然可以赞颂的。以前先皇帝登基的时候，首次商议封爵晋级的事，遣官询诉，召人密问，以备咨询启迪。那时内阁辅臣桂萼等心存妒忌，怕王守仁超过自己，于是阴谋排挤陷害，推荐守仁督师两广，竟使他怀着壮志郁郁不得而去世。不久这些人又煽风点火，导致王守仁被削去了封号。志士忠臣，至今为之扼腕叹息不已。

伏惟皇上俯垂轸念，敕下廷臣虚心集议，特赐复爵赠谥，从祀孔庙，万代瞻仰，甚盛举也。臣窃又伏思为此请，在国家诏功彝典，当如此耳。乃若笃忠效知之臣，其心惟愿国家永灵长之庆而不愿有建功之赏；惟愿朝端协一德之交而不乐有倡道之名。伏惟皇上省览及此，深惟往事之鉴，益弘保大之图。而左右臣工共明一体之学，顿消有我之私，则守仁之道即已表章于今日，而守仁之志即已获伸于九原矣。即今奕世厄穷，永言销灭，亦其所安。此守仁之心，亦微臣之心也。臣无任祝望激切陨越之至。为此专差舍人丁宪赍捧，谨题请旨。奉圣旨："礼部知道。"

译文

我伏请皇上存垂念之恩，诏谕廷臣，共同商议，特赐王守仁恢复爵位和谥号，从祀孔庙，永远被后人瞻仰，这肯定是件盛举。臣下还觉得，这件事对于激励新人才，也是有好处的。况且忠诚重学的大臣，均愿国家能长治久安，但不愿受建功的封赏；盼望朝廷同心同德，又不想得倡道的功名。深望皇上知道这层道理，以往事作为借鉴，发扬保国安邦的办法。如为左右大臣，都要明达一体之学，摒弃一己之私，那么守仁的道学就会在今天彰显，守仁的志向在九泉之下也可得到伸展了。即使遭遇极大的厄运，永言被泯灭，他也能心安。这是守仁的愿望，也是微臣的愿望，臣激切之至，希望之至。为此专门派舍人丁宪捧送，请求皇上题旨。奉圣旨："让礼部知道这件事。"

题赠谥疏

吏部一本为开读等事，节该本部验封清吏司案呈，奉本部送准礼部咨，该科道等官会举已故原任新建伯南京兵部尚书兼都察院左都御史王守仁等官各应得恤典等因。除祭葬照例给与外，据赠官备咨前来本部，俱经照例题奉钦依外，准吏部咨该翰林院接出揭帖某人等因，开咨送司案呈到部。查得赠谥官员例应给与诰命，本部欲行翰林院撰文，中书舍人关轴书写，臣等未敢擅便开坐。谨题请旨。

译文

吏部的一本报告说，送本部并转礼部的咨文，本部各科道的官员，共同推举已故的原新建伯南京兵部尚书都察院左都御史王守仁等官，应按典抚恤，除祭葬照例外，还应追认原职。本部同意按例抚恤，并批准吏部的建议，从翰林院接出写告示的某人等原因，呈文送到本部，经核查，赠谥的官员应该给与诰命封号，本部欲让翰林院撰文，令中书舍人关轴书写，臣等未敢擅自做主张开列。请求皇上的旨意。

计撰述官员。诰命轴。

译文

以下是需要被撰述的官员。诰命由关轴书写。

原任新建伯南京兵部尚书兼都察院左都御史王守仁，今赠新建侯，谥文成。

译文

原任新建伯南京兵部尚书兼都察院左都御史王守仁，现在赠新建侯，谥号文成。

原任少师兼太子太师吏部尚书华盖殿大学士杨廷和，今赠太保，谥文忠。

译文

原任少傅兼太子太傅吏部尚书华盖殿大学士杨廷和，现在赠太保，谥号文忠。

原任少傅兼太子太傅户部尚书谨身殿大学士蒋冕，今赠少师，谥文定。

译文

原任少傅兼太子太傅户部尚书谨身殿大学士蒋冕，现在赠少师，谥号文定。

原任太子太保吏部尚书兼武英殿大学士石瑶，今赠少保。

译文

原任太子太保吏部尚书兼武英殿大学士石瑶，现在赠少保。

原任少保兼太子太保吏部尚书乔宇，今赠少傅，谥庄简。

译文

原任少保兼太子太保吏部尚书乔宇，现在赠少傅，谥号庄简。

原任太子太保兵部尚书兼都察院左都御史王廷相，今赠少保，谥肃敏。

译文

原任太子太保兵部尚书兼都察院左都御史王廷相，现在赠少保，谥号肃敏。

原任太子太保兵部尚书聂豹，今赠少保，谥贞襄。

译文

原任太子太保兵部尚书聂豹，现在赠少保，谥号贞襄。

原任太子太保兵部尚书彭泽，今赠少保，谥襄毅。

译文

原任太子太保兵部尚书彭泽，现在赠少保，谥号襄毅。

原任太子少保户部尚书王杲，今赠少保。

译文

原任太子少保户部尚书王杲，现在赠少保。

原任太子少保户部尚书梁材，今赠太子太保，谥端肃。

译文

原任太子少保户部尚书梁材，现在赠太子太保，谥号端肃。

原任礼部尚书汪俊，今赠太子少保，谥文庄。

译文

原任礼部尚书汪俊，现在赠太子太保，谥号文庄。

原任刑部尚书喻茂坚，今赠太子少保。

译文

原任刑部尚书喻茂坚，现在赠太子少保。

原任刑部尚书刘切，今赠太子少保。

译文

原任刑部尚书刘切，现在赠太子少保。

原任刑部尚书林俊，今赠太子少保，谥贞肃。

译文

原任刑部尚书林俊，现在赠太子少保，谥号贞肃。

原任南京工部尚书吴廷举，今赠太子少保，谥清惠。

译文

原任南京工部尚书吴廷举，现在赠太子少保，谥号清惠。

原任南京兵部尚书湛若水，今赠太子少保。

译文

原任南京兵部尚书湛若水，现在赠太子少保。

原任兵部左侍郎张汉，今赠兵部尚书。

译文

原任兵部左侍郎张汉，现在赠兵部尚书。

原任南京工部左侍郎程文德，今赠礼部尚书。

译文

原任南京工部左侍郎程文德，现在赠礼部尚书。

原任南京工部左侍郎何孟春，今赠礼部尚书，谥文简。

译文

原任南京工部左侍郎何孟春，现在赠礼部尚书，谥号文简。

原任南京礼部右侍郎吕楠，今赠礼部尚书，谥文简。

译文

原任南京礼部右侍郎吕楠，现在赠礼部尚书，谥号文简。

原任兵部右侍郎兼都察院左副都御史曾铣，今赠兵部尚书，谥襄愍。

译文

原任兵部右侍郎，兼都察院左副都御吏曾铣，现在赠兵部尚书，谥号襄愍。

原任兵部右侍郎兼都察院右副都御史杨守谦，今赠兵部尚书，谥恪愍。

译文

原任兵部右侍郎兼都察院右副都察御史杨守谦，现在赠兵部尚书，谥号恪愍。

原任兵部右侍郎兼都察院右佥都御史商大节，今赠兵部尚书，谥端愍。

译文

原任兵部右侍郎兼都察院右佥都御史商大节，现在赠兵部尚书，谥号端愍。

原任南京刑部右侍郎江晓，今赠工部尚书。

译文

原任南京刑部右侍郎江晓，现在赠工部尚书。

原任都察院右副都御史孙继鲁，今赠兵部左侍郎，谥清愍。

译文

原任都察院右副都察御史孙继鲁，现在赠兵部左侍郎，谥号清愍。

原任詹事府少詹事兼翰林院侍读学士黄佐，今赠礼部右侍郎。

译文

原任詹事府少詹事兼翰林院侍读学士黄佐，现在赠礼部右侍郎。

原任都察院右佥都御史朱方，今赠都察院右副都御史。

译文

原任都察院右佥都史朱方，现在赠都察院右副都察史。

原任南京国子监祭酒邹守益，今赠礼部右侍郎，谥文庄。

译文

原任南京国子监祭酒邹守益，现在赠社部右侍郎，谥号文庄。

原任刑部左侍郎刘玉，今赠刑部尚书，谥端毅。

译文

原任邢部左侍郎刘玉，现在赠刑部尚书，谥号端毅。

原任太子太保吏部尚书熊浃，今赠少保，谥恭肃。

译文

原任太子太保吏部尚书熊浃，现在赠少保，谥号恭肃。

原任太仆寺卿杨勖，今赠右副都御史，谥忠节。

译文

原任太仆寺卿扬勖，现在赠右副都察御史，谥号忠节。

原任左春坊左赞善罗洪先，今赠光禄寺少卿，谥文恭。

译文

原任左春坊左赞善罗洪先，现在赠光禄寺少卿，谥号文恭。

原任兵部员外郎杨继盛，今赠太常寺少卿，谥忠愍。

译文

原任兵员外郎杨继盛，现在赠太常寺少卿，谥号忠愍。

题遣官造葬照会

工部为开读事，书填“堂”字一千八百二十号勘合照会浙江布政司，仰比号相同，照依后开事件，作速完报施行，须至照会者。

译文

工部转来“堂”字一千八百二十号文件，通知浙江布政司，依下列通知迅速施工，并照会有关人员。

计开一件开读事，屯田清吏司奉本部连送该本部题本司案呈，奉本部送准礼部咨，该礼科等科都给事中等官辛自修等题前事，该本部看得大学士蒋冕性行朴忠，学识雅正。当武朝南巡之日，而协谋靖乱，共成康定之功；遇先皇继统之初，而秉正立朝，克效赞襄之职。乞身远引，似得进退之宜；洁己令终，无损平生之誉。新建伯兵部尚书王守仁，具文武之全才，阐圣贤之绝学。筮官郎署，而抗疏以犯中珰，甘受炎荒之谪；建台江右，而提兵以平巨逆，亲收社稷之功。伟节奇勋，久已见推于舆论；封盟恤典，岂宜遽夺于身终？尚书汪俊，秉刚介之性，持廉慎之操。筮仕词林，而再蹶复起，生平之制行可知；继司邦礼，而百折不回，立朝之节概具见。洁已无惭于古道，归田见重于乡评。尚书乔宇，才猷博达，德量宏深。预计伐叛濠之谋，而留都赖之以不耸；持法落逆彬之胆，而奸萌借此以潜消。入掌铨衡，公明懋著；晚归田里，誉望弥隆。左都督周尚文，志本忠勤，才尤清耿。深谋秘略，克成保障于云中；锐干强才，久震威名于阃外。近年良将，在所首称；身后恤典，委难报罢。以上诸臣，论其职任才猷，不无差等之别；要其官常人品，均为贤硕之俦，所当厚加恤典以优异者也。尚书喻茂坚，历官中外，积有年劳，守己始终，并无訾论。尚书王杲，持身清慎，任事刚方。谪死本无非罪，大节委有可加。以上二臣，所当照例给与祭葬者也。相应题请，合无将大学士蒋冕、尚书乔宇、左都督周尚文各照例与祭九坛，新建伯王守仁与祭七坛，尚书汪俊与祭二坛，尚书喻茂坚与祭二坛，尚书王杲与祭四坛。移咨工部照依品级造坟安葬，及行各该布政使备办祭物香烛纸，就遣本司堂上官致祭等因。题奉圣旨：“蒋冕、乔宇、周尚文、王守仁、汪俊各照例与祭葬，还同吕楠，俱与他谥。石瑶准改谥，其余都依拟行。钦此。”钦遵。咨部送司，查得先该本部为审时省礼，以宽民力事，议得病故大臣，照依今定后开价值，转行有司措办，给付丧家自行造葬，不必差官。中间果有功德昭彰，闻望素著，公私无过，或曾历边务，建立奇功，及经帷纂修，效劳年久，此等官员，合照旧例差官造葬。俱听本部临时斟酌，奏请定夺等因。题奉武宗皇帝圣旨："是，造坟开圹工料价银则例准拟。钦此。"已经通行钦遵去后，今该前因通查案呈到部，看得大学士蒋冕，尚书乔宇、王守仁、汪俊、喻茂坚、王杲，都督周尚文，俱功德昭彰，闻望素著，及效劳经帷纂修，并建立边功，俱应差官造葬。查得本部司属官员各有差占，及查见今行人司并中书等衙门俱缺官，不敷委用。合候命下之日，容职等查顺便省分，行移事简衙门，查有应差官员，或一人兼差二三省，本部照例各给批文定限，仍行兵部应付各官前去。各该布政司此号相同，着落当该官吏照依后开拟定价值派办。各该布政司仍委堂上官一员，会同本部委官，前去造坟处所依式造葬。各毕日，备将夫匠价银数目，各该布政司类造黄册奏缴，青册送部查考等因。隆庆元年六月初八日，少傅本部尚书雷等具题。本月初十日，奉圣旨："是。钦此。"钦遵，拟合通行，为此合连送司仰类行各该布政司，着落当该官吏照依本部题奉钦依内事例，钦遵造葬施行等因。连送到司，各付前去类填施行。

译文

呈文说，屯田清吏司送本部呈文，科都给事中等官员辛自修等议起前事，认为大学士蒋冕性情朴实忠厚，行为端正，学识渊博；武宗南巡的时候，协助皇帝平定叛乱，共同获得平叛的成功；先帝继位之初，秉正当朝，尽职尽责；又自觉要求引退，很得进退之宜；洁身自好，全名而终，一生没有可以指责的地方。新建伯兵部尚书王守仁，文才武略兼备，讲述圣贤之学；为官耿直，当堂抗疏，得罪权贵，被贬谪到很远的地方，深受其苦；在江右建堡垒，率兵讨贼逆，为社稷立下奇功。高尚的人格，伟大的业绩，为舆论所公认；钦定的恤典，怎么能在去世后忽然被剥夺呢？尚书汪俊，刚正耿直，廉洁谨慎，初任职词林，贬后又再起，一生的言行人们都知道；掌管礼仪，百折不回，在朝廷中守大节，大义凛然；一身清白，无愧古训，归隐以后以名声重于乡间。尚书乔宇，才学渊博，宽宏大量；平息朱宸濠叛乱时出谋划策，南京仰赖他才未被偷袭；他公正持法，逆贼都畏惧他，奸党也不敢嚣张；他掌管官员的评价，公正光明；晚年归隐乡间，名望更著。左都督周尚文，品质忠厚，才学宏大；谋略出奇，志向高远，尽心竭力保护云中安全；精明强干，威名才华震惊内外，近几年优秀的将领首先当数周尚文，对他去世后的抚恤不应免除。以上几位大臣，他们的职务、才华、贡献，确有差异，但其官品人品，却都属贤人之列，因此应厚加抚恤，以激励后来的优异者。尚书喻茂坚，在中原和边疆都做过官，积劳多年，克己谨慎，始终如一，没有差错和诋毁。尚书王杲，清正廉洁，做事有原则；被贬黜后身死，原无罪过，因此气节尤为可嘉。以上两位大臣，也应该是按惯例给予祭祀和葬礼的。依据原则提议，应该让大学士蒋冕、尚书乔宇、左都督周尚文按惯例享祭九坛；新建伯王阳明，享祭七坛；尚书汪俊享祭二坛，尚书喻茂坚享祭二坛，尚书王杲享祭四坛。此文移行工部，请工部依官员品级造坟安葬，并送交各省布政使，请其备办祭品香烛纸钱，本司遣堂上官去主祭。皇帝批示："蒋冕、乔宇、周尚文、王守仁、汪俊等各人按惯例给予祭葬，加上吕柟，均赠谥号。石瑶可改谥号，其余均依计划处置。钦此。"又查出本部呈文："为适时省礼，对民宽待，利于办事，决定对病故大臣按照下面定出的钱数发放银两，请相关官员快速办理，发付丧家，使其自行造葬，不必派官协助。其中功德卓著、声望极大、公私事上毫无瑕疵的人，或历任边防、建立奇功，对经学儒道亦积劳有年的人，仍旧按照惯例派官造。以上为本部临时计议，请皇帝做决定。"武宗批示："就这么办吧，造坟起穴、工料价银同意所议。钦此。"此文批示后已通知各处，并转示本部。考虑到大学士蒋冕，尚书乔宇、王守仁、汪俊、喻茂坚、王杲，都督周尚文等，均功劳卓著，品行高尚，素有声名，深孚众望，有益儒学，建立边功，所以应派官造墓。又查得本部所属官员严重缺额，又查得行人司和中书等衙门也缺少官员，人手不够。正当皇帝命令颁下的时候，我等臣下又查看了相关资料，发现应派出监造的官员，或一人管两三省，本部照例吩咐批文限定日期，望兵部派遣各官吏前去。各省布政司应该接应这些官吏，并依后列价目办理。各省部政司应派出一官一员，协同本部派官前去造坟，并且严格遵守规定式样。完工之日，应将工匠价目造黄册上奏，造青册送到本部查考。隆庆元年六月初八日，少傅本部尚书雷等奏题。六月初十日得圣旨："就这么办。钦此。”本文送呈各官，转达各布政司，快速派官吏依计照办，完成钦定造墓事项。本文送到各级，布政司派员前去施行。

计开浙江布政司派办已故原任新建伯兼南京兵部尚书王守仁，系京二品文官，造坟工料价银二百五十两，夫匠一百五十名，每名出银一两，通共该银四百两正。右照会浙江等处承宣布政使司准此。隆庆元年六月十七日，对同都吏王宜开读事。右照会浙江布政司当堂开拆。

译文

计有浙江布政司承办已故新建伯兼南京兵部尚书王守仁事，他是京二品文官，造坟价二百五十两，工匠一百五十名，每名工匠银价一两，共四百两整。以上照会浙江等处承宣布政司承办。隆庆元年六月十七日，向同都吏王宜转发照会。浙江布政司当堂开拆。

祭葬札付

浙江等处承宣布政使司为开读事，礼房准户部勘合科付承准礼部以字四千二百五十二号勘合照会，前事准祠祭清吏司付奉本部，连送该本部题本司案呈奉本部送礼科都给事中等官辛自修等题，钦奉诏书内一款：“近年病故大臣有应得恤典而未得，亦有不应得而得者，科道官举奏定夺。钦此。”臣等会同科道官复加询访，公同面议，举得尚书王守仁，奇勋大节，茂著于生前，令望高风，愈隆于身后，应得恤典而未得者。伏乞敕下该部再加查议。如果恤典未给，将王守仁应复官荫者先复其官荫，仍给以祭葬赠谥等因。奉圣旨：“礼部看议来说。钦此。”钦遵，钞出送司，行准吏部文选清吏司回称，王守仁原任新建伯兼南京兵部尚书，及准考功清吏司手本回称王守仁病故。各回报到司。

译文

浙江等处承宣布政使司，礼部批准由户部勘合科通知，礼部第四千二百五十二号动议，照会前事，批准祠祭清吏司并转奉本部呈文，本部送礼科都给事中等官辛自修等题，钦奉诏书内一款称："近年来病故大臣，有应得优抚的却未得到，也有不应得而得到之人，请科道官举奏定夺。'钦此。"臣等会同科道官重加询访，共同商议，认为尚书王守仁，功勋卓著，大义凛然，生前功业繁茂令人仰望，身后名声昌盛，应该得抚恤却没有得到。复请陛下指示本部，再次复查、商议，如果恤典没有给他，那么将王守仁家应享官荫的人，先授给他官，并给予祭葬，追赠谥号。圣旨："让礼部商议。钦此。"上文抄报吏部文选清吏司，回复说，王守仁原任新建伯兼南京兵部尚书；又抄报准考功清吏司，回复说，王守仁病故。各回报已到。

查得《大明会典》并见行事例，文官见任并致仕者，二品病故祭二坛。又查得凡伯爵管事有军功者，祭七坛，工部造坟安葬。又查得先为比例，乞恩赠谥事，节奉孝宗皇帝圣旨："今后有乞恩赠的，恁部里还要斟酌可否来说，务合公论，不许一概徇情，比例滥请，该科记着。钦此。"今该前因案呈到部，看得恤典一节，朝是所以崇奖贤哲，褒答忠劳，表章于既往，激劝于将来，其典至重，其法至严者也。若使有当得而不得，有不应得而滥得者，又何以示教戒于天下，而公是非于后世耶？

译文

查阅《大明会典》，参照先例，二品文官在任后退休，后病故，祭两坛。又查得凡伯爵管事有军功的人，祭七坛，由工部造坟安葬。又查得先前乞求赠谥号这件事，孝宗皇帝批旨道："今后乞赠谥号的，各部还要斟酌可否再报，务必合乎公论，不能循情作假，否则该科记过。钦此。"考虑到恤典是朝廷用来褒奖贤哲，鼓励忠诚劳绩，表彰过去，激励未来的，所以十分重要，应该严格。而使该得恤典的人得不到，不该得的人得到，又怎能起到教化天下的作用，怎能让后人觉得是非公允呢！

兹者躬遇我皇上嗣承大统，典礼鼎新，正人心争自濯磨之始。而明诏所及，特开厘正恤典一款。言官奉诏咨询，陈列上请，无非祗承明命，以公劝惩之意。相应议拟，为照新建伯兵部尚书王守仁，具文武之全才，阐圣贤之绝学，筮官郎署，而抗疏以犯中珰，甘受炎荒之谪；建台江右，而提兵以平巨逆，亲收社稷之功。伟节奇勋，久已见推于舆论；封盟恤典，岂宜遽夺于身终？所当厚加恤典，以示优异者也。臣等参稽公论，查照事例明白，相应题请，合无将新建伯王守仁与祭七坛，照依品级造葬，仍乞赐谥易名，以表潜懿。其爵荫移咨吏部查议外，合候命下行翰林院撰祭文并拟谥号，工部差官造坟安葬，及行该布政司买办祭物、香、烛、纸，就遣本布政司堂上官致祭。恩典出自朝廷，臣等不敢定拟，伏乞圣裁等因。隆庆元年四月二十七日，本部尚书兼翰林院学士高等具题。二十九日，节奉圣旨："王守仁照例与祭葬，还与他谥。钦此。"钦遵，拟合就行，为此合就连送，仰付该司类行浙江布政司转属支给官钱，买办祭物、香、烛、纸，就遣本布政司堂上官致祭。仍将用过官钱，开报户部知数。毋得因而科扰，不便。连送到司，合付前去，烦为类填施行等因到司。案呈到部，拟合就行浙江布政司照依勘合内事理，一体遵奉施行等因。备承移付，准此。拟合就行，为此除外札付，本官照札备承照会内事理，即便转行该县支给官钱，买办祭物、香、烛、纸完备，择日申请本司，分守该道亲诣致祭。施行毕日，将用过官钱、行过日期、明开动支何项银数，备造青黄文册三本申报，以凭转缴施行，毋得违错不便。须至札付者。

译文

如今正好遇到皇上新承大业，典礼鼎新，正是每个人都争做良臣的开始。因此明诏天下，严肃恤典，是非常重要的。言官奉诏查询，陈达上请，无非是为承皇命，还臣子公正。为此提议作为参照：新建伯兵部尚书王守仁，文武全才，继圣贤之绝学；在郎署做官，触怒权贵，被谪边地；建台江右，率兵平定叛乱，身立社稷之功，奇勋伟节，早已为舆论推重，封盟恤典，怎能在身死之后突然被剥夺呢？应当厚加恤典，以表彰优异。臣等参照人们的议论，依据惯例，明确地提出，新建伯王守仁应当受祭七坛，按照他的品级修墓，并给予赠谥改名，表彰他的德行，一旦上旨降下，立即召翰院撰写祭文并拟谥号，让工部造坟安葬，通知布政司，置办香、烛、纸等祭品，派本布政司官员去致祭。恩典命令由朝廷颁布，臣等不敢自作主张，请求皇上做主。隆庆元年四月二十七日，本部尚书兼翰林院学士高等题奏。二十九日，得圣旨，说："王守仁按照惯例给予祭葬，并赠还谥号。钦此。"建议立刻执行。送付该司、浙江布政使司，支付官钱，置办祭品、香、烛、纸，并派本布政司官员督办。如果用度超额，仍望开具上报户部，不可以因此拘禁就简。之后户部派员前去，一并施行。呈文上报部里，计划立刻执行。浙江省布政司依札议诸事，一并执行。命令防吩咐诸事，下达各县，由县中支付官钱，买办祭物香烛冥钱等物，择日上报本司。吩咐相应的道官亲自致祭，完毕之后，将所用官钱数额、施行日期以及钱用于何种项目、准确数目，造表上报，不得违命，报到命令颁布者那里。

计开：

一、祭文

谕祭文

维隆庆　年　月　日，皇帝遣本布政司堂上某官某谕祭原任新建伯兼兵部尚书赠新建侯王守仁，文曰：

译文

隆庆某年月日，皇帝委派布政司堂上的某位官员前来祭祀原任新建伯兼兵部尚书，也就是刚刚追授侯爵的新建侯王守仁，祭文说：

惟卿学达天人，才兼文武。拜官郎署，抗疏以斥权奸；拥节江西，仗义而讨凶逆。芟夷大难，茂著奇勋，又能倡绝学于将湮，振斯文于不坠，岂独先朝之名佐，实为当代之真儒。顾公评未定于生前，致恤典尚缺于身后。朕兹嗣统，特用颁恩，爵陟侯封，申锡酬功之命；谥加美号，庸彰节惠之公。冥漠有知，英灵斯烈！

译文

只有你学识通达天人之际，文韬武略，德才兼备。被委任为侍郎时，上疏怒斥当权的奸臣；在江西任都察院右副都御史时，弘扬正义，亲自率兵讨伐反叛的逆贼。平定了边疆的叛乱，建立了丰功伟绩，又提倡快要被淹灭的心学，使之再度焕发出生机活力，并将其发扬光大，你不仅是前代的名臣，更是我们这个时代真正的儒家学者。回想先生生前没有得到公正客观的评价，使得死后竟没有得到应得的恤典。如今我继承皇位，特地为你封侯进爵，申赐酬劳功勋的命令；加封给你庸彰节惠公的谥号。你在九泉之下有知，应该感到非常欣慰吧！

首七等文曰：

译文

“首七”文写道：

惟卿学探洙、泗之奥，才为管、葛之俦。直节著于立朝，奇功收于定难。德既茂矣，勋莫尚焉。方膺显命以贻荣，遽罹谗言而褫爵。公评殊快，恩宠特加。首七莫追，载颂谕祭。服兹明渥，用慰幽灵。

译文

只有你的学问已经探究到孔子的境界，才华能够和管仲、诸葛亮等相提并论。在朝廷中因为刚正不阿而闻名朝野，又平定叛乱为国家分忧解难屡建奇功。你的德高望重早已是有目共睹、人人皆知的，只是你的丰功伟绩却没有得到应有的肯定与尊重。刚刚因为成绩显著而获得荣誉受到尊敬之时，便遭到谗言的攻击失去了爵位。幸好皇帝给予特别的恩宠，公正客观的评价来得又是这样迅速。首七已经逝去太远，于是读诵皇帝亲自书写的祭文，这样圣明的恩泽完全能够慰藉你的在天之灵了。

终七、百日文同，但改“首七”为“终七”，又改“终七”为“百日”。

译文

终七、百日的祭祀也是这一篇祭文，只是“首七”改为“终七”，后来又将“终七”改为“百日”。

下葬等文曰：

译文

下葬的文章中写道：

惟卿学问闳渊，谋猷敏练；接千载圣贤之正脉，建万年社稷之奇功；久被浮言，莫伸国是，虽爵随身废，而名与道存。兹当窀穸之期，用贲幽泉之宠；歆兹彝典，奖尔忠魂。

译文

只有你的学问能够称得上博大精深，谋略可以称得上敏捷干练；接续千年以来圣贤思想的真正传统，建立江山社稷万年永固的丰功伟绩；国家的正义真理一时没有得以伸张，竟使得先生长期不被任用而又失了爵位，虽然爵位被剥夺以致含冤死去，但是先生的名节和学问还在。你长眠于地下，请尽情享用幽泉的恩宠；就以这庄重的祭祀典礼，奖励你忠烈的英魂。

期年、除服文同，但改“窀穸”为“周期”，又改为“禫除”。

译文

“期年”“除服”的祭文也是这一篇，只是“窀穸”改为“周期”，后来又改为“禫除”。

一、祭品

猪一口。羊一羫。馒头五分。粉汤五分。果子五色（每色五斤）。按酒五盘。凤鸡一只。炸骨一块。炸鱼一尾。酥饼酥（食定）（各四个）。汤鸡一分。汤鱼一分。降真香一炷。烛一对（重一斤）。焚祝纸（一百张）。酒二瓶。

译文

一、祭品

一口猪。一只羊。五份馒头。五份粉汤。五种果子（每种五斤）。五盘按酒。一只凤鸡。一块炸骨。一尾炸鱼。酥饼酥（食定）（各四个）。一份汤鸡。一份汤鱼。一炷降真香。一对蜡烛（重一斤）。焚烧祝纸（一百张）。两瓶酒。

右札付绍兴府准此。入递不差人。

译文

写信敬至绍兴府，绍兴府同意递送这些进去。不再派遣其他的人。

隆庆二年二月十三日，对同通吏朱椿开读事。十四日申时发行绍兴府，札付押。十六日到府。

译文

隆庆二年二月十三日，皇上封朱椿为同通吏开馆办学。十四日申时派人去绍兴府送书信等。押运直至十六日才到达府上。

江西奏复封爵咨

任士凭

钦差巡抚江西等处地方兼理军务兵部右侍郎兼都察院右佥都御史任为开读事。据江西布政司呈奉职按验准吏部咨前事，内开会同巡按御史，即查新建伯王守仁当宸濠倡乱之时，仗义勤王，奋身率众，中间分兵遣将，料敌设谋，斩获功次，擒缚渠魁等项，是否的有实迹可据；地方荡平之后，群情果否诵功；爵荫削除以来，群情果否称枉；即今应否准其子孙世袭，逐一备查明白，作速会奏施行等因。备咨前来，案行本司，会同司道查议详报。并蒙巡按江西监察御史苏案验，奉都察院勘札同前事依奉行。

译文

钦差巡抚江西等地兼管理军务的兵部右侍郎兼都察院右佥都御史任士凭为办事呈文。依据江西布政司上书，奉职按验准吏部征询以前的事实，其中有与巡按御史一同前去查新建伯王守仁在朱宸濠反叛作乱的时候为社稷安危着想，大义凛然，身先士卒，率领三军，平定叛乱的事情。在这期间，王守仁分配兵力派遣将领，分析敌我形势巧设计谋，杀敌立功活捉叛贼头目宁王朱宸濠等各项战功，是否都有真凭实据；平定叛乱，恢复太平之后，官兵百姓是否真的歌颂他的功绩；废除他的爵位以来，官兵百姓是否真的都为他鸣冤叫屈；如今是否应该批准让他的子孙世袭爵位，这些都必须一项一项地调查清楚，快速上报皇帝。请带来准备好的调查资料，尽我江西布政司的职责，与司道一起查询，并将查询结果详细报告。接受巡按江西苏监察御史的检验，接到都察院要求核实前面所述事项的信件。

据南昌府呈，据南昌县申称，故牒府县儒师生及唤通县耆民坊里陈一鸣等，并质之乡宦原任侍郎等官曾钧、丁以忠、刘伯跃、胡植等，逐一查结，得宸濠阴谋不轨，已将十年，蓄养死士，招集盗贼，一旦举事，势焰熏灼。于时本爵方任南赣都御史，往闽勘事。正德十四年六月十五日，行至丰城，闻变，即旋吉安。督率知府伍文定等调集军民兵快，约会该府乡官王懋中等，相与激发忠义，移檄远近，暴扬逆濠罪恶。于是豪杰响应，人始思奋，士民知有所恃而壮胆，逆党知有所畏而落魄。夫本爵官非守土，而讨逆之命又未下，一旦举大事、定大谋，此非忠愤激切、克惇大义者，不能也。

译文

根据南昌府、南昌县的报告，经对从前的文书中本府县的儒学师生以及叫来的通县耆民坊里的陈一鸣等进行调查，经对本地乡宦即曾任职侍郎等官的曾钧、丁以忠、刘伯跃、胡植调查等进行询问，总结起来得知，宁王朱宸濠阴谋叛乱已经快十年了，他蓄养了一大批叛乱的死党贼寇，突然之间发动叛乱，气焰嚣张，飞扬拔扈。那时王守仁担任南赣都御史，正要前往福建处理工作。正德十四年六月十五日，王守仁到达丰城时知道了朱宸濠发动叛乱的消息，于是立即返回吉安。他率领知府伍文定等很多人，调集军民百姓，并且约同该府乡官王懋中等人，互相鼓舞忠心报国的雄心壮志，在各处张贴讨伐叛国逆贼的檄文，充分揭露叛贼朱宸濠的叛国罪恶。于是四方豪杰纷纷响应，群情激奋，百姓因为知道有所依靠而胆气豪壮，叛贼因为畏惧形势而失魂落魄。然而王守仁并不是当地官员，皇帝也还没有下达讨伐逆贼的命令，他毅然率众奋起抗敌，假如他不是忠心耿耿、刚正大义而又对叛贼义愤填膺的忠臣义士，那么绝对不会作出这样的举动。

至七月初二日，逆濠留兵万余守江西省城，而自引兵向阙。本爵昼夜促兵，十五日会临江之樟树。十八日分布督遣知府伍文定等攻广闰七门。二十二日破贼，尽擒逆恶。二十四日逼黄家渡。二十六日，逆濠就擒。不延时日，江省底定。此非谋略素定、料敌若神者，不能也。

译文

到七月初二日，逆贼朱宸濠留下一万多士兵坚守江西省城，自己却带兵向南进发。王守仁不分昼夜地调集士兵，到十五日，士兵会集到临江的樟树。十八日，分派布署知府伍文定等人攻击广闰七门。二十二日，大破反叛逆贼，活捉逆党。二十四日，率军进逼黄家渡。二十六日，朱宸濠就擒。没有拖延，迅速平定江西。假如不是谋略成熟、神机妙算，是绝对不能做到的。

夫逆濠一大变也，以六月十四日起事，以七月二十六日荡平，兵不血刃，民不易市，即本爵之勋烈，诚与开国同称。迨先帝登极，大定公典，论江西首功，封本爵为新建伯，给券世袭。此固报功之盛典，而江右咸称快焉。继因平蛮病故，朝议南宁之事，霍韬、黄绾诸臣奏疏甚明，竟扼于众忌，而天下咸称枉焉。迩者为开读事，科道等官疏欲复其世袭，此公道之在人心，不容泯也。昔开国文臣刘基以武功封诚意伯，停袭百余年。嘉靖初，特取其的裔世袭。夫本爵学贯天人，才兼文武，忠揭日月，功维社稷，恩庇生民，拟之刘诚意，不相伯仲。傥蒙覆奏，准其世袭，扶植崇德报功之公道，兴起忠臣义士之世教等因。并据本县儒学生员王缉等，结报相同，备申本府，转申到司。

译文

逆贼朱宸濠突然发动叛乱，他六月十四日开始造反，到七月二十六日就被平定，可以说兵不血刃、民不易市，这就是王守仁先生建立的奇特功勋，的确可以和开国定邦的丰功伟绩相提并论。先帝即位，评论这次平定叛乱的事情，认为江西方面的官员功劳最大，因此封授王守仁为新建伯，并且批准子孙世代承袭爵位，这本是赏功盛典，江西的官兵百姓听到这个消息后一片欢腾，群情振奋。接着王守仁因赴两广平定贼寇而病故，朝廷廷议南宁平寇的事情，霍韬、黄绪等大臣，很明白地上奏这件事，却被嫉妒者的谗言扼杀，致使天下之人都称先生冤枉。近来科道等几位官员曾经上疏皇帝，希望恢复王守仁的世袭新建伯爵位，这毕竟是天下忠诚刚正的人都以为公正合理的事情，是不容许泯灭的。往日的开国文臣刘基因为军事政治方面的丰功伟绩被封为诚意伯，竟然被停止世袭继承一百多年。嘉靖初年，皇帝特别恩准刘基的直系后代世袭爵位。至于王守仁学问思想博大精深，又是文武全才，忠心可与日月同辉，保卫国家社稷功勋卓著，爱护黎民百姓恩泽四方，完全可以和诚意伯刘基相提并论。假若真能蒙受皇上的恩准，恢复王守仁的世袭爵位，那么就能培养扶植起崇敬高尚品行、人人都渴望建功立业的社会风气，就会振奋忠臣义士精忠报国的正气。基于上述原因，并且还依据本县儒学生员王缉等人的报告，归结这些内容，报告给江西府，再转送到江西布政司。

据此，随该本司左布政使曹三旸、右布政使程瑶会同按察使张柱、都司署都指挥佥事耿文光、分守南昌道左参政方弘静、分巡南昌道佥事严大纪会看得原封新建伯王守仁，正德十四年督抚南赣之时，于六月初九日自赣起行，往福建勘事。时宸濠谋为不轨，欲图社稷。本月十四日擅杀都御史孙燧、副使许逵，并执缚都、布、按三司官及府县等衙门大小官员，俱囚之，尽收在城各衙门印信及搬抢各库藏一空，释放在城各司府县见监重囚，舟楫蔽江而下，声言直取南京。

译文

依据这些报告，与江西布政司的左布政使曹三旸、右布政使程瑶一起，会同按察使张柱、都司署指挥佥事耿文光、分守南昌道左参政方弘静、分巡南昌道佥事严大纪共同核查，得知，原封新建伯王守仁在正德十四年督抚南赣的时候，在六月初九日，自江西起程赴福建工作。正赶上宁王朱宸濠图谋不轨，打算篡位。六月十四日公然杀害都御史孙燧、副使许逵，并且绑缚都、布、按三司官员和江西府县等衙门的大小官员，把他们全部投入监狱进行关押，强行收缴了南昌城中各个衙门的官印凭证，搬抢各个库房，洗劫一空，释放南昌城中各司府县监狱在押的重刑罪犯。大批叛军的船只沿江顺流而下，扬言要直取南京。

次日，本爵在于丰城舟中闻变，疾趋吉安，集兵勤王。行至中途，尤恐兵力未集，若宸濠速出，难以遽支，乃间谍扬言朝廷先知宁府将叛，行令两广湖襄都御史杨旦、秦金，准兵部咨，调遣各处兵马，暗伏要害地方，以伺宁府兵出袭杀。复取优人数辈，将公文各缝衣絮中，各与数百金，以全其家，令其至伏兵处所，飞报窃发日期。将发间，又捕捉伪太师李士实家属至舟尾，令其觇知，本爵佯怒，令牵之上岸处斩，已而故纵之，令其奔报。宸濠逻获优人，果于衣絮中搜得公文，宸濠遂疑惧，不敢即发。

译文

第二天，王守仁在丰城，他在船上得知朱宸濠叛乱的消息，迅疾赶赴吉安，集结士兵准备为国除贼。走到半路，又担忧兵力集结尚未完成，假如此时朱宸濠迅速出兵，恐怕难以应付，于是设计，让人放出声势说，朝廷早已知道宁王阴谋造反，已经命令两广湖襄都御史杨旦、秦金，调遣各处兵马，埋伏在要害的地方，只等宁王的叛军出动，然后立刻出兵袭杀。又找来很多优人将公文各自缝在衣服中，为保全家庭生活每人再给几百金的财物，命他们去那些扬言有伏兵的地方，火速报告发伏兵的日期。快要行动的时候，又抓到了伪太师李士实的家属，将他们押到船尾，故意让他们看到王守仁假意地对那些报告的人十分气愤，要推到岸上将他们斩首，然后又故意放跑那几个家属，让他们逃回去报告。宁王宸濠抓到了几个优人，在他们的衣服里果然搜到了公文。于是宸濠不知情况真假，不敢立即出兵发动叛乱。

十八日至吉安，督率本府知府伍文定、临江知府戴德孺、赣州知府邢珣、袁州知府徐琏等调集军民，召募义勇，会计一应解留钱粮，支给粮饷，造作战船。奏留公差回任御史谢源、伍希儒分职任事。约会致仕、养病、丁忧、闲住及赴部调用等项一应乡官，相与激劝忠义，晓谕祸福。又恐宸濠知其调度，觉其间谍，发兵速出，乃密使伪国师刘养正家属及平日与宸濠往来乡官阴致归附之意，以缓其出。直伺调度已定，乃移檄远近，宣布朝廷威惠，暴露宸濠罪恶。又度兵家决胜之机，不宜急冲其锋，须先复省城，捣其巢穴，贼闻必回兵来援，则出兵邀而击之，此全胜之策。于是佯示以自守不出之计。

十八日王守仁到达吉安，亲自率领吉安知府伍文定、临江知府戴德孺、赣州知府邢珣、袁州知府徐琏等官员，调集军民，召募义勇，计算调济给军民所需的钱粮物资，开工制造战船。奏请皇上留下公差回任御史谢源、伍希儒，让他们承担任务，分工合作。召集退休和在家养病、丁忧的人，赴部调用军队，并寻找一些乡官劝以忠义，给他们分析利害关系，激励鼓舞大家平定叛乱，尽忠报国。又担心朱宸濠了解到这里调兵遣将的情况，对所用缓兵计谋有所察觉，进而迅速出兵发动全面叛乱，便秘密地让伪国师刘养正的家属以及平时和朱宸濠有交往的乡官到朱宸濠那里表达王守仁等人愿意归附朱宸濠的意思，用来麻痹对手，这还是缓兵之计。一直等到各处兵马调集完成，才到处张贴讨贼檄文，宣布朝廷的决定和政策法制，充分揭露朱宸濠阴谋叛乱的罪恶行径。又仔细地思考军事上出兵取胜的谋略，决定首先不宜和叛军正面交锋而是去收复省城，捣毁叛贼的巢穴，朱宸濠得知消息以后必定立即回师救援，到这个时候再出兵迎敌，这才是大获全胜的用兵策略。于是给部下详细地分析了这个自守不出的计谋。

七月初二日，宸濠留兵万余，使守江西省城，乃自引兵向安庆。本爵探知其出，遂星驰促各府兵，期以本月十五日会于临江之樟树镇。身督知府伍文定等兵径下，戴德孺等兵各依期奔集。十八日遂至丰城，分布哨道，约会齐攻省城广闰等七门。是日又探得宸濠伏兵于新旧坟厂，以备省城之援，乃密遣兵从间道袭破之，以摇城中。

译文

七月初二日，朱宸濠在南昌留下一万多守兵，自己率兵进攻安庆。王守仁打探到消息，知道朱宸濠早已率兵出城，于是连夜派人火速告知各府军兵，约定在七月十五日会集临江的樟树镇，亲自率领吉安知府伍文定等人的兵士出发，戴德孺等人的军兵火速按照约定的日期集结。十八日就到达了丰城，安排哨卫安营扎寨，商议好全部兵力同时攻打省城南昌的广闰等七座城门。这一天又探知朱宸濠在新旧坟厂设有伏兵，作为支援省城的后备力量，王守仁于是派出一队军兵从小道袭击铲除了这里的伏兵，这时叛军盘踞的南昌城因失去外援而摇摇欲坠。

十九日发市汊，二十日各兵俱至信地，我师鼓噪并进，缔絙而登，一时七门齐入，城遂破。擒其居守宜春王拱樤及伪太监万锐等千余人。宸濠宫中眷属纵火自焚。遂封府库，搜出原收大小衙门印信九十六颗。先上《江西捷音疏》，仍分兵四路追蹑。

译文

十九日，发布公文通告安民，二十日各路军兵都如约到达集结地点，我军擂鼓喧天全军齐攻，士兵攀援云梯登城攻敌，在很短的时间内我军迅速攻克了所有七座城门，南昌城便回到了我方的控制中，抓获驻守城中的宜春王拱樤、伪太监万锐等千余人。宁王朱宸濠宫中的眷属纵火自焚。于是查封各处府库，搜出原来收集的大小衙门的印信九十六颗。首先上疏皇帝报告捷音，再兵分四路追踪。

宸濠攻围安庆未下，至是果解围归援省城，卒如本爵所料。于是议御寇之策，本爵断以宜先出锐卒乘其惰归，邀击以挫其锋，众将不战而自溃。遂遣知府伍文定等分道并进，击其不意，奋死殊战，贼大溃。因傍谕城中军民，虽尝受贼官爵，能逃归者皆免死，能斩贼徒归降者皆给赏。使内外居民及向导人四路传布，以解散其党。

译文

此时朱宸濠合兵包围安庆的贼军仍久攻安庆不下，于是放弃对安庆的包围，回兵支援南昌，果然如王守仁先生预料的那样。于是商议对付叛军的策略，最后王守仁决定，趁贼兵远道归来疲惫的机会，用我军精锐兵力迎头痛击，势必挫伤叛军的锐气，叛军将会不战自败。于是派遣知府伍文定等人率军分路并进，出其不意，攻其不备，我军将士奋勇杀敌、群情激昂，殊死作战，叛军终于被打得溃不成军。战前曾出榜告知城中军民，即使曾经接受过叛贼朱宸濠的官爵，但假如能够脱离叛军回归我军，都可以免去死罪；假如能够杀死贼军军官并且归降，还可以得到重赏。这样就使得省城内外的居民到处传播这个消息，叛贼军心涣散。

二十三日，宸濠先锋至樵舍，风帆蔽江。本爵亲督伍文定等四面分布，以张其势。

译文

二十三日，朱宸濠叛军的先锋到达樵舍，沿江布满了叛军的战船，一眼望不到边。王守仁亲自率领伍文定等人在周围部署兵力，形成御敌战斗的态势。

二十四日，贼逼黄家渡。乃合兵交击，噪呼并进，贼大溃而奔。擒斩二千余级，落水死者以万数。贼气大沮，退保八字脑。

译文

二十四日，叛军逼近黄家渡。于是双方军队正面交战，我军官兵喊杀震天，又有擂鼓助威，打得叛军溃散逃窜。活捉、杀敌两千多人，落入江中淹死的敌军有万余人。叛军再无嚣张气焰，退守八字脑。

二十五日，伍文定等奋督各兵并进，炮及宸濠舟，贼又大溃。擒斩二千余级，溺水死者莫计其数。乃夜督伍文定等为火攻之具。邢珣等分兵四伏，期火发而合。

译文

二十五日，伍文定等人又率领各自的军队一同进发攻击叛军，其间发炮击中朱宸濠所乘战船，叛军再次溃退，我军活捉、杀敌两千多人，落入江中溺水而亡的敌人不计其数。这天夜里伍文定等人火速制造火攻的器具，邢珣等人在四周分兵埋伏，只等火攻开始就出击杀敌。

二十六日，宸濠方召群臣，责其间不致死力者，将引出斩之，争论未决；我兵已四面而集，火及宸濠副舟，众遂奔散。宸濠与妃泣别，宫人皆赴水死。宸濠并其母子、郡王、将军、仪宾及伪太师、国师、元帅、参赞、尚书、都督、都指挥、千百户等官数百人皆就擒矣。擒斩贼党凡三千余级，落水死者约三万余。所弃衣甲、器仗、财物与浮尸积聚，横亘若洲。余贼数百艘，四散逃溃。

译文

二十六日，朱宸濠召集各处将领，责怪那些没有舍生忘死投入战斗的官员，要推到外面斩首，大家还在争论未定的时候，我军已经从四面八方包围过来。战斗打响，大火烧着了朱宸濠的副舟，贼军又一次溃散逃跑。朱宸濠深知大势已去，便和他的妃子痛哭诀别，宫人们都跳入江中溺水而死。朱宸濠和他的母亲、儿子、郡王、将军、仪宾以及伪太师、伪国师、伪元帅、伪参赞、伪尚书、伪都督、伪都指挥、伪千百户等官员数百人，都被我军擒获。我军活捉、杀敌三千多人，落入江中淹死的敌人有三万多。叛贼丢弃的衣服、铠甲、器具、财物等和浮在江面的尸体聚集在一起，竟像是江水中的一座岛屿。剩余的叛贼驾起数百艘战船，四散逃命去了。

二十七日，复遣官分兵，追剿殆尽。计先后擒斩首从贼人贼级并获宫人贼属，夺回被胁被掳招抚畏服官民男妇等项共一万一千五百九十六名、颗、口，功成而事定矣。

译文

二十七日，又派遣军兵追击溃逃的叛贼，终于把他们全部消灭。前后总计俘获、杀死叛军、宫人、眷属和夺回被叛贼俘虏招安的男女共一万一千五百九十六人，大功告成，叛乱被平定。

先是，本爵起兵吉安时，两上疏乞命将出师。蒙朝廷差安远伯朱泰即许泰，平虏伯朱彬即江彬，左都督朱翚即刘翚，太监张忠、张永等为总督军务、赞画机密等官，体勘宸濠叛逆事情，前往江西。至中途，闻宸濠受擒，报捷至京。计欲夺功，乃密请驾亲征。江彬、许泰等乃倡言本爵始同宸濠谋叛，因见天兵亲讨，始擒宸濠，以功脱罪，欲并擒本爵，以为己功。又谕本爵欲将宸濠放至城中，待驾至，列阵重擒。本爵不可，遂各引兵至南京候驾。本爵乃力疏请止亲征。

译文

事情开始时，王守仁从吉安起兵曾两次上疏请求皇帝授命讨贼，后来有朝廷派遣的安远伯朱泰也就是许泰、平虏伯朱彬也就是江彬、左都督朱翚也就是刘翚和太监张忠、张永等人为总督军务、赞画机密等官职，细微具体地核实宸濠的叛逆事实，前往江西省。这些人走到半路的时候就得知朱宸濠已经束手就擒的消息，平定叛乱的捷报也已经到达了京城，于是这些人就打算设计窃取平定叛乱的功绩。于是他们秘密地请求皇帝御驾亲征，江彬、许泰等人就又制造声势扬言说王守仁开始时与朱宸濠共同谋反，因为得知皇帝御驾亲征讨伐逆贼，才将朱宸濠抓获，只不过是想立功以逃脱罪名。他们还打算抓住王守仁为自己邀功请赏，又命令王守仁将朱宸濠释放回南昌城中，等到皇帝到达时排列阵势重新抓获。王守仁以为这样做绝对不可以，于是带领军兵奔赴南京迎接皇帝，同时又上疏皇帝，极力地劝说皇帝停止御驾亲征。

九月十一日，亲自谅带官军将宸濠并宫眷逆情重犯督解赴阙，扶病前进。行止浙江杭州府，又遇奏差太监张永赍驾帖，开称宸濠等待亲临地方，覆审明白，具奏定夺。本爵遂按行浙江按察司转呈太监张永，会同监军御史，公同该省都、布、按三司等官，将见解逆首宸濠并宫眷等项，逐一交付明白转解。于是江彬等日夕谋欲夺功，欲反坐本爵，并擒为功，赖张永极力辩护得免。

译文

九月十一日，王守仁带领军兵亲自押解朱宸濠和他的宫人眷属以及叛乱逆党等重要犯人前往京城，这次行军中的王守仁已是重病在身。到达浙江杭州府时，遇到奏差太监张永带来的驾帖，帖中说，等待御驾到达后，再将朱宸濠的叛逆事实审查一遍，然后决定怎么处理。王守仁便派浙江按察司转呈太监张永，会同监军御史和江西省都、布、按三司等官员将正在押解中的反叛头目朱宸濠以及他的宫人眷属等情况一一交代清楚，由他们继续押解。于是江彬等人整日阴谋窃取平乱的功劳，想诬告王守仁，并且把他抓住交给皇帝请功求赏，终因张永极力辩护，王守仁才幸免于这次劫难。

时本爵功高望重，颇为当路所忌。正德十六年十二月内，该部题为捷音事，议封公伯爵，给与诰券，子孙世世承袭，赐敕遣官奖劳，锡以银币，犒以羊酒，封新建伯奉天翊卫推诚宣力守正文臣，特进光禄大夫、柱国，兼南京兵部尚书，参赞机务，岁支禄米一千石，三代并妻一体追封。本爵累疏辞免。

译文

当时王守仁德高望重，功勋卓著，当权的大臣十分忌恨他。正德十六年十二月，朝廷决定，由于平定叛乱成功，建议封王守仁伯爵，子孙世袭，赐给敕遣官奖励，给银币，给羊和酒，封新建伯王守仁为奉天翊卫推诚宣力守正文臣，特进光禄大夫、柱国兼南京兵部尚书，参赞机务，每年俸禄为一千石米，三代人与他们的妻子一同追封。王守仁多次上疏皇帝，辞谢赏赐。

明年，嘉靖改元，本爵丁父忧，四方来游其门，讲学益众。科道官迎当路意，劾公伪学。服阕，例该起复，六年不召。江西辅臣有私憾本爵者，密为进谗以阻其进。嘉靖六年，广西岑猛倡乱，兵部论荐本爵总督四省军务，前去荡平，又成大功。时本部力参其擅离职役，及参其处置广西思、田、八寨事恩威倒置，又诋其擒宸濠时军功冒滥，乞命多官会议。明年，江西辅臣复进密揭，命多官会议。遂削世袭伯爵，并当行恤典，皆不沾被矣。等因到职，据此卷查先准吏部咨前事，已经案行该司，会同查议去后。今据前因，该职会同巡按江西监察御史苏朝宗，参看得原任新建伯王守仁，当宸濠叛逆之日，正督抚南赣之时。宸濠之未发也，若非剿平浰头等巢，则勇智绝伦之徒皆为贼所用，必大肆蔓延之祸。及宸濠之既发也，若非行间以缓其出，则四方大兵之众，非朝夕可集，必难为扑灭之功。督伍文定、督戴德孺、督邢珣等饱歌协力，足见分兵遣将之能。系省城，系黄家渡，系樵舍，决胜若神，信有料敌设谋之智。斩获功次，具载于纪功之册，而擒缚渠魁，甚明于交割之文。且奋身率众之劳，皆历历可据，仗义勤王之举，尚昭昭在人。先与后擒，乃豪党利己之诬，本不足辩。而其中原以北，终不能攻陷金陵以据者，要皆本爵至微之谋。论之今日，江西死节皆蒙赠恤，生存皆获抚安，孰非本爵勤劳之举？地方荡平之后，诵功者载在口碑；爵荫削除以来，称枉者孚于士论。盖较之开国元勋，若非同事；而拟其奠安社稷，则与同功。但世袭之典，事体重大，出自朝廷，非臣下所敢轻议。为此除具题外，今备前由，理合移咨贵部，烦请查照施行。须至咨者。

译文

第二年即嘉靖元年，王守仁因父亲去世丁忧归家，四面八方到先生家求学的人越来越多，先生讲学日益增多。科道官为了迎合当朝权贵居然弹劾先生的学术思想为伪学。先生丁忧完毕应赴京师，按照常规本该复官起用，却在长达六年的时间里不能应召为国出力。其中还有江西某位大臣对先生不满，为泄私愤竟然偷偷地向皇帝进谗言进行诬陷，致使先生不能晋爵。嘉靖六年，广西的岑猛发生叛乱，兵部起用王守仁总督四省军务，前去平定，结果又是大功告成。这时朝廷中又有权贵诬陷先生擅离职守并在处理广西思、田、八寨事时有不当之处，这真是颠倒黑白，倒置功过，还有人诋毁先生在平定朱宸濠叛乱的时候冒用滥给军功，乞求多位官员一起开会讨论。第二年江西那位对先生怀有私恨的大臣又一次向皇帝秘密地揭发一些先生莫须有的罪名，皇帝命令各方官员一起讨论。于是削除了先生的世袭伯爵，本应该实行的抚恤典礼都不再提及了。基于这些原因，核查先前的批准吏部所查询的事情，已经备案到达江西布政司。在一起检查讨论之后，与巡接江西监察御史苏朝宗一起参看后知道，原任新建伯王守仁在朱宸濠发动叛乱的时候，正值其督抚南赣。朱宸濠还没有发动叛乱的时候，如果不是剿平浰头等地的乱贼巢穴，那么勇智绝伦的人才将完全成为叛乱贼首的同党，国家之大难将因此而肆意蔓延难以收拾。朱宸濠叛乱已经发动的时候，如果不是巧用缓兵之计，那么各处的大军并不能一朝一夕就能够汇集，定会难以建立扑灭贼寇的功勋。先生统率伍文定、戴德儒、邢珣等人高歌猛进，通力协作，这足可以看出先生调兵遣将的才能。进军省城南昌、黄家渡、樵舍，神机妙算，这也足以看出先生有分析敌我形势巧设计谋的才智。卓越的功绩都被一一记载于史册。擒获叛乱贼首的事实被明确地记载于转交押解罪犯的文书中，身先士卒率兵杀敌的功劳都有据可查，刚正忠诚为国除贼的行为人尽皆知。先投靠再抓获只是逆党之人为私利而诬陷别人清白的手段，这本来不必评论。然而朱宸濠最终不能攻陷金陵，其中的关键就是王守仁细致入微的用兵谋略。再想到如今江西死难的志士都得到了应有的抚恤，活着的志士仁人都受到了合理的抚慰，这些难道不是新建伯王守仁辛勤劳苦的作为吗？江西地方的叛乱被扫平之后，王守仁的功绩尽人皆知，有口皆碑；先生的爵位因人诬陷被剥夺以来，忠诚刚正的有识之士无不为其鸣冤叫屈。和开国元勋的功绩相比，当然不是一回事；但从让家国社稷安稳永固的角度考虑，他们的功绩是一样的，甚至完全可以说他们建立了同样卓著的功勋。但为其恢复世袭爵位的典礼，事关重大，决定应由朝廷做出，不是臣子敢随便议论的。因此除了详细上报以外，如今综合以上原因，理应交给贵处继续查询，烦请你们查照施行，必须详细查询。

右咨吏部，隆庆元年十月十一日行说堂。十一月十三日到。

译文

让吏部知晓，隆庆元年十月十一日表述，十一月十三日信札收到。

浙江巡抚奏复封爵疏

王得春

巡按浙江监察御史王题，为恳乞鉴忠义复袭爵，以光圣政事。

译文

巡按浙江监察御史王得春题，恳请皇上鉴别忠心报国的志士仁人，恢复王守仁先生的世袭爵位，从而使圣上的恩政发扬光大。

臣惟人臣报国之忠，致身之义，虽得之天性，然其所以鼓舞而激励之者，实赖君父在上有以握其机也。臣会同提督军门赵，窃见原任新建伯王守仁，为浙江余姚人。方正德己卯宁庶人宸濠谋反时，守仁以南赣巡抚提督军务，奉旨前往福建勘处叛军，道经丰城闻变，乃潜回吉安，遂与知府伍文定等誓死讨贼。

译文

我认为臣民报国的忠心，致以身行义，虽然这些都来自天赋，然而要想鼓舞激励这些忠义之行，却仰赖于在上的皇帝，因为他掌握了激劝的机宜。我和提督赵军门一同看到原任新建伯王守仁是浙江余姚人。正德年间己卯年朱宸濠阴谋造反，当时王守仁作为南赣巡抚提督军务，接受皇帝命令前往福建处理工作，途中经过丰城听说朱宸濠叛乱，便悄悄返回吉安，与吉安知府伍文定等人誓死讨伐逆贼。

当是时也，宸濠以数十年逆谋，发之一旦，远迩骇震，内而武宗皇帝左右近习，多昏酣宸濠赂遗，甚有与之交通者；外而孙燧、许逵同时被害，三司而下，多就拘囚。又遣其党，分收诸郡邑印信，逆焰所熏，视湖、湘、闽、浙，不复在目中。帆樯东下，日蔽江塞，遂破南康、九江如摧枯拉朽，急攻安庆，直瞰留都。东南事势，亦孔棘矣。

译文

那时，朱宸濠已经将酝酿了数十年的叛乱计划付诸实践，举国上下无不为之震惊，朝廷里武宗皇帝身边的近臣大多昏庸无能，反贼朱宸濠只小施贿赂就得到了为他提供消息的人；朝廷外的孙燧、许逵同时被杀害，三司以下的官员大部分被他囚禁在监狱之中。朱宸濠又派出他的同党分别收回各个郡邑的官印凭证，逆贼气焰嚣张，根本不将湖、湘、闽、浙地方的力量看在眼里。朱宸濠率领叛军战船沿江东下，遮天塞江，攻陷南康、九江等地竟如摧枯拉朽一般易如反掌，接着迅速进攻安庆，直接进逼南京，国家东南部的局势危在旦夕。

守仁以书生，民非素属，地非统辖，兵非素练，饷非素具，徒以区区忠义，号召豪杰，仓卒调度，誓死讨贼。其报宸濠谋反疏曰：“臣以区区之命，诚为讨贼之举，务使牵其举动，而使进不得前；捣其巢穴，而使退无所据。”夫观守仁血诚之言，其忠义根诸天性者，固将昭日月而贯金石矣。而其牵举动、捣巢穴之见，智勇殊绝，视宸濠真为囊中物耳。宸濠固凶狡，竟莫能逃。继之南昌破而巢穴平矣，宸濠返而渠魁执矣。不两月间，地方底宁，朝廷无征兵遣将之烦，地方臻反乱为治之效，此功在社稷，甚为奇伟。乃天祐国家，生此伟人，而其诚与才合，盖有追踪乎百代之上者矣。使是时而非遇守仁，使守仁以南昌非故属，不以讨贼为己任；即使讨贼，张虚声，待奏报，而不速为扑灭之计，臣等知东南安危，未可必也。即使朝廷之上，闻变急图，遣将得人，供饷得人，调度得人，未免延缓日时。及其戡定，又不知所伤人命几何，所费粮饷几何，所费爵赏几何，所损国家元气几何，此守仁之功所以为大也。

译文

王守仁以一介书生的凛然正气来处理事务，当地人民本来不属于他管理，江西也不是他统辖的地方，所用兵士不是他自己平日训练的，粮饷也不归他所有，他只是凭着自己忠心报国的正义之气，号召各方豪杰，在仓促之中调集各路军队，誓死讨伐反叛逆贼。他上疏皇帝报告朱宸濠谋反的情况时说：“臣下仅以此区区之命，竭诚讨伐反叛逆贼，务必牵扯逆贼行动，从而使他不能继续进犯其他地方；捣毁逆贼盘踞的巢穴，从而使他退回来也没有地方可以依赖。”看到王守仁这字字滴血的忠诚誓言，可以知道他的忠义是发自天性，其心与日月同辉，坚于金石。由他所说的牵扯逆贼、捣毁敌巢的识见，可以看出他智勇绝伦，擒获逆贼朱宸濠不过是探囊取物。尽管朱宸濠十分凶残狡猾，但终究也没能逃脱束手就擒的应有下场。紧接着收复南昌，从而使逆贼失去了可以依赖的地方，朱宸濠返回援救，从而被擒。在前后不超过两个月的时间里，叛乱被平定，朝廷没有征兵遣将的烦劳，地方却由乱转治，对国家社稷来说，这真是奇伟之功。这是上天保佑我国，降下这样的伟人，他的忠心与才智交相辉映，只有追溯到百代以上才可能有人能够与他媲美吧。如果那时没有恰好遇到王守仁，如果王守仁以为南昌并不是自己所管辖的地域为由，不以讨伐逆贼作为自己的责任，那么即使为等待皇帝的命令而虚张讨贼声势，不立即做出迅速扑灭叛乱的计划，那么臣下认为东南局势安危与否，真是无从知道。即使朝廷得知叛乱的消息火速谋划，调兵遣将得到恰当的人才，供应粮草得到恰当的人才，调集部署兵力得到恰当的人才，那也未免耽误了太多时间，终会贻误战机。等到战事平定，又不知道会死伤多少生命，花费多少粮饷、行功授赏又要多少，国家又会损伤多少元气，这就是王守仁的功绩之所以伟大的原因吧。

奈何功虽成矣，而奸党忌嫉，不惟爵赏不及，抑且媒孽多方。又赖天祐我国家，不使忠义抱屈终身，幸遇世宗皇帝入继大统，即位未几，首录守仁之功，封新建伯，世袭。部下伍文定等升赏有差。当是之时，海内之人，又莫不以世宗皇帝能赏忠义之勋，亦莫不以守仁之功为足以当封爵而不愧也。

译文

无奈虽然大功告成，但是当权的奸党竟然如此忌恨，不仅害得王守仁爵位奖赏没能获得，而且还连累了多方有才智的志士仁人。幸好上天护佑我国，不会让忠义之士含冤抱屈而亡；幸好有世宗皇帝继承皇位，即位不久首先评价王守仁的功绩，封他为新建伯，让子孙世袭继承。王守仁的部下伍文定等人也都获得了不同的奖赏。这时，天下的黎民百姓无不认为世宗皇帝能够奖赏忠义之士是英明的，也无不认为王守仁功勋卓著无愧于所受爵位。

是时守仁虽膺封爵，徒淹家居，未尝一日柄用。嘉靖六年间，始起奉敕讨两广叛目。卢苏、王受等既平，以冲冒炎瘴病笃，具疏辞官，不待报而归，至江西南康地方病故。

译文

王守仁虽然荣获爵位，但一直闲居家中，从未享受过一天。嘉靖六年又被起用接受皇帝命令，讨伐两广叛贼卢苏、王受等。叛乱被平定以后，他由于冲冒炎炎瘴气而病情重危，于是上疏皇帝申诉理由，要求辞去官职回家养病，还没有得到回告就起程回家，到达江西南康的时候病故。

夫以守仁江西之功论之，诚已竭夫报国之忠，以两广之还迹之，又未失夫致身之义，俱无可以议焉者。只以当时大臣，有忌其两广功成，疏中未叙己者，乃从中主议，谓其不俟命而行，非大臣体，遂有旨削袭爵。臣等尝为守仁冤之，何则？假使守仁诈病而归，与地方未平而急身谋，诚为可罪。然地方已平矣，即不病，亦当听其辞归，以彰朝廷均劳大臣之义。矧地方已平而又病，病又笃，卒死于道路，而人犹执其迹以罪之，冤亦甚矣。

译文

只凭王守仁在江西平定朱宸濠叛乱的功绩，实际上就已经竭尽了报国的耿耿忠心，从两广返回的情况来看，他也没有失去竭忠尽力的正义气节，这两件事，都是无可非议的。只是当时有的大臣忌恨王守仁，在给皇帝报告平定两个叛乱大功告成的文章中并没有提到他的情况，于是从中主持议事并蓄意陷害说，王守仁不等待皇帝的命令而擅自行动，这不是臣子应该做的，于是就有圣旨剥夺了王守仁的爵位，臣等曾经替王守仁感到冤枉。什么原因呢？假如王守仁假称有病回家，或叛乱没有平定而急忙为自己作打算，这的确是有罪的。但事实上地方叛乱已经被他平定，即使他没病也应当允许他辞官回家，借此也可以表现朝廷慰劳有功大臣的义典。然而他平定了地方叛乱又患病了，并且病情非常严重，最终死在归途之中，有的人却仍旧坚持以他的某些行为而给他加罪，这个冤枉也太大了。

兹幸我皇上御极，即位一诏，将使天下无一物不得其所。故凡平日内外大小臣工，或一言有益于国家，一行有益于生民者，无不恤录。若守仁者，其伯爵之袭，臣等固谓其为皇上新政第一事也。况经言官疏请，往复行勘，海内臣工，万口一词，咸以守仁伯爵当袭。臣等谬膺抚按浙江，为守仁桑梓地，其得之公论，稽之群情，揆之国典，察诸守仁讨贼之心之功，其伯爵诚宜使袭而不可泯者。且方今南北多事，北虏尤甚，皇上宵旰九重，内外大小臣工非不兢兢图谋，思以陈见伐虏悃诚，而犁廷扫穴之绩，尚未有能奏者。臣等诚谓皇上宜籍守仁报国之忠、致身之义，皇上俯采公议，复其袭爵，将见内外大小臣工莫以守仁忠义不白于正德之季，我世宗皇帝能白之；又稍抑于嘉靖六七年间，我皇上今日又独能察而伸之，莫不相率激励于守仁之忠义，以报皇上矣。其为圣政之光岂小哉？伏乞敕下吏部，再加查议节次，言官奏疏，亟为上请，守仁幸甚！天下幸甚！

译文

如今幸好皇上登基继承皇位，将会让普天之下不再有人不得其所。因此凡是平日里朝廷内外大小臣民，有一句话对国家有益，一个行为对百姓有好处的，无一不能得到应有的抚恤安慰并可被载入史册。恢复王守仁世袭的伯爵，臣下等人认为这本来是皇上开始新政的第一件事。何况各处官员上疏请求，来回进行检查核实，天下臣民百姓，万口一致，都认为王守仁伯爵之位应该世代承袭。臣下等人惭愧地受官抚按浙江，浙江是王守仁桑梓之地。那样的结论是从大众的评论中得来的，在群情中核查，在国典中揣测，体察王守仁讨伐叛贼的卓著功绩和耿耿忠心，他的伯爵的确应该让其子孙继续承袭而不应该被剥夺。如今南北边疆都是多事之地，尤其北方的虏人更是多事。皇上恩德高于九重之天，朝廷内外的所有臣民百姓无不充满期待，真心实意希望看到讨伐虏人大功告成，但犁庭扫穴的成绩还没人能够获得。臣下等人真心希望皇上能够慰藉王守仁报国的耿耿忠心，竭尽全力的正节义气，如果皇上采纳大家的意见，恢复他的世袭爵位，那么朝廷内外臣民百姓都认为王守仁的忠心诚意在正德年间蒙受不白之冤，而世宗皇帝就能够为他平反昭雪。又有在嘉靖六七年间稍稍被压抑的忠诚，在世宗皇帝这里就能得到明察并使冤情得伸，所有人都会由于王守仁的忠义而倍感激动，从而报答皇上的恩泽。如此，成就圣政的希望会小吗？请求皇上给吏部下诏，再次核查讨论，然后报告皇上，那是王守仁的大幸！也是天下人的大幸！

缘系恳乞鉴忠义，复袭爵，以光圣政事理，为此具题。奉圣旨：“吏部知道。”

译文

这些都是恳请皇上鉴别忠义大臣，恢复王守仁的世袭爵位，从而发扬光大圣政的道理，因此详细记述。得到圣旨：“让吏部知道。”

题请会议复爵疏

吏部题为开读事，验封清吏司案呈，奉本部送吏科钞出巡抚江西等处地方兼理军务兵部右侍郎兼都察院右佥都御史任题云云等因，又该巡按江西监察御史苏等题同前事，俱奉圣旨："该部知道，钦此。"钦遵，按查先奉本部送准礼部咨，内开原任新建伯兼南京兵部尚书王守仁，具文武之全才，阐圣贤之绝学。筮官郎署，而抗疏以犯中珰，甘受炎荒之谪；建台江右，而提兵以平巨逆，亲收社稷之功。伟节奇勋，久已见推于舆论；封盟恤典，岂宜遽夺于身终。爵荫仍咨吏部查议施行等因到部，除新建伯王守仁照例追赠新建侯，已该本部具题，奉有谕旨外。所据世袭一节，当武庙之末造，江西宸濠突然称变，事关社稷。本爵亲调官兵，一鼓擒之，不动声色，措天下于太山之安，较之靖远、威宁之功，良亦伟矣。但因南宁之事，停袭岁久。一旦议复，事体重大，相应就彼再行查勘，以昭公论。已经备行移咨去后，今该前因续该奉本部送吏科钞出提督军务巡抚浙江等处地方兵部右侍郎都察院右佥都御史赵题云云等因。又该巡按浙江监察御史王题同前事。俱奉圣旨："吏部知道。钦此。"钦遵，抄送到司通查，按呈到部，查得王守仁以正德十四年讨平逆藩宸濠之乱，该本部题奉世宗皇帝圣旨："王守仁封新建伯，奉天翊卫推诚宣力守正文臣，特进光禄大夫、柱国，还兼南京兵部尚书，照旧参赞机务，岁支禄米一千石，三代并妻一体追封，钦此。"嘉靖八年正月内，为推举才望大臣以安地方事，该本部会题，节奉钦依，王守仁伯爵姑终其本身。除通行钦遵外，今该前因案呈到部。看得爵人于朝，赏延于世，昔圣王所不能废。即如王守仁削平宸濠之变，功在社稷，岂有仅封伯爵、止终其身之理？所据南、北两京科道官，江、浙两省抚按官，交章论荐于四十年之后，实惟天下人心之公是。但事体重大，必须广延众论，本部难以独拟。合候命下，容臣等会同五府九卿科道等官从公详议。如果新建伯应该世袭，具实奏请，恭候宸断。缘系开读事理，谨题请旨。奉圣旨："是。"

译文

吏部题为开读事，验封清吏司案报告，接受吏部命令送到吏科，抄写出来。巡抚江西等处地方兼理军务兵部右侍郎兼都察院右佥都御史任士凭记述，又有巡抚江西监察苏御史等记述，都得到了圣旨，圣旨说："让该部知道，钦此。"遵命，依照检查首先接受本部送出的报告，准许礼部查询中有："原任新建伯兼南京兵部尚书王守仁，文武双全，阐发圣贤的失传学说。任官郎署时，因抗疏而冒犯了当朝权贵，被贬谪到蛮荒的地方，深受其苦；后受任为南赣佥都御史，竟然能率军平定大规模的叛乱，建立了安定国家社稷的丰功伟绩。伟岸高尚的气节与卓越显著的功勋早已被众人承认、敬仰；应有的封赏恤典，怎么能在死后迅速被剥夺呢。爵位之事仍然进行查询，吏部讨论施行。除去新建伯按照常规追封新建侯，其他内容本部详细记述，接到皇上谕旨。世袭爵位一事，依据情况如下，武宗还在世时，江西朱宸濠突然发动叛乱，此事关系到江山社稷的安危。王守仁亲自调兵遣将，一鼓作气，不动声色，将叛贼擒获，使天下安定如大山，即使同靖远、威宁的功绩相比，这个功勋也十分卓越。但是由于平定广西动乱以后的一些事情，被剥夺世袭爵位时间已经很久了。一旦讨论恢复，事关重大，应该到地方上再进行核实，从而昭示天下，令天下人信服。已经准备好去询查。如今基于前面的原因，继续由吏部送出报告，吏科抄写出来提督军务、巡抚浙江等处地方都察院地方，都察院右佥都御史赵某记述。又有巡按浙江监察御史王某记述。都得到皇帝圣旨，圣旨说："让吏部知道此事。钦此。"遵命，抄送到司，检查后报告到吏部，核查得知王守仁在正德十四年讨伐并且平定朱宸濠发动的叛乱，又有吏部得到皇帝圣旨，圣旨说："王守仁受封新建伯，是奉天翊卫推诚宣力守正文臣，特封他为光禄大夫、柱国，兼南京兵部尚书，照旧参赞机务，每年俸禄为一千石米，三辈以来连同各自的妻子一同追封。钦此。"嘉靖八年正月，为了推举有才能有名望的大臣以安定地方，吏部会同记述，得到圣旨称王守仁暂且恢复爵位。除了完全施行皇上的命令外，如今又有前面的报告送到吏部。看到获得爵位的人在朝堂之上，奖赏应当涉及世间，这是往日圣明的君王都不可以废除的。也就像王守仁平定朱宸濠的叛乱，功劳在于江山社稷，哪里有只封他一个人伯爵的道理呢？依据南、北两京科道官和江、浙两省抚按官评论这事说的文论，这些文论发于四十年之后，实在是为了天下人心中的公平。但是事情毕竟关系重大，必须广泛听取大家的意见，吏部确实难以单独决定。还是等候皇帝命令下来，让我们会同五府九卿科道等官员按照公平原则进行彻底、详细讨论。如果新建伯应该世袭继承，就将实际情况向皇帝报告，我们大家就在此恭候圣上的决定吧。开读事理，恭敬地记下，请皇帝指示。皇帝圣旨说：“好。”

会议复爵疏

吏部尚书杨博

少傅兼太子太傅吏部尚书杨博题为开读事，验封清吏司案呈，奉本部送吏科抄出，巡抚江西等处都察院右佥都御史任题为开读事，据江西布政司呈奉职案验准吏部咨前事，内开会同巡按御史即查新建伯王守仁云云。臣等会同太师兼太子太师后军都督府掌府事成国公臣朱等、户部等衙门、尚书等官马等，议得戡乱讨逆者，固人臣效忠之常，崇功懋赏者，实国家激劝之典。已故新建伯王守仁，本以豪杰命世之才，雅负文武济时之略。方逆濠称兵南下也，正值武宗巡幸之时，虐焰熏灼，所至瓦解。天下之事，盖已岌岌矣。本爵闻变丰城，不以非其职守，急还吉安，倡义勤王。用敌间，张疑兵，得跋胡疐尾之算；攻南昌，击樵舍，中批亢捣虚之机。未逾旬朔而元凶授首，立消东南尾大之忧；不动声色而奸宄荡平，坐绍宗社石磐之固。较之开国佐命，时虽不同；拟之靖远、威宁，其功尤伟。仰蒙先帝知眷，圭符剖锡之赏，已荣于生前；不幸后被中伤，山河砺带之盟，尚靳于身后。此诚四十年未备之缺典，海内人心，兴灭继绝，所望于皇上者，诚不浅也。先该南北科道官交章腾荐，公论益明；近该江、浙抚按官勘报相符，功次甚确。所据新建伯爵，臣等稽之令典，质之舆情，委应补给诰券，容其子孙承袭，以彰与国咸休，永世无穷之报。但爵封重大，系干特恩，臣等擅难定拟，伏乞圣裁。奉圣旨："你每既说王守仁有擒逆之功，着遵先帝原封伯爵，与世袭，钦此。"钦遵，已经查取应袭见男去后，今据浙江布政使司咨呈据绍兴府申据余姚县申，内开勘据该图里邻吕本隆等结，称王正亿见年四十三岁，原系南京兵部尚书都察院左都御史新建伯王守仁继妻张氏于嘉靖五年十二月十二日所生嫡长亲男，向因伊父先年节次剿平南、赣、乐昌等处山贼，恩荫一子，世袭锦衣卫副千户，本官见任前职，并非旁枝过继，亦无别项违碍，相应承袭伯爵等因。给文起送到司，拟合起送。为此除给批付本官亲赍赴部告投外，今将前项缘由同原来结状理合备送咨呈施行等因，到部送司。案呈到部，看得浙江布政使司查勘过见在锦衣卫副千户王正亿委系新建伯王守仁嫡长亲男，并无违碍，相应承袭一节，既经奉有前项明旨，合无将王正亿准其承袭新建伯伯爵，以后子孙世袭。但恩典出自朝廷，未敢擅便等因。隆庆二年十月二十五日，少傅兼太子太傅吏部尚书杨博等具题，本月二十七日奉圣旨："是，王正亿准袭伯爵，钦此。"

译文

少傅兼太子太傅吏部尚书杨博写道，查验封清吏司案报告说，送上本部交由吏科抄写出来的巡抚江西等处都察院右佥都御史任某的记述，据江西布政司送来的案卷推断，准许吏部查询以前事情的内幕，和巡按御史一同，前去查访新建伯王守仁等。臣下会同太师兼太子太师后军都督府掌府事成国公臣朱某等人以及户部等衙门尚书官员马某等人共同商议的结果为，平定叛乱、讨伐逆贼，本来是身为臣子之人的应尽责任；给予建立丰功伟绩的人丰厚的奖赏，确实是国家激励众人尽忠报国的典章制度。已故的新建伯王守仁天生拥有经世豪杰的才干，又有文韬武略救济世难的智谋。叛贼朱宸濠带兵南下的时候，恰逢武宗在外巡游，叛军气焰嚣张，不可一世，所到之处纷纷陷落，国家存亡危在旦夕。王守仁在丰城听说朱宸濠叛乱，不以那里不是自己的职责范围为理由，急忙赶回吉安，伸张正义，报效国家。离间敌人，布设疑兵，让叛贼进退两难。攻占南昌，进攻樵舍，处处神机妙算。还不到一个月，贼首俯首就擒，东南方的尾大不掉之患即被清除。不动声色就能彻底平定叛贼逆党，让祖宗的江山社稷像磐石一样稳固。和开国元勋的功绩相比，虽然时间有所不同，但和靖远、威宁的功绩相比较，功劳更大。承蒙先帝赏以圭符剖锡等等，这已经是生前莫大的荣耀了；不幸后来竟被谗言恶语攻击中伤，山河砺带的盟约被毫不在意地践踏。这的确是四十年来没有举行的盛大典礼，普天之下四海之内，众人兴灭继绝之心意正盛，期待皇上为其平反昭雪的心情的确不浅。先是南北科道官递交上来的材料，百姓对这件事的观点已经表述得十分清楚。近来又有江、浙巡抚按官员，他们核实的报告也相一致，王守仁功绩已经十分明确。所受封的新建伯爵位，我们从典章上查得规定，的确应该补给诰券，并允许子孙世代承袭，从而表彰能与国家休戚与共的有功之臣，让他们得到世世代代没有穷尽的回报。但毕竟封受爵位事关重大，得皇帝特别加以恩典，臣等不能擅自决定，请求圣上对此事作决定。得到圣旨称："你每次都提到王守仁有擒获逆贼的奇功，就先遵照先帝的原封伯爵，准许他的子孙世代承袭，钦此。"遵命，已经核查找到应当继承爵位的后代，如今又有浙江布政使司查询报告说，根据绍兴府报告和余姚县报告，调查到，根据乡村邻人吕本隆等人所说，王正亿现年四十三岁，原来是南京兵部尚书都察院左都御史新建伯王守仁的继妻张氏在嘉靖五年十二月十二日所生的嫡长子，后来因为王守仁剿平南、赣、乐昌等地山贼，皇帝恩赐这个孩子锦衣卫副千户世代承袭，王正亿如今还任这个职位，并不是其他亲戚过继来的孩子，也没有其他疑问，应当承袭伯爵爵位。作出报告送到浙江布政司。本官亲自赴吏部告投，如今将前面那些理由与原有的调查结论归纳在一起，报告并请求给予施行。这些情况送到吏部，又送布政司的报告到吏部。知道浙江布政使司已经调查核实，如今锦衣卫副千户王正亿的确是新建伯王守仁的亲生长子，没有疑问和阻碍，应该承袭爵位，已经得到皇帝明确的批付，是否批准王正亿承袭新建伯伯爵爵位，并且子孙世代承袭，要由朝廷恩典作出决定，我等不敢擅自决定。隆庆二年十月二十五日，少傅兼太子太傅吏部尚书杨博等都已经详细记述，本月二十七日得到圣旨："就这样，王正亿被批准世袭伯爵，钦此。"

再议世袭大典

吏部等衙门少傅兼太子太傅尚书等官杨博等题，为恳乞圣明，再议世袭大典，以服人心，以重名器等因，奉圣旨："该部知道。钦此。"钦遵，抄出到部，送司案查。先为开读事，该科道等官都给事中辛自修等及南京户科给事中岑用宾等各奏荐原任新建伯王守仁应复爵荫等因，该本部题奉钦依，备行江西抚按衙门查勘去后，续该江西抚按官任士凭等查勘得原任新建伯王守仁应复伯爵等因。又该浙江抚按官赵孔昭等会荐前来，随该本部题奉钦依，会同太师兼太子太师后军都督府掌府事成国公朱希忠等户部等衙门、尚书等官马森等，议得本爵一闻逆濠之变，不以非其职守，急还吉安，倡义勤王。未逾旬朔而元凶授首，立消东南尾大之忧；不动声色而奸宄荡平，坐贻宗社磐石之固。较之开国佐命，时虽不同；拟之靖远、咸宁，其功尤伟。委应补给诰券，容其子孙承袭，以彰与国咸休、永世无穷之报等因。奉圣旨："你每既说王守仁有擒逆之功，遵着先帝原封伯爵，与世袭。钦此。"钦遵，案呈到部。看得新建伯王守仁一事，始而江西抚按勘议，继而府部科道会议，揆之公论，似亦允协。乃今南京十三道官复有此奏，系干赏延重典，臣等难以独拟，合候命下，容本部仍照例会同在京应议各官覆议明白，具奏定夺，未敢擅便，伏乞圣裁等因。五月十五日奏，奉圣旨："是。钦此。"钦遵，查得诚意伯刘基食粮七百石，乃太祖钦定，靖远伯王骥一千石，新建伯王守仁一千石，系累朝钦定，多寡不同。今该前因，臣等会同太师兼太子太师后军都督府掌府事成国公朱希忠等，户部尚书刘体乾等，议得国家封爵之典，论功有六：曰开国，曰靖难，曰御胡，曰平番，曰征蛮，曰擒反。而守臣死绥，兵枢宣猷，督府剿寇，咸不与焉。盖六功者，关社稷之重轻，系四方之安危，自非茅土之封不足报之。至于死绥、宣猷、剿寇，则皆一身一时之事，锡以锦衣之荫则可，概欲剖符，则未可也。窃照新建伯王守仁乃正德十四年亲捕反贼宸濠之功，南昌、南赣等府虽同邦域，分土分民，各有专责，提募兵而平邻贼，不可不谓之倡义。南康、九江等处首罹荼毒，且进且攻，人心摇动，以藩府而叛朝廷，不可不谓之劲敌。出其不意，故俘献于旬月之间，若稍怀迟疑，则贼谋益审，将不知其所终。攻其必救，故绩收乎万全之略，若少有疏虞，则贼党益繁，自难保其必济。肤功本自无前，奇计可以范后。靖远、咸宁姑置不论，即如宁夏、安化之变，比之江西，难易迥绝。游击仇钺，于时得封咸宁伯，人无间言。同一藩服捕反，何独于新建伯而疑之乎？所据南京各道御史欲要改荫锦衣卫，于报功之典未尽，激劝攸关，难以轻拟。合无将王守仁男袭新建伯王正亿不必改议，以后子孙，仍照臣等先次会题，明旨许其世袭。但予夺出自朝廷，臣等未敢定拟，伏乞圣裁！奉圣旨：“王守仁封爵，你每既再议明白，准照旧世袭。”

译文

吏部等衙门少傅兼太子太傅尚书等官员杨博等人说，恳请皇帝彰显圣明，再一次讨论世袭的盛大典礼，以使人心归服，以重钟鼎贵器，奉圣旨：“让该部知道。钦此。”遵照执行，抄送吏部、布政司。调查资料中先是为开读事，又有科道等官员都给事中辛自修等人以及南京户科给事中岑用宾等人，他们各自都有启奏皇帝应当恢复原任新建伯王守仁的世袭爵位的理由，还有吏部的报告，经皇帝批付施行，经过江西抚按衙门调查核实，还有江西抚按官员任士凭等人调查核实原任新建伯王守仁应当恢复爵位世代承袭的理由。又有浙江抚按官员赵孔昭等人被举荐和吏部一起去执行皇帝批复的结论，会同太师兼太子太师后军都督府掌府事成国公朱希忠等人以及户部等衙门和尚书等官员马森等人共同商量，新建伯王守仁得知逆臣朱宸濠叛乱的消息，并不以江西不在自己的管辖范围之内为理由而火速返回吉安，伸张大义，为王事尽力，报效国家。月余时间就使反叛元首就擒，快速消除了东南地方动荡的大患；不动声色就平定了这次大规模的阴谋叛乱，为非作歹的人被消灭，江山社稷固若磐石。和开国元勋的功勋比较，只是时间不同；和靖远、威宁的功勋比较，有过之而无不及。的确应该补给诰券，批准他的子孙承袭爵位，代代相传，从而表彰他和国家休戚与共的耿耿忠心。圣旨说：“你每次提到王守仁立下平定叛乱抓获贼首的功勋，应当遵照先帝原先封授的伯爵爵位，并准允世代承袭。钦此。”遵命，以上资料送到吏部，看到新建伯王守仁的这些事情，开始是江西抚按调查讨论，后来府部科道商议，各方协助给予公正的评价。如今南京十三道路各位官员又有这方面的奏请，这是关系到国家行功授赏的重大事项，臣下等人不敢擅自做主，应当等待皇帝的命令，再允许吏部按照贯例会同如今京城有资格参加商议的各位官员，重新讨论，然后详细向皇帝报告，请皇帝决定怎样执行。将各位官员不敢擅自决定，敬请圣上裁决等等，于五月十五日呈报皇帝，得到圣旨："是。钦此。"遵命，查找从前记载诚意伯刘基俸禄为七百石粮食，这是太祖钦定的，靖远伯王骥俸禄一千石，新建伯王守仁俸禄一千石，这是几代皇帝的钦定，俸禄的多少不一样。由于前述原因，臣下等人会同太师兼太子太师后军都督府掌府事成国公朱希忠等官员以及户部尚书刘体乾等官员共同商议，认为国家封授爵位的重大典礼施行，应当论及六项功绩：开国安邦之功，平定叛乱之功，抵御少数民族入侵之功，平定外邦之功，远征南方蛮夷之功，擒获反叛逆贼之功。守卫的官员战死在平定叛乱的过程中，军事参谋的官员制定谋略计划，都督知府等官员围剿贼寇，都不能享受这样的待遇。这六功关系社稷四方之安危，非承袭爵位不足以表彰。至于守卫的官员战死在平定叛乱的过程中、军事参谋的官员制定谋略计划、都督知府等官员围剿贼寇，都是一时的事情，晋升官职可以，但分封爵位大概就不行了。臣等私下里觉得新建伯王守仁在正德十四年亲手抓获反贼朱宸濠而建立奇功，南昌、南赣等府虽在同一地区，但土地与居民百姓都是分开治理的，都由各自的知府全权负责，率领招募来的兵勇去平定邻近地区的叛乱，不能不认为是伸张了正义。南康、九江等地刚刚由于少数民族叛乱而使臣民百姓遭受毒害，他们边前进边进攻，地方人心动摇不定，藩府叛离朝廷而割据，不能不说反贼确是劲敌。能够出其不意突发奇兵，平定战乱俘虏贼首仅在月余，假如稍有迟疑延误了战机，反贼的谋略计划一定会更加详细周密，后果将不堪设想。攻打敌方软肋，因而速获全胜，假如稍有疏忽大意，那么反贼数量就会增加，取胜将无法保证。仅仅是这表面的功劳就已经是史无前例，其中调兵遣将的神机妙算还足以作为后人学习的典范。靖远、威宁的功绩暂且不提，即使是宁夏、安化发生的变乱，与江西的变乱也根本无法相提并论。游击将军仇钺，在那时就受封为威宁伯，大家都没有闲言碎语。同样是在国内平定叛乱收服反贼，为什么单单对新建伯王守仁心存疑虑呢？这里有南京各道御史打算更改已经继承的锦衣卫官职，只是在报偿王守仁丰功伟绩的典礼尚未完成的时候，大局攸关的事情不敢轻易决定。不如让王守仁的亲生长子王正亿承袭新建伯的爵位，后世子孙世袭，就按照臣下等人一同先后讨论的报告，皇上圣明，批准其子孙世代承袭爵位。但毕竟决定出自朝廷，臣下等人也不敢擅自主张，敬请圣上裁决！圣旨说："王守仁封受伯爵并子孙世袭的事情，你们已经讨论清楚，批准其子孙依照规定世代承袭。"

后 记

古文的白话翻译虽是一种普及性的工作，而体例与方法却有其自身的特点和难度。阳明之学，博大精深，卷帙颇繁，文体多端，全文翻译实非一人之力可以胜任。本书文录、别录、诗赋等部分由罗浩、许俊炜、孙晓敏三位同志翻译，续编、附录等部分由杨近水、颜阳两位同志完成。由于成于众手，虽经最后统稿，也难免存在行文风格参差的问题。作者水平有限，挂一漏万，在所难免，此前市面上已有不少优秀的同类著作，本书实未能优于同侪，也只是为读者多提供一种选择罢了，诚望读者涵容指正。天津古籍出版社第三编辑室同仁对本书出版鼎力相助，尤其是郑伟、金达两位编辑提出了诸多宝贵意见，天津乐译通翻译服务有限公司为本书前言提供了双语翻译，在此一并致谢。